基于核心素养的道德与法治课程教学探索

李素华 著

汕頭大學出版社

图书在版编目（CIP）数据

基于核心素养的道德与法治课程教学探索 / 李素华
著. -- 汕头 : 汕头大学出版社, 2021.8
ISBN 978-7-5658-4392-1

Ⅰ. ①基… Ⅱ. ①李… Ⅲ. ①政治课－教学研究－小
学 Ⅳ. ①G623.102

中国版本图书馆CIP数据核字(2021)第155079号

基于核心素养的道德与法治课程教学探索
JIYU HEXIN SUYANG DE DAODE YU FAZHI KECHENG JIAOXUE TANSUO

作　　者：李素华
责任编辑：郭　炜
责任技编：黄东生
封面设计：芝　一
出版发行：汕头大学出版社
　　　　　广东省汕头市大学路243号汕头大学校园内　邮政编码：515063
电　　话：0754-82904613
印　　刷：廊坊市海涛印刷有限公司
开　　本：710mm × 1000mm　1/16
印　　张：11.5
字　　数：200千字
版　　次：2021 年8月第1版
印　　次：2022 年4月第1次印刷
定　　价：68.00元
ISBN 978-7-5658-4392-1

前言

道德与法治是义务教育阶段的一门新的国家课程，它是落实教育立德树人根本任务、培育社会主义核心价值观、加强学生核心素养教育的重要举措。核心素养是使学生适应终生发展需求和社会发展趋势所必备的品格和重要能力。发展核心素养是落实立德树人根本任务的一项重要措施，也是提升教育竞争力的迫切需要。小学阶段是发展核心素养的重要时期，根据小学生的实际发展情况来优化相应的教学措施，促进小学生在接受知识教育的同时，培养正确的社会主义核心价值观。教师在组织小学道德与法治教学过程中，应当重视运用灵活合理的教学模式，以此来实现良好的教学质量。

在新课改背景下，小学阶段进行道德与法治教育需要结合小学生的学习特征和发展规律，针对小学生的道德与法治认知水平，制定系统化的核心素养教学手段，以实现小学道德与法治的教学要求，同时通过具体的教学使小学生了解社会的发展规律。教师在进行道德与法治的教育时，应当结合社会发展需要，有针对性地展开教学，促进小学生加深对教学内容的理解，提高学生的综合素养，并形成自己的核心竞争力。

鉴于此，笔者撰写了《基于核心素养的道德与法治课程教学探索》一书，以核心素养的界定与培养意义、道德教育与法治教育课程、道德教育与法治教育的融合为切入点，重点探讨道德与法治课程教学主题、道德与法治课程教学目标与教学内容、道德与法治课程教学探索与创新、道德与法治课程教师培养、道德与法治课程教学评价、道德与法治课程教学实践与反思。

本书有如下三个特点：

第一，围绕全域生活德育观，将道德与法治课程所涉猎的个人、家庭、学校、社会、国家、世界六大领域整体纳入生活教育系统，全面反映了本课程建构的思想和逻辑，是对生活德育理论的丰富和发展。

第二，具体解析道德与法治课程教学的内容，对教学方法进行适合道德与法治课程教学的改造与创新，同时，针对教学评价方面，总结经验与启示，并逐一探索解析，为本课程的深入有效实施提供了新的研究和实践方位。

第三，提出道德与法治教师独特专业素养的观点，强调思想道德修养、政治素质、文化底蕴、社会性发展、跨领域综合性知识积累、组织与实践能力等是道德与法治教师的独特素质内涵，这为本学科教师的专业发展、培训提供了新的视野。

在撰写本书过程中，笔者得到了许多专家学者的帮助和指导，在此表示诚挚的谢意。由于笔者水平有限，加之时间仓促，书中所涉及的内容难免有疏漏之处，希望各位读者多提宝贵意见，以便笔者进一步修改，使之更加完善。

作 者

2021年1月

目录

第一章 概况

当前，如何在小学阶段加强法治教育是值得研究的重大课题，依法治校、依法办学是依法治国在教育领域的体现，也是实施法律教育直接且有效的方式。本章重点探讨核心素养的界定与培养意义、道德教育与法治教育课程、道德教育与法治教育的融合。

第一节 核心素养的界定与培养意义

一、核心素养的界定

核心素养以其独特的核心与素养激发一线教师和广大理论工作者的思考与研究。核心素养不是我国首次提出的，其最早是由经济与合作发展组织（经合组织）提出的。

核心素养是促进个人实现成功和社会良好运转所具备的知识、技能、态度、情绪和价值观的集合体。核心素养是指学生借助学校教育所形成的解决问题的素养与能力。虽然各国在对核心素养的表述上不尽相同，但从各国对于核心素养内涵的理解中可以肯定，核心素养指向三个领域，分别是与文化知识学习有关的素养、与自我发展有关的素养、与社会参与有关的素养。

我国的核心素养体系包括了文化基础、自主发展和社会参与三个方面，综合表现为人文底蕴、科学精神、学会学习、健康生活、责任担当、实践创新六大素养[①]。

二、核心素养的培养意义

第一，培育学生的核心素养是我国基础教育课程改革的重要举措。当前，中国的基础教育改革进入深水区，虽然素质教育改革取得了初步成效，但还有一些问题

① 杨跃，匡曼玉．论教师教育者的核心专业素养及其培育 [J]. 现代教育管理，2020（1）：85-91.

需要加强。如何正确、全面地评价学生，如何建立以学生为本的评价体系，都是目前基础教育课程改革面临的困境。核心素养是在我国基础教育课程改革实践的基础上，顺应时代发展所提出来的具有创造性的重要内容，以培养学生的核心素养为主线，必然会进一步深化我国基础教育课程改革。培育学生的核心素养不仅是我国基础教育课程改革的一项重要举措，还为我国基础教育课程改革指明了方向。

第二，核心素养是国家教育政策对人才培养目标的具体体现。当前，我国明确规定要坚持立德树人，加强社会主义核心价值体系教育，完善中华民族优秀传统文化教育，改进美育教学，提高学生的审美和人文素养等。当前，我国进一步明确了要落实立德树人的根本任务，发展素质教育，推进教育公平，培养德智体美全面发展的社会主义建设者和接班人。这些都体现了国家对于教育工作根本任务的重视。核心素养不仅体现了素质教育内涵，更是对其进一步具体化，是全面深化教育改革的一个关键举措[①]。

第三，培养学生的核心素养是教师教学实践的价值追求。当前，由于科学技术的不断创新，信息传递越来越便捷，人与人之间的联系越来越密切，涌现出各种新式传播媒介，这一系列的发展与变化为语言生活环境的发展创造了良好的条件，但随之而来的是语言文字运用不规范、语义分歧等众多问题，给社会带来一定冲击，挑战了人们的传统观念。这就要求人们要提高自身素质，能够不断拓宽自身的眼界，用发展、开放的眼光看待问题。人们思想观念的更新必然会促使其不断提升自身的语言文字运用能力，增强对文化的选择与辨别能力，也会进一步推动语文教育的变革。

当前，核心素养已经成为教学改革的焦点，这一理念已经融入各个学科领域。同时，核心素养作为指导教育教学工作的引路明灯，能够促进教师更新教育理念，转变教学方式，提升教师的专业化水平，从而实现教师教学实践的价值追求。

第二节　道德教育与法治教育课程

一、道德教育课程

道德教育是道德活动的重要形式之一，是指一定社会和团体为使人们自觉遵守正确的道德行为准则，履行组织和个人的相应义务，而有组织、有目的开展的系统

① 杨跃，匡曼玉．论教师教育者的核心专业素养及其培育 [J]. 现代教育管理，2020（1）：85-91.

道德教育活动。道德教育是一定社会和团体的基本道德要求，它是转化为人们内在品质的重要条件之一。小学道德教育是指为保证学生能够通过社会道德转化为个人的道德品质，其培养目标为：①培养学生初步形成爱祖国、爱劳动、爱人民、爱社会主义的思想感情和良好品德；②培养学生形成良好的意志、品格和开朗活泼的性格；③培养学生形成文明的、遵守社会公德的行为和意识；④培养学生形成管理自己、帮助别人、为集体服务和辨别是非的能力。通过这些方面，最终使他们奠定良好的思想品德基础，成为德智体美全面发展的社会主义事业建设者和接班人。做好小学道德教育课程，需要从以下几个方面入手：

（一）培养学生良好的道德修养

从塑造学生良好的行为习惯入手，培养学生良好的道德修养。行为反映了一个学生内在的思想价值观念，在对小学生进行道德教育时，可以从塑造他们的行为入手。学生在模仿一些符合良好道德观念的行为时，教师和家长可以给学生以积极的肯定，通过表扬的方式强化他们对这种行为的重复性。在整个大环境价值观多元的现状下，很多家长在道德素养方面也存在很多偏差，虽然很多孩子在学校受到了很好的教育和熏陶，可是回到家里又变回了另外的样子。这就提示每一位教师在教育的过程中要征得家长的同意，让家长参与到对孩子的道德教育活动中来。让家长从自身做起，做好学生的榜样，进而从学生的行为塑造入手，扎实地将德育工作开展下去。

虽然很多家长的道德修养没有问题，但家长在孩子道德方面的教育能力欠缺，导致小学生思想道德教育工作很难开展。这就需要教师给学生讲道理，进行耐心细致的教育和引导，要理解学生的心情，尊重他们的人格，营造一个平等、民主、和谐的氛围。无论是在学校，还是在家庭中，学生都能够得到正确且良好的行为熏陶。家长和教师都能够通过言传身教的方式给学生以积极的引导，这对学生的成长是非常有利的，而且这对我国基础教育中道德教育效果的提升也是非常必要的。

（二）培养学生高尚的思想道德素质

通过集体主义教育的形式培养学生的思想道德素质。在班集体的生活中，小学生难免会在与同学相处的过程当中遇到问题。这些问题的出现主要是由于小学生年龄尚小，缺乏与人交往的技巧和经验，而且有的小学生在家庭当中处于中心位置，他们心中以自我为中心的程度更高一些，这样的学生很容易被其他同学孤立，很容易在心理方面出现一些波动，因此教师要密切关注这些学生的情绪表现，及时对学生进行心理疏导，让学生意识到在集体生活中既要尊重自己，也要尊重他人；既要为自己的利益着想，也要为他人的利益着想。大家互相关心，集体才会更加温暖。这样当学生遇到一些事情的时候，他们才会有改变的动力。在平时，要密切关注学生，根据实际情况，及时进行一些思想方面的教育干预。

（三）形成正确的思想价值观念

引导学生学会自我分析，进而形成自己正确的思想价值观念。由于小学生年龄小，自我控制能力差，所以教师要多注意在教育过程中培养学生的自我教育能力。有时学生不知道哪些事是该做的，哪些事是不该做的。即便知道，往往又不会控制自己。因此，在与学生的互动中，教师要引导学生去觉察自己内在的想法。尤其当发现有一些情绪波动的时候，更是一个觉察自己想法的好机会。在心理学中，认知主义学派认为，人们在遇到相同事情的时候，之所以会出现完全不同的情绪和行为反应，主要是因为人们对同样一个情境的解释和看法不同。因此，教师在与学生互动的时候，要特别注意引导学生去觉察自己的想法，通过纠正想法当中的一些不合理之处，帮助学生建立合理的信念，从而使得他们的行为得以塑造，情绪得以调整，道德修养得以提升。

总之，在小学生当中开展道德教育活动，要充分整合资源，将社会和家庭的力量联合起来。教师在与学生互动中，要从学生的认知特点入手，采取适合他们的方法开展教育活动，及时了解学生的思想动向，引导他们去觉察自己的思想观念，让学生逐渐学会自省，从而自觉地遵守道德规范。

二、法治教育课程

法治教育建立在法律的思想体系上，为了让人们形成相应的法治观点和法律信仰，养成一定的法律习惯，国家和社会要有组织、有计划、有目的地开展和进行。通常，法治教育就是指社会主义的法治教育，它属于思想政治教育的重要内容之一，也是需要长久坚持才能够实现的目标。教育的最终目的是希望人们能知法、守法、学法、用法，改变有法不依、执法不严等现象。

小学法治教育就是针对小学生这个群体开展的法治教育活动，主要从小学生的养成习惯、法律常识、遵纪守法等方面进行教育，使小学生形成一定的法律素养，掌握一定的法律观念。小学法治教育主要还是要结合小学生这个实际特殊的身份，找到适合小学生接受的教育方法，引导他们养成正确的法治观念和法律意识，培养他们的法律素养，通过开展小学法治教育，最终能让小学生成为社会主义法治的接班人，掌握基本的法律知识。小学生们的养成教育很重要，要能形成正确的荣辱价值观。小学阶段的学生在思维、行为、语言等方面还没有发育成熟，所以法治教育不能只在于形式。法治教育关乎青少年的健康成长，关于国家的未来和民族的希望。

教育本身并不是一味地去完成一项任务，而是为了让更多的人接受并掌握一定的知识并学以致用。小学法治教育的传播是为了改善环境，改变公民的观念和习惯。法治教育课程的开启是需要遵守和掌握的，应该让学生形成正确的价值观和法治观念，培养小学生道德感的基本表现，让小学生从小就明白每个人都有自己的权利和义务，每个人都是平等地生活在这个社会里，我们的机会是公正、平等的。

（一）法治教育课程的特性

1.教育对象的特殊性

小学生由于年龄的特殊性，各方面都存在一定局限性，对于概念比较抽象的规章制度暂时还无法很好地理解。由于小学生这个特殊的年龄阶段的逻辑思维较差，对于一些概念大多是依靠短期的记忆，如果不能接受系统、持续的教育，不仅对小学生而言不能起到任何作用，对于教育者而言也是一种资源流失。

随着年龄的逐渐增长，小学生接受事物的能力逐渐增强，他们的理解能力也越来越强。小学生还处于一种自控力不是很强的年龄段，他们的意志力和注意力都容易受到外界的干扰，他们对于自己感兴趣的东西会加强关注，对不喜欢的事物会很排斥，而且他们的思想容易产生波动，情绪不稳定，一旦他们与同学之间或者与他人相处时发生了不愉快，会很容易发生摩擦，甚至无意识地产生不良后果。小学阶段的惯性模仿意识强烈，现在的网络媒体传播迅速，如果不能加以监管和正确引导，会给他们带来很大干扰。当遇到困难时，他们也会将教师当成首先信赖的对象，希望从教师那里寻求到安慰和鼓励。此外，随着年龄的增长，小学生的自尊心也越加强烈，更希望得到对方的信任和尊重，并逐渐形成自我价值意识，开始学着规范自身的行为习惯，开始尝试着去评价周围同学、朋友等其他人的行为。由于小学生各方面都处于一种不稳定的学习阶段，因此他们这个群体才更加具有可塑性，注重小学法治教育是更应该关注的话题。

2.教育内容的独特性

不同于中学生和大学生，小学生大多是第一次步入系统性教学环境中，所以对小学生开展的法治教育主要还是让他们能熟知常用的法律常识，形成正确的法律观念和意识。

针对小学生这个特殊的群体，结合实际生活开展相应的法治教育，让法治教育走进生活、走进校园、走进课堂，适合小学生这个特殊的群体，让他们能够理解并且接受教育，在教育的方式上多采用一些形象、生动的案例和生活场景。增加一些法治小活动，让学生参与其中，增强其自我法治意识，帮助他们积极地学习法治内容并且能够在今后的生活、学习中学以致用。

（二）法治教育课程的原则与目标

1.法治教育课程的原则

（1）以素质教育为主的原则。在我国，考试是检测教育最直接的方式。小学阶段是接受素质教育的最佳时期，这个年龄段的孩子具有很强的好奇心和接受事物的能力。小学教育是最基础的教育，小学生在这个时候接受法治教育，不仅能够提高自身的综合素质，也能够为日后的素质教育打下坚实的基础。在给小学生传输教育时，一定要注重教学方法，切不可使教育内容变得枯燥无味抑或是不易理解，这样不仅不能让小学法治教育发挥其应有的效果，而且会让小学生对法治教育产生排斥心理，日后再开展法治教育会变得更加复杂。

（2）理论联系实际的原则。如果只注重教授知识而不注重实践，那么法治教育便是徒劳无功的。我们教育工作者不仅要热情地教授小学生相应的法律基本理念、基本的法律常识，还要有足够的耐心教会他们将在学校里学会的东西很好地运用到现实生活中，耐心地教育他们在维护自身合法权利的同时，还能够帮助更多人解决实际问题。让小学生从小就有法律意识，知道只有遵守法律秩序，我们的生活才能正常运转。培养小学生主动学法、愿意学法的兴趣，这样的教育方法得以推广才更加有意义。

（3）坚持针对性与系统性的原则。当前，我国小学教育的年制设定为六年制，小学生毕业时的年纪大多都在12周岁左右。而在小学阶段的低年级和高年级也有很多区别性，在这些不同年龄、不同年级的小学生中，如何接受适合自身的法治教育也是关键性的问题。由于接受能力和理解、认知存在着不同，教育者在教育中要因材施教，要有针对性地根据不同的教育对象适当地调整教学方法，力求让小学生尽可能地适应并接受我们的法治教育方式，让法治教育在小学阶段能有一个良好的基础。

任何工作都需要完整的、系统的规划。小学法治教育更应该注重系统性，要想顺利开展小学法治教育，光靠学校单方面的力量是非常薄弱的。小学法治教育也是需要学校、家庭、社会三方面的协同教育，充分利用各方面的教育资源，形成一个系统的构造，让校园内和校园外能够相互整合，使得法治教育能充分发挥它的教育功能。

2.法治教育课程的目标

（1）认识国家法治经济。随着社会主义市场经济体制的发展，我国的法律体系开始慢慢建立并且逐步得到完善。让小学生逐步掌握一定法律常识，学习相关法律法规，了解作为小学生和未成年人有哪些基本权利，作为子女和学生又有哪些基本义务，作为一名中国公民该如何学会保护自己，将相关内容学以致用，具备一定的法律实践能力，也是我们一直努力的目标。

从最基础的学起，逐渐了解和认识法律法规，培养小学生的学习能力，锻炼他们的实践能力，帮助他们形成正确的价值观和人生观，让孩子从小学阶段就开始树立法律的信仰，养成良好的法律习惯，慢慢地具备客观、公平、诚信等公民意识。

（2）树立正确的法治观念。不同于专业的法律教育，由于小学生还处在成长阶段，总体而言，主要是让他们形成一定的法律养成教育。在小学这个特殊的年龄阶段，应该更关注学生的素质培养和人格品质的培养，让他们从最基本的习惯开始了解法律法规的意义，比如尊老爱幼、尊重师长、诚实守信等，告诉他们在小学这个阶段有哪些基本的权利和义务。长期的教育一定能让他们有相应的思维惯性，从点滴养成良好的习惯，让小学生明白自己具有光荣的使命感。

（3）培养学法、用法的能力。只有将学到的知识转化到实际生活中，才能体现它的最终价值。国家之所以鼓励开展小学法治教育，是为了能够让小学生具备一定法律知识，并将学到的东西灵活运用，最终可以通过他们来改善我们的国家和未来。让小学生真正地学习理解教师所传授的知识，希望他们在日后的生活、工作中具备解决法律相关问题的能力。即使不在课堂上，在课堂外也能够做到遵纪守法。遇到危险困难时，能够学会用法律武器保护自身利益，能够在别人需要帮助的时候伸张正义，能够自己主动去学习法律知识，让法治教育真正地围绕在每个人身边，能够帮助别人并且带来切实的好处。

（三）法治教育课程的转向

1.法治教育对人塑造功能的转向

由注重法治教育对社会的管理功能转向注重法治教育对人的塑造功能。目前，小学法治教育开展的价值导向大都是从教育管理者的角度出发，以减少少年违法行为的主要目的对小学生进行安全教育等，更加强调和宣传法的震慑作用、警示作用。在法治教育课程中，在发挥法律的惩戒功能的同时，应该更加注重发挥法治对小学生发展的塑造功能，帮助小学生更好地形成公平、正义、民主、自由、权利等价值观，也只有在小学生不断的塑造过程中才可能真正实现社会的法治与良治。值得注意的是，法治教育开展和实施的组织者大都是管理者的身份和角色，这些组织者只有深刻认识到法治教育对人格发展的重要意义和价值，才能从根本上转变目前小学生法治教育重管理、轻塑造的价值取向。

2.学生法治观念和法律精神培育的转向

由注重小学生法律知识的获得转向注重小学生法治观念和法律精神的培育。目前，小学生法治教育开展的内容更多的是注重小学生法律知识的获得，许多地区和学校都以开展法律知识竞赛活动作为法治教育的重头戏。在课堂上，教师也更愿意去传授一些法律知识，让学生懂法、知法。

小学生懂法和知法固然是必要的，但小学生法治观念和法律精神的培育更加重要，因此要努力让小学生懂得法的巨大意义，内心形成法律信仰，做人做事具备法律品格和法律思维。小学生应不限于学习和记忆法律条文、概念，而应明白法律的内涵要义，并关注法律规范承载的价值理念。为了增强小学生依法规范自身行为、分辨是非、运用法律维护自身权益、通过法律途径参与国家和社会生活的意识和能力，践行法治理念，树立法治信仰，引导小学生参与法治实践，形成对社会主义法治道路的价值认同、制度认同，成为社会主义法治的忠实崇尚者、自觉遵守者、坚定捍卫者，在教材内容的编制、课程的设置、活动开展的内容上，教师要精心设计。

3.课程活动多元化的转向

由注重课堂、讲座、报告转向注重活动、项目、实践。开展多元化、活动式、体验式的教育方式是小学生法治教育的生命力之所在。要贴近小学生生活实际，科学安排教学内容，合理确定教学重点和方法，注重知行统一，要更多采取实践式、体验式、参与式等教学方式，与法治事件、现实案例、常见法律问题紧密结合，注重内容的鲜活，注重学生的参与、互动、思辨以及创新形式，切实提高法治教育的质量和实效。要综合采用故事教学、情景模拟（如法庭模拟）、角色扮演、案例研讨、法治辩论、价值辨析等多种教学方法，必要时，可根据学生的认知特点，将真实法治案例引入课堂教学，注重学生法治思维能力的培养。有条件的学校要充分利用信息技术手段，将多种法治教育资源、形式予以整合、提升，形成以学习者为中心的教育环境，引导学生自主学习，培养学生学习法律的兴趣。

在法治教育中要注重发挥学生的主体作用。要根据学生实际，引导、支持学生自主制定规则、公约等，逐步培养学生参与群体生活、自主管理、民主协商的能力，养成按规则办事的习惯，引导学生在学校生活的实践中感受法治的力量，培养法治的观念。另外，要积极支持学生组建法治兴趣小组、法治实践社团等，并加以正确引导，使学生以适当方式研究法治问题、参与法治实践。

4.注重师资培养的转向

由注重师资配备转向注重师资培养。校内法治教育的落实最终还要依靠教师，法治教育教师的专业水平直接决定和影响了小学生法治教育的教育质量。法治教育教师自身的法律知识培训以及开展的自主的教学研究都是至关重要的。学校要切实重视法治教育教师的专业发展问题，而不是仅仅满足配备了道德与法治课程的教师，要逐步解决道德与法治课程教师兼任其他科目或其他行政工作的现象，切实保证道德与法治授课教师的教学时间、教学质量及专业化水平。同时，学校要完善法治教育的培训制度，形成系统的法治教师培训计划，开展骨干教师法治教育专题培训等，提高法治教师课堂讲授、组织法律实践活动的专业能力，并尽可能为教师提供校外的机会和资源以加强他们的专业发展。

需要强调的是，教师也起到了联系家庭、其他学校以及社会其他资源的纽带作用，因此，需要在开展校外小学生法治教育活动上，加强校际教师协作，注重教师与法院、社区等机构的合作，让法治教育教师在丰富的教学实践活动中成长起来。

第三节 道德教育与法治教育的融合

一、道德教育与法治教育融合的联系与互补

（一）道德教育与法治教育的联系

对国家社会治理而言，道德与法律相得益彰，德治与法治珠联璧合，缺一不可，道德无法解决的问题，就需要法律来规范；法律无法管到的地方，就要依靠道德去添补。对个人而言，德润心灵，法护成长，一个好公民既要有高尚的道德情操，又要具备遵法、守法的法治精神。道德教育与法治教育的关系主要表现如下[①]。

1.道德教育与法治教育的内在一致性

在教育目的上，道德与法治具有内在的一致性，都是共同提升公民素养。道德教育侧重培养有德行的人，更多的是提升人的精神境界，而法治教育侧重培养懂法、守法、具备法治精神的公民。道德与法治充分体现了以德治国与以法治国的思想。其课程重在结合法治教育长期薄弱的现状，适度加强渗透法治教育内容。例如，在《道德与法治》六年级上册专册教材中设置“我们的守护者”“我们是公民”“我们的国家机构”“法律保护我们健康成长”四个单元与专题，旨在教育学生做一个知法守法，依法维权，富有宪法意识、法治精神的公民。

① 朱艳兰.小学生道德教育的内容与途径[J].教学与管理（理论版），2017(8)：76-78.

2.道德教育间接提升法治教育效果

进行法治教育必须从道德教育入手，道德可以间接提升法治的效果。首先，道德是最高的法律，社会主义立法之基础是社会主义道德，从道德教育入手，从思想入手，学生才会乐于学法、知法、懂法，乃至学会用法。其次，法律是制度化的道德，从道德教育入手，提高学生正确的思想认识，才能使学生在生活实践中增强法治意识，形成守法自觉。在道德与法治教学中，教师一定要重视法律背后的精神，只要不断提高学生的思想道德水平，必然会增强学生的法治观念，进而使法治教育收到实质性效果。最后，法律是最基本的道德。法律对于道德规范可施以强制力的约束，是“道德教育家”。由于法治教育可以为道德教育提供间接的教育功能，因此，教师在使用《道德与法治》新教材时，如果能将道德教育贯穿于法治教育当中，那么在增强学生法治意识、提高学生法治观念的同时，必定会大幅度提高学生的道德水平。

（二）道德教育与法治教育的互补

长期以来，学校对少年儿童的行为教育大都强调道德教育，而弱化或忽视法治教育，这是学校德育工作的一个缺憾。《关于加强青少年学生法治教育工作的若干意见》明确提出法治教育与思想政治教育相结合的指导思想。《青少年法治教育大纲》提出把法治教育融入学校教育的各个阶段，引导青少年参与法治实践。其中，小学阶段要着重普及宪法常识，培育学生遵纪守法的意识和养成遵纪守法的行为习惯。统编《道德与法治》教材开宗明义地指出，将法治教育与道德教育相融合是为青少年儿童学生的成长保驾护航，让其在德治与法治的环境下健康成长。道德教育与法治教育的互补性主要表现如下：

（1）道德层次性需要与法律普遍性要求的互补。道德是具有层次性的规范体系。在现实生活中，先公后私属较高层次的道德，大公无私属最高层次的道德，公私兼顾是属可以接受的道德。在私德领域，针对一切人的道德标准，而法律作为一种社会规范，它具有一个显著特征，即普遍性，可以在客观上保障法律不必因地因事因人而不同。为此，在道德与法治课程的实施中，教师要将道德的层次性与法律的普遍性结合起来，相得益彰地促进少年儿童的人格完满和社会的精神完善。

（2）道德自律与法律他律的互补。道德之所以称为道德，是因为人的行为发自内心，也就是道德是心灵秩序的看护者。构成道德行为的根本条件是内心的自律。法律与道德不同。法律是由国家强制力保证实施的行为规范，只有借助经过国家意志的他律，才能产生社会功效。法律这种外在的“他律”，通过长期的法治教育，一旦法律主体具有法律意识、法律信仰，以及深刻的道德认同感，那么，法律外在的他律就会转化为知法、遵法、守法的自律了。道德自律与法律他律是少年儿童行为外在调整与内在调整的有机统一，两者具有互补性。因此，在小学道德与法治教学中，教师要将法治教育与道德教育有机结合，从而达到道德与法治的教育目的。

二、道德教育与法治教育的融合路径

法律和道德既不是分离关系，也不是包容关系，而是一种各自独立、双向互动、相互交叉的互补关系。小学道德与法治将德行和法治作为课程的两个核心元素，以及课程的两大支点。该课程在实施时既要注重学生德行的建构，让他们拥有正向的思想道德价值，又要培育守法观念，帮助学生自觉形成守法意识。因此，道德教育与法治教育的融合既不是两者的简单派对，也不是一个简单的你轻我重的关系问题，而是两者的有机结合。道德教育与法治教育的融合路径具体如下。

（一）道德教育与法治教育共同点相融合

抓住教材中既是道德教育又是法治教育内容的共同点进行融合，具体如下：

（1）挖掘教材中道德与法治各自的教育点，强化两者的双向渗透。教材是发展学生的媒介，教师要充分理解教材，了解教材编排的宗旨和体系，充分挖掘并找准教材中德与法的教育点，相互融合。例如，一年级《上学路上》一课，教师可以结合教材所列举的上学路上遇到的诸多情况，渗透融合道德教育与法治教育，因为“上学路上”这一生活场景不仅会涉及交通规则内容，还会涉及家长、教师及其他人的帮助与关心。交通规则的内容属于法治教育点，涉及家长、教师及其他人的帮助的内容属于道德教育点，两种教育可相互渗透、适时融合。

（2）强化教材的拓展与延伸，促进教学资源的整合。小学《道德与法治》教材重要的道德学习方式是向生活学习，教材具有很强的实践性特点，大部分内容都与学生的生活紧密相关。因此，在教学时，教师要以教材内容为蓝本，还要善于整合课外资源，对教材进行拓展与延伸，扩大教学的覆盖面积，增强教学效果。

（3）不能整合的主题不做机械的整合。在小学《道德与法治》中，对于一些仅渗透道德教育点且无法体现法治教育点的课文，教师不能机械地在其中融合法治教育。同样，对于一些仅渗透法治教育点而无法体现道德教育点的课文，教师不能机械地将道德教育融合其中。此外，还需注意的是，课程名称从“品德与生活（社会）”改成“道德与法治”并不意味着所有课文都要有道德教育与法治教育，因为其整体性是体现在整套教材之中的。

（二）教学活动与生活常态相融合

打破常规的文化课程的教学方式，将教学活动与生活常态相融合。生活性是道德与法治课程建构与实施的基础。道德与法治的课程理念贴近儿童的现实生活，不仅仅关注道德生活，还关注整体的生活，其教学方式是教学同步、教学合一的。在课程实施中，教师要打破常规，创新教学方式与方法，将教学活动与学生生活常态紧密结合，形成生活化的教学模式。

（1）将生活元素渗入课堂教学中，激发学生的学习兴趣。教师可凭借道德与法治课程中的主题活动，巧妙补充小学生感兴趣的生活情境，将生活场景再现，让学生在教师的指导下体验、感悟生活，使学生立足生活，深化理解道德与法治知识与教育的要点。采用这样的教学方式，把生活元素整合到课程中去，让学生主动理解与表达，能够有效提高生活化教学的效果。

（2）积极创设生活化的学习情境，激励学生的学习热情。小学道德与法治内容大多源于学生的日常生活，教师在讲这些内容时，可把生活背景搬到课堂上，并予以情景模拟演示，在各种近似真实的情境中将生活场景再现，调动学生的学习热情，吸引学生主动参与、体验与感悟，激活学生的学习动力。这种情境教学方式一方面深化了学生对知识点的理解；另一方面丰富了学生的道德认知，提升了学生的道德品质。

（3）重视生活化作业的优化布置，激活学生的学习动力。小学道德与法治课作业设计仍是教学过程的重要环节。在完成课堂教学之后，教师可以布置一些行为性的作业，让学生回归现实生活，运用所学知识在实践活动中去探索发现、践行感知，从而实现学以致用的目的。这样既能使学生深化对知识的理解，又能不断激活他们的学习动力，同时还能增强他们的动手能力、合作能力、创新能力。

总之，小学道德与法治是一门富有魅力的课程，既是德育课程，也是综合课程，旨在实现道德教育与法治教育的内在融合。

第二章　道德与法治课程的教学主题

道德与法治课程是一门综合性课程，依据课程标准内容的设计，可以分为个人、家庭、学校、国家、世界等领域的教学主体。不同领域主题教学的内容、要求、价值及教学方法各有不同。深入研究不同领域、主题的教学不仅是深化理解道德与法治课程的需要，还是提高教学实效的需要。本章重点探讨个人发展教育主题、家庭教育主题、学校教育主题、国家教育主题、世界教育主题。

第一节　个人发展教育主题

一、个人发展教育主题的意义与内容

（一）个人发展教育主题的意义

在道德与法治课程中，个人发展主要包括个性心理品质、思想素养、价值观念、道德品质与行为等的培育，重点是学生的个性品质发展。关于个性品质，可以将个性解释为个人特有的气质、兴趣、性格等心理特征的综合，这个解释将个性定位在心理特征上；将品质解释为人在思想作风、行为品德方面表现出来的本质。同时，对与之相关的“品德”“品格”“品行”“品性”等词语也有具体解释，如品格为人的品性格调，品行侧重人的外在行为表现，品性侧重人内在的思想品质和修养。值得注意的是，“品质”一词出现在对品性的解释当中。为此，可以将个性品质看作两个联合词组，即由个性与品质组合而成，是指人稳定的个性心理特质和思想道德行为表现的综合表征，包括个体的气质、性格、爱好、道德表现、思想观念、价值取向。

理解个人发展主题的教育意义不能囿于个人层面，个性品质有个性本质特征的一面，但个性品质的真正意义还是社会性的，只有在社会生活中，个性品质才有意义。这个认识是人们把握个人发展视野、理念、价值的思想原点。它要求人们开展个人发展主题教育：一方面要有鲜明的个体针对性，以及个性化教学的手段和策

略；另一方面，还需将个人发展与集体、社会，甚至民族、国家、世界教育紧密结合起来，使个人发展能够适应社会需要。个人发展教育主题是道德与法治课程的基础性、先导性、一以贯之的主题，对学生其他领域主题的学习起着重要的支撑作用。深入把握个人品质教育主题的内容构成、育人价值、教学规律和方法，对全面、精准实施道德与法治课程教学具有重要的奠基作用。

（二）个人发展教育主题的内容

道德与法治的个性品质教育主题由《义务教育品德与生活课程标准（2011年版）》《义务教育品德与社会课程标准（2011年版）》和《青少年法治教育大纲》所确定。

《义务教育品德与生活课程标准（2011年版）》的四个方面内容全面贯穿个体发展教育，其中，①“健康、安全地生活”侧重个体安全卫生、健康的意识与行为习惯以及新环境适应能力等教育，是现代公民文明素养在个体发展方面的重要内容；②“愉快积极地生活”侧重人际友善、情绪管理、自然意识、初步的自我认识与发展意识、初步的意志品质等教育，是现代公民文明素养在自我管理及与他人、自然关系方面的启蒙教育内容；③“负责任、有爱心地生活”以班级、家庭、家乡、公共场所、国家为内容范畴，侧重责任意识、爱心教育、环保意识、集体生活以及爱党、爱国、爱人民教育，是现代公民文明素养在责任、爱心、国家意识方面的教育内容；④“动手动脑、有创意地生活”侧重个体兴趣爱好、实践动手能力、思考探究意识方面的教育，是现代公民文明素养在创新意识、实践能力方面的教育内容。

《义务教育品德与社会课程标准（2011年版）》将个体发展主要集中在“我的健康成长”领域，同时，在其他领域全面贯穿，采取的是一种专门教育与全面贯穿相结合的布局方式。在“我的健康成长”领域中，课程标准规定了八条内容，分别从自我认识、自尊自爱、意志品质、诚实守信、文明礼貌、生命安全等方面开展个体健康发展教育，凸显现代公民文明素养在自我意识、人际交往、生命安全意识、健康生活方式等方面的教育。学生个体发展教育还全面贯穿在其他领域的教学主题之中，如“我的家庭生活”通过家庭亲情、生活、邻里交往等教育活动，持续强调感恩、爱心、自理、自立、友善等个体发展教育。“我们的学校生活”通过学校学习生活、同学交往、班集体活动等教育，持续强调尊重意识、友善品质、责任意识、民主平等意识等个体发展教育。“我们的社区生活”通过热爱家乡教育、了解社区公共设施设备、了解社会经济生活及劳动者等教育，持续强调尊重劳动、社会公益心、公共场所文明修养、扶弱济困有爱心等教育，这些是个体发展在公共生活中的表现。"我们的国家"通过民族团结教育、国情教育、历史文化教育，重点强调民族情感、家国情怀、文化传承、敬仰先烈等教育，这些是个体发展在民族、国家意识方面的表现。"我们共同的世界"通过认识世界、国际交往、世界文化、世界发展与问题、世界和平、人类命运共同体等教育，重点强调平等、合作、共赢、和平、发展等观念教育，这些是个体发展在世界意识培育、世界交流交往中的反映。

《青少年法治教育大纲》的许多内容也体现了个体发展教育的导向。如大纲中提出法治教育要与道德教育相结合，注重以法治精神和法律规范弘扬社会主义核心价值观，以良法善治传导正确的价值导向，把法律的约束力量、底线意识与道德教育的感化力量、提升精神紧密结合，使青少年理解法治的道德底蕴，牢固树立规则意识、诚信观念、契约精神，尊崇公序良俗，实现法治的育人功能。强调法治教育在义务教育阶段的目标是使学生初步了解公民的基本权利和义务、重要法治理念与原则，初步了解个人成长和参与社会生活必需的基本法律常识；初步树立法治意识，养成规则意识和遵法守法的行为习惯；初步具备依法维护自身权益参与社会生活的意识和能力，为培育法治观念、树立法治信仰奠定基础。事实上，在现代社会中，尊重宪法和法律、崇尚法治与规则本身就是一种个体发展必备的内容，而在法治教育中体现出来的民主、平等、公正、诚信、善良、契约意识等是个体发展在法治社会、法治体系中的个性品质表现。

二、个人发展教育主题的教学思想与方法

（一）个人发展教育主题的教学思想

1.古代个人发展教育主题的教学思想

中国古代教育思想中蕴藏着丰富的个性化教育教学思想，主要体现在教与学、学与思、知与行等关键命题方面，且个性化育人思想与调动学生的学习主体性、积极性以及开放性学习是相连的。在教与学方面，学生个体发展的差异性和主体性是中国古代教育关注的焦点之一，对学生差异性和主体性的认识是个性化教学思想的原点。

"孔子教人，各因其才"（《朱子语类》），从表面上看，孔子的因材施教、教学相长是讲教法，实际上，因材施教源于对每个学习者个体差异性的认识，承认每个人的学习个性和发展路径是不一样的；"教学相长"在强调学习者对教育者的启示意义的同时，变相认可学习者的主体性发展意义。韩愈在《师说》中"无常师"的论述则从开放性学习的视角说明了个性化主体性发展的路径和意义，"圣人

无常师。……孔子曰：‘三人行，则必有我师。’是故弟子不必不如师，师不必贤于弟子，闻道有先后，术业有专攻，如是而已”。这里的“无常师”说的是向任何有长处的人学习，海纳百川，有容乃大；“闻道有先后，术业有专攻”则鲜明地表达了学习者的发展路径、兴趣特长的丰富多样性，传统的制式化教育有违学习的成长规律，自主性、个性化才是个体发展的根本路径。

在学与思方面，“思”是中国古代教育思想中强调的方面，孔子提出“学而不思则罔，思而不学则殆”（《论语•为政》）的见解，韩愈指出“行成于思，而毁于随”（《劝学解》），王夫之得出“学成于聚，新故相资而新其故；思得于永，微显相次而显察于微”（《周易外传•系辞上》）的论断。“思”的本质是个性化的、主体性的学习活动。在知与行方面，中国古人将“行”的个性化学习意义十分鲜明地凸显出来。我国春秋时期就有“非知之艰，行之维艰”（《尚书・说命中》）的认知，明代王阳明提出了“知行合一”的思想。明末清初王夫之认为，学、问、思、辨、行五段学习过程中，“行”居第一位，得出“行可兼知，而知不可兼行”（《尚书引义》）的结论。“行”是学习内化的驱动力，是个体个性化认知和发展的重要源泉。

2.现代个人发展教育主题的教学思想

个人发展主题教育教学必须充分尊重人的个性特征，充分调动人学习发展的主体性，致力于促进个性化的良性发展，并使个人发展适应社会发展的需要。由此，道德与法治课程的个人发展主题的教学在总体思想上应尽可能考虑三个要素：①是否充分了解了学生，做足了客观的、实事求是的学情分析，并使尊重个性与规范引领有机结合；②是否抓住了具有普遍意义的个人发展教育要点，以发挥班集体授课制的教育优势，使个人发展教育的特殊性与普遍性有机结合；③是否足够关注个人发展的突出问题，并有个性化教育策略和方法，持续追踪教育，使常规的课程教育教学任务与长期的有责任、有爱心的育人使命有机结合。

（二）个人发展教育主题的教学方法

个人发展主题的教学需要遵循先进引领、行为示范、理解包容、以情动人，尊重个体、个性发展等原则。传统教学方法有故事教学法、奖励法、惩罚法等，现代教学较多采用讨论教学法、体验教学法、行为示范法、案例辨析法、美文赏析法等。在传统教学方法中，故事教学法是个体发展的一种古老而经典的教学方法，它通过生动的人物角色塑造，引导学生感受真善美和假恶丑等不同的道德形象，追求真善美。在强调生活教育的当下，故事教学法不应被抛弃，甚至可以通过多媒体，使故事教学法更加直观生动。

传统的奖励教学法是促进学生个体发展的有效方法，而且这种奖励的积极效应体现在学生发展的多个方面，但现今的奖励法过多地表现在教师课堂上即时的、随性的口号上，需要注意的是，即便是口头表扬与激励，用语和方式也需要走心，思考如何将奖励效果最大化。

第二节　家庭教育主题

家庭是社会的细胞，是个人成长的第一所学校，也是个体人格、品性、思想道德发展的终身学校，深刻影响着一个人的行为习惯、个性心理品质、价值观念和思想道德行为；同时，家风、家训、家教、亲情、和睦邻里等也是中国特有的传统文化根脉，是烙印中国文化底色、培育家国情怀的恒久基地。由此，道德与法治将“我的家庭生活”列入专门的教学主题内容，内涵丰富，意义深远。

一、家庭教育主题的意义

把家庭当作课程学习主题不仅是为了让学生了解、认识家庭，学会过健康和睦的家庭生活，还是为了传承中国家庭优秀传统文化，发展现代家庭文明，从家庭作为“社会细胞”的视角促进学生的良性社会化进程。作为道德与法治课程领域之一的家庭教育，其与一般家庭教育的内涵完全不同，它以儿童生活视角、儿童角色立场、儿童社会性发展为主要内容和教育导向，侧重儿童的家庭意识、角色与责任、生活常识、亲情关系处理、邻里和睦等教育，而一般家庭教育则是父母主角、主场、主导，阐述父母的责任义务、家庭关系调节艺术、教育子女的方法等。

道德与法治课程的家庭教育意义主要表现在如下方面：

（1）培育儿童热爱家庭生活的情感，启蒙良好的家庭生活观念。当前，许多孩子将家庭的爱心、照顾、温情视作理所当然，如不加以正确引导，长此以往，那么家庭的爱与温暖换来的可能是不良的依赖习惯。因此，只有教育引导孩子懂得、珍惜、学会爱家庭之爱，理解家人的辛劳，才能达到家庭教育的真正目的。

（2）引导孩子学习家庭生活，养成健康文明的家庭生活习惯，包括学习了解家庭关系及相处之道，学习力所能及的家务劳动技能，懂得安全使用现代家庭用品、工具和邻里和睦的道理，等等。

（3）适度弥补现代家庭变革对儿童教育的不足。受中国现代社会变革、城市化变迁的影响，家庭结构小型化，家庭成员工作机制化，邻里关系陌生化，家庭教育功能日渐萎缩。父母受制于孩子未来发展的压力，加之时间所限，把更多的精力和关注点放在孩子的学习成绩上，而对孩子的品行、品性教育关注不够，在这种背景下，道德与法治课程如何与常规家庭教育相结合，主动承担起家庭教育对孩子人格品性教育的短缺，是一个需要深入探索的问题。

（4）弘扬和传承优良家教、家风、家训等家庭美德和文化，使中国传统的优秀家庭文化与现代家庭文明结合起来，发挥家庭文明对社会文明、政治文明的基础性、支撑性作用。

二、家庭教育主题的内容

以社会生活为基础是道德与法治课程建构与教学思路的主线，家庭生活是其中重要的组成部分，由小学低年段、中高年段形成螺旋递进的家庭教育内容层次格局。在小学低年段，将家庭教育主题融入日常生活之中，突出尊重父母长辈、感恩、健康安全的家庭生活及行为习惯、力所能及的家务劳动等主题教育；在小学中高年段，家庭教育以专门领域、主题呈现，在承接、持续加强低年段家庭教育主题的基础上，扩展家庭关系认识、家庭矛盾理解和调节家庭经济生活等内容，初步将家庭教育引向其作为社会细胞的认识视角，进一步促进学生的社会性发展。

《义务教育品德与生活课程标准（2011年版）》有关家庭教育的内容主题明确的有两条：第一，“爱护家庭和公共环境卫生”；第二，“爱父母长辈，体贴家人，主动分担力所能及的家务劳动”。相关联的有按时作息，生活有规律；养成良好的饮食和个人卫生习惯；生活中自己能做的事情自己做；知道初步的保健常识并在生活中运用；了解天气、季节变化对生活的影响，学会照顾自己；在成人的帮助下能较快化解自己的消极情绪；做事认真负责，有始有终，不拖拉等。

《义务教育品德与社会课程标准（2011年版）》有专门的领域表达，共五条课程标准内容。这些内容除了持续强化品德与生活相关的教育内容，还增加了邻里关系、家庭经济生活、家庭关系处理等内容，扩展了家庭教育的社会性，更加丰富了家庭教育作为社会细胞存在的教育内涵。《青少年法治教育大纲》（教政法〔2016〕13号）就家庭教育主题的表述分为总体内容和分学段的教学内容与要求两个部分，其中，总体内容要求结合青少年与家庭、学校、社会、国家的关系，分阶段、系统安排公民基本权利和义务、家庭关系、社会活动、公共生活、行政管理、司法制度、国家机构等领域的主要法律法规以及我国签署加入的重要国际公约的核心内容；在分学段内容中，小学一至二年级要求初步建立对家庭关系的法律认识，其他阶段没有明确的内容要求。这里的家庭关系的法律认识主要体现在宪法对公民基本权利与基本义务的规定、未成年人保护法、预防未成年人犯罪法、民法总则等法律法规中有关家庭成员、家庭关系的规定。显然，《青少年法治教育大纲》着重从法律对家庭关系规范的角度提出教育要求，使学生初步了解家庭关系的法律常识，初步知道维护家庭的权利能力和行为能力，增强学生的法治意识[①]。

第三节　学校教育主题

学校是人生成长打基础的阶段，也是学生通向社会的漫长阶梯，对学生的思想道德、人格品性、身心健康、知识技能、社会性发展有着终身的重要影响。道德与法治课程之所以设置学校教育主题专门内容，不仅是为了规范学生有序的学校生活，而且通过学校“小社会”的教育，促进学生社会性的健康发展。

一、学校教育主题的意义

把学校当作课程学习主题，不仅是为了让孩子认识、适应学校，很好地运用学校生活实现自我健康成长和发展，还站在学校作为一个具有多功能的社会机构的视角，促进儿童的社会性发展。分析学校教育主题的意义有两个基本视野：一是学校教育功能的视野，即学校对人的成长究竟有哪些方面的价值和作用，这是人们将学校作为学生学习主题纳入课程内容的认识基础和前提；二是学生发展的视野，即学生通过学校生活可以实现哪些方面的发展，通过学校主题的课程学习重在发展哪些方面的认知与能力。

学校教育主题的意义主要表现在符合国家层面对教育功能的设定。关于学校教育功能的确定，直接通过有关学校的法律规定的不多，如我国《中华人民共和国教育法》（以下简称《教育法》）在赋予学校及其他教育机构的权利和义务中，将学校教育功能明确规定为组织实施教育教学活动，贯彻国家的教育方针，执行国家教育教学标准，保证教育教学质量等。更多的学校教育功能体现在对教育和教师教育教学的规定上面，如《教育法》在总则中规定教育是社会主义现代化建设的基础，教育必须为社会主义现代化建设服务、为人民服务，必须与生产劳动和社会实践相结合，培养德、智、体、美等方面全面发展的社会主义建设者和接班人，教育应当坚持立德树人，对受教育者加强社会主义核心价值观教育，增强受教育者的社会责任感、创新精神和实践能力。国家在受教育者中进行爱国主义、集体主义、中国特

① 钟守权．传承与发展：道德与法治课程教学初论[M]．广州：广东高等教育出版社，2018.

色社会主义的教育，进行理想、道德、纪律、法治、国防和民族团结的教育，应当继承和弘扬中华民族优秀的历史文化传统，吸收人类文明发展的一切优秀成果，教育活动必须符合国家和社会公共利益等。

另外，《中华人民共和国教师法》分别规定了教师的六条权利和六条义务，涉及学生教育功能的有：指导学生的学习和发展，评定学生的品行和学业成绩；贯彻国家的教育方针，遵守规章制度，执行学校的教学计划，履行教师聘约，完成教育教学工作任务；对学生进行宪法所确定的基本原则的教育和爱国主义、民族团结的教育、法治教育以及思想品德、文化、科学技术教育，组织、带领学生开展有益的社会活动；关心、爱护全体学生，尊重学生人格，促进学生在品德、智力、体质等方面全面发展；制止有害于学生的行为或者其他侵犯学生合法权益的行为，批评和抵制有害于学生健康成长的现象等。

上述法律规定可以看作国家对学校教育功能的权威定位和要求，显然，国家从学生成长规律、国民整体素质、人才规格标准、经济社会发展等多维角度对学校教育功能提出了全面的要求，主要包括贯彻国家教育意志、促进学生全面健康而有个性地发展、体现教育对促进社会发展进步的作用等方面。国家的学校教育功能诉求转化为学生学习学校主题的价值，就是要求学生将自己各方面的发展与国家民族利益、社会发展进步、未来变革趋势等密切联系起来，为未来走向社会、服务社会和国家做好思想道德修养及知识技能储备。

综上所述，学校教育的基本功能是培养传承人类文明、适应社会、参与社会创造的各类人才。学校是人类文明与知识的殿堂，是学生学习生活的主体场域，还是学生视野的社会生活窗口，就这一意义而言，道德与法治课程中的学校教育主题具有人本性、文化性和社会性。将学校教育主题纳入道德与法治课程体系的目的在于借助学生学校生活经验和平台，因势利导，开展集体观念、规则意识、学校纪律、师生交往、学习发展等方面的教育，增强学生适应、悦纳并积极投入学校生活的能力，进而启蒙他们的社会意识，逐步培养他们认识、适应、参与社会生活的良好态度和能力。

二、学校教育主题的内容与教学策略

（一）学校教育主题的内容

学校教育主题是道德与法治课程的重要内容，贯穿课程“三标一纲”内容体系之中。小学低年段品德与生活的学校教育主题全面渗透在课程内容标准的四个方面，是品德与生活内容构成的主干，主要目的是教育引导学生主动适应并积极参与学校的学习生活，帮助学生顺利实现幼小衔接。就具体内容标准而言，相对直接涉及学校教育主题的内容如下：

（1）健康安全地生活。其中包括：按时作息，生活有规律；在学校里情绪稳定，心情愉快；熟悉学校环境，能利用学校中的卫生保健设施。

（2）愉快积极地生活。其中包括：喜欢和同学、教师交往，高兴地学，愉快地玩；在成人的帮助下，能较快化解自己的消极情绪；能看到自己的成长和进步，并为此而高兴；在成人的引导下，学会正确对待自己的学习成绩；在成人的帮助下，能定出自己可行的目标，并努力去实现；能欣赏自己和别人的优点与长处，并以此激励自己不断进步；在学习与生活中遇到问题时，愿意想办法解决；敢于尝试有一定难度的任务或活动。

（3）负责任、有爱心地生活。其中包括：做事认真负责，有始有终，不拖拉；关心他人，关爱同伴，乐于分享与合作；能认真完成自己承担的任务；能初步分辨是非，做了错事勇于承认和改正，诚实不说谎；喜欢集体生活，爱护班级荣誉。

（4）动手动脑、有创意地生活。其中包括：喜欢提问和探寻问题的答案；学习用观察、比较、调查等方法进行简单的生活和社会探究活动；能与同伴交流、分享、反思探究的过程或成果；能对问题提出自己的想法与看法；学习利用图书、电视、网络等多种方法搜集需要的资料；在成人的帮助下，能总结、提升获得的经验或信息。

上述内容涉及学生在学校的道德品质、安全、心理、学习、师生交往等方面，教育内容注重行为细节，适合低年段学生的认知特点和规律。丰富的学校教育主题有助于儿童全面了解和适应学校生活，为他们的社会化进程打下良好的基础。

小学中高年段的品德与社会课程标准相较品德与生活课程标准有所不同，学校教育主题大为缩减，并且以专题领域的形式出现。这样布局的原因是小学低年段学校教育主题已经非常充分，同时，中高年段课程还需容纳个人发展、家庭教育、社会教育、国家教育、世界教育等广泛的内容，必须有所取舍和选择。就具体内容而言，品德与社会课程涉及学校教育主题的内容主要集中在我们的学校生活专题领域，共七条内容，包含了学校方位、学校部门与工作人员、学习态度与方法、同学交往、集体教育、班规校纪、班级组织。很显然，品德与社会课程中的学校教育主题有一定理性和高度的提炼与归纳，并突出强调学校生活的观念态度、规矩等意识教育，这是对品德与生活课程学校教育主题的合理提升。

（二）学校教育主题的教学策略

学校教育主题的教学策略除了要遵循道德与法治课程常用的教学方式方法，关键还要充分发挥自身优势，利用学校环境和资源，结合学生成长实际和需要，因地制宜，就地取材，有针对性地开展教育教学活动。

1.开发运用校本资源是重要基础

这个资源包括学校发展历史、标志性发展事件、代表性人物、重大教育教学成果等，把这些资源与“三标一纲”《义务教育品德与生活课程标准（2011年版）》《义务教育品德与社会课程标准（2011年版）》《义务教育思想品德课程标准（2011年版）》和《青少年法治教育大纲》及教材课文的内容整合起来，建构适应学校学生实际需要的新的教学内容体系，实现教学资源的校本化再开发、再构造。一些教师将校长、其他学科教师、校工人员等请进道德与法治课堂，参与教育教学活动，就是很好的创意创新。

2.结合学生发展实际

充分研究学生，紧密结合学生发展实际和需要是根本立足点，牢固确立学生才是学校教育主题教学的第一作用对象的人本立场和理念。一般学校教育主题教学要求有学情分析，实施学校教育主题，建议增加“校情分析”，还可以事先指导学生做好校内问卷调查、访谈、观察等活动记录，用作教学的第一手资料。这项活动不仅可以为学校教育主题教学服务，还可以在确保安全的前提下，培育学生的社会实践能力。

3.扩大教学场域和视野

扩大教学场域和视野既要依纲扣本，又要走出课本，走出课堂，把学校作为大课堂。有些学校的教育主题教学不必在课室里进行，而是可以直接搬到学校相应的场所。如“认识我们的学校”就可以用参观学校场所设备的方式进行；又如“教师节的活动”可直接连接学校开展的相关活动进行，教师在课堂教学中直接开展展示活动成果、体验活动收获即可，不必坐而论道；再如“我加入了少先队”可以直接和少先队活动课相连。道德与法治课程教学还可以与学校开展的国庆节、科技节、艺术节、体育节、文明礼貌月、环保周以及传统节日庆典等一体实施，这是增强道德与法治课程生活性、社会性最好的途径，当然，这需要学校重视道德与法治课程，将其与学校德育工作整体规划、统筹实施。

4.制订学生思想和行为教育方案

制订长期跟踪、指导学生思想和行为的教育方案，全过程指导学生的发展，使道德与法治课程教学不局限于一课、一师、一教材，真正达到促进学生持续、长远、有效、生活化发展的目的①。

---

① 王平.义务教育《思想品德》课程教材编写的原则及思考[J].教育发展研究，2014，33(15)：119-124.

第四节 国家教育主题

国家教育主题是道德与法治课程内容的重要组成部分，是道德与法治课程育人的高地。无论是从贯彻国家意志，培养国家认同、家国情怀等爱国主义思想的角度，还是从教育社会性的上层建筑原理的角度，抑或是学生个体成长价值的角度，国家教育主题都是学校教育至高无上的重点内容。国家教育主题是我国德育类课程的传统领域，中国特色社会主义建设新时代赋予了这个主题以新内涵、新要求。

一、国家教育主题的意义

国家教育主题的基础是国情教育，包括国家的历史文化、发展现状、未来蓝图和理想等。其核心是爱国主义教育，彰显个性、社会性发展、精神塑造的高度，同时也是思想素养和政治素质培育的重要基础。国家教育主题的重要意义主要表现如下。

（一）学生道德情操养成和社会化发展的高地

个人、家庭与国家的关系是中国传统家国情怀重点阐释的主题，尤以“大学之道”的诠释最为经典：“古之欲明明德于天下者，先治其国；欲治其国者，先齐其家；欲齐其家者，先修其身；欲修其身者，先正其心；欲正其心者，先诚其意；欲诚其意者，先致其知，致知在格物。物格而后知至，知至而后意诚，意诚而后心正，心正而后身修，身修而后家齐，家齐而后国治，国治而后天下平。自天子以至于庶人，壹是皆以修身为本。”这段名篇千古传诵的秘诀在于将个人、家庭、国家利益紧密连接在一起，并给出修为的先后顺序，指明个体修养是基础，齐家是阶梯，治国平天下是最高目标所在。其中的观点和认识成就与现代教育关于人的社会化理论有异曲同工之妙，而且更加占有思想的制高点，明确将国家意识、天下情怀注入个体修养最高境界。最难能可贵的是最后一句话，强调它是天下国民都应当遵循的修身之道，而不仅仅局限于社会精英，这就使得个体修养的路径和目标具有社会性和普适性。

在中国特色社会主义建设时代，个人、家庭与国家的关系依然是国民人格品质、社会道德、民族国家情怀一体修为的重点，这是文化传承，更是新时代的使命。需要强调的是，当前，国家要实现中国梦，中国梦的本质就是国家富强、民族振兴、人民幸福。将个人发展、中国梦教育和爱国主义教育紧密联系起来，强调实现中华民族伟大复兴的中国梦，是当代中国爱国主义的鲜明主题。要大力弘扬伟大的爱国主义精神，大力弘扬以改革创新为核心的时代精神，为实现中华民族伟大复兴的中国梦提供共同精神支柱和强大精神动力。同时，实现中国梦还要求将个人品格修养深深植根于民族国家发展大局之中，突出爱国和爱党、爱社会主义教育相统一，促进爱国教育、爱国情感、爱国行为相一致，使爱国主义成为根植于每一个中华儿女内心深处的精神内核和行为自觉，让社会主义核心价值观的种子在少年儿童心中生根发芽，把国家、人民、民族装在心中，养成健康、乐观、向上的品格。

（二）加强爱国主义教育的意义

爱国主义教育是学校教育的永恒主题，在中国特色社会主义建设新时代更具有必要性、紧迫性。当代，加强爱国主义教育就是要旗帜鲜明地在课程教材教学中融入伟大梦想，使伟大梦想成为教育教学内容的精神高地，引领学生的学习和成长，其核心要旨是解决之所以学习的问题。

青年一代有理想、有本领、有担当，国家就有前途，民族就有希望。中国梦是历史的、现实的，也是未来的；是我们这一代的，更是青年一代的。中华民族伟大复兴的中国梦终将在一代代青年的接力奋斗中变为现实，这也是对少年儿童提出从小学习做人、从小学习立志、从小学习创造的殷切期望。人们可以清晰地认识到，教育现代化在培养人的根本问题上，必须始终不渝地坚持培养有理想、有本领、有担当的人，培养胸怀民族国家情怀的人，培养为实现中华民族伟大复兴的中国梦而不懈奋斗的人。

（三）道德和法治是体现国家意志的课程载体

教育是国家意志的体现，贯彻落实国家教育目的，反映国家意识形态及价值观主张，体现国家对人才培养的总体要求。当前，建设教育强国是中华民族伟大复兴的基础工程，要全面贯彻党的教育方针，落实立德树人的根本任务，发展素质教育，推进教育公平，培养德、智、体、美全面发展的社会主义建设者和接班人，这就是我国教育的国家意志。道德与法治课程的意识形态属性比较强，具有极其重要而特殊的育人功能。道德与法治课程必须责无旁贷地担当起传递国家意志的职责，重点是加强理想信念和中国梦教育，加强社会主义核心价值观教育，培育学生中国特色社会主义的道路自信、理论自信、制度自信、文化自信，努力培养出更多、更好的能够满足党、国家、人民、时代需要的人才。

二、国家教育主题的内容与教学策略

（一）国家教育主题的内容

国家教育主题作为道德与法治的重要内容和学生社会性发展的高地，贯穿课程教学的各个阶段，“三标一纲”均重点将其体现了出来。

在小学低年段，《义务教育品德与生活课程标准（2011年版）》目标明确提出要为其成为爱祖国、爱人民、爱劳动、爱科学、爱社会主义的公民打下基础；爱家乡、爱祖国；初步了解有关祖国的知识，直接涉及国家教育主题的内容标准共三条：①了解家乡的风景名胜、主要物产等有关知识，感受家乡的发展变化；②热爱革命领袖，了解英雄模范人物的光荣事迹；③尊敬国旗、国徽，学唱国歌，为自己是中国人感到自豪。这三条国家教育主题具有直观性、可感性特点，重点是对小学生进行初步的国家印象、知识和爱国情感教育。

在小学中高年段，国家教育主题贯穿在六大领域之中，重点反映在我们的国家专题之中，涵盖国家领土、疆域、民族与文化、自然环境、名胜古迹、自然灾害、工农业生产、交通运输、信息化与互联网、中国公民与宪法和法律常识教育等。从小学低年段至中高年段，国家教育主题跨度较大，内涵提升较多，囊括了国家自然面貌、历史文化、现代经济、交通运输、网络通信、科学技术、政治、法律等广泛的内容题材，尽管内容难度不会很大，但由于小学道德与法治教师基本上为兼职，有同类教育背景的教师较少，多种主题内容汇聚在一起，落在教师的教学任务之中，难度还是比较大的。科学规划国家教育主题的内容布局，加强道德与法治教师国家教育主题的培训和指导，是道德与法治课程教学困境的重要突破口。

（二）国家教育主题的教学策略

国家教育主题的教学除了要遵循道德与法治一般的教学方法和策略，还需要重点考虑该主题相对抽象的特点，着力解决教学中人云亦云、毫无个性、形同嚼蜡的空心化教育问题。可以尝试包括信息化、实地考察、问卷调查等综合实践方式，使国家教育主题更接地气，更有生活气息，更能直观感受。还有以下方面的策略：

（1）加强教师的专业培训和学习，充实和丰富教师关于国家主题教育的相关知识，弥补教师专业素养与本课程国家教育主题宽领域、大纵身之间的落差，确保教学内容选材、表达、提炼的正确性、精准性。

（2）注重与信息技术深度融合，充分运用现代多媒体和互联网技术，增强教学的直观性、可感性，拉近国家教育主题与学生生活的距离，并使之形象化、具体化。

（3）加强教学资源整合，紧密结合时事政治，及时接入重大时事题材素材，使教学具有鲜明的时代气息。

（4）充分利用和发挥学生已有的有关国家主题的经验和认知体会，从学生生活经验出发，调动学生学习的主动性。在现代生活条件下，很多学生，即便是乡村的留守儿童，也有随父母、家人或学校组织的活动，通过网络信息、旅游、走亲访友等方式跨区域了解祖国不同地区风貌的经历，初步建立起关于国家地理、人文文化、经济社会发展成就等零碎的观感和认知，这是很好的教育材料和基础。

第五节　世界教育主题

以全球经济一体化、互联网信息互通迅捷化为特征的全球格局，使得地球村更加紧密地联系在一起，因此培育国民世界意识、世界胸怀是教育的时代使命。构建人类命运共同体成为划时代的世界发展主题，建设一个友善、互助、和平、发展的世界体系利在当代，功在千秋，需要每个人的积极参与。世界教育主题是道德与法治逐步扩展的六大教育领域最宽阔的内容主题，彰显了个体社会性发展的时代格局和视野，是个体面向世界学习发展的重要基础，也是本课程世界眼光的重要体现。

一、世界教育主题的意义

世界教育主题是国民现代意识培育的重要内容，是个体社会化的时代内涵，它对于开拓国民视野，整体提升国民现代素养，促进中国更好地走向世界、融入世界具有重要意义。

（一）符合世界教育主题和人的社会性发展

全球经济一体化和互联网信息的广泛迅捷互通，使整个世界变成了一个紧密依存、时时相通、利害相关、休戚与共的村落。这种世界发展大势将每个人的命运与世界捆绑在一起，因此养成世界意识、世界胸怀，学会关注世界变化，遵守世界规则，尊重世界多样化不是少数社会精英的专享，而是大众的普遍修养。由此，培育世界意识成为人的社会化最新、最宽阔的领域。道德与法治课程开设世界教育主题，不是简单地了解、认识世界的问题，而是如何引领学生养成世界情怀，培育他们走向世界、参与世界生活、创造世界未来的精神品质和能力的问题。在一定意义上，国民的世界意识、精神和能力培育能够在未来世界发展上掌握更多的话语权、主导权，这也是当今世界教育竞争、人才培养竞争的本质。

（二）符合人类命运共同体思想视域下的世界主题教育

人类命运共同体思想是中国优秀传统文化的现代性创造和创新，是为当代世界和平与发展贡献出的中国智慧和中国方案。其基本内涵为构建人类命运共同体，建设持久和平、普遍安全、共同繁荣、开放包容、清洁美丽的世界，具体包括全球生态和谐发展、国际和平发展等内容。道德与法治课程中的世界教育主题必须紧扣人类命运共同体思想，引导学生深刻理解中国人民的世界胸怀和理想，自觉把个人成长和未来发展融入人类命运共同体思想中，立足中国自信，放眼世界发展，坚定创新、协调、绿色、开放、共享“五大发展理念”，培育开放、融通、合作共赢的世界交流交往思想，在向世界学习中发展，在自我发展中贡献世界，立志为世界和平发展和人类进步事业不懈努力。

二、世界教育主题的内容与教学策略

（一）世界教育主题的内容

在“三标一纲”中，除《义务教育品德与生活课程标准（2011年版）》没有明确的世界教育主题内容，其他三个文件都有较为明确的内容要求。

《义务教育品德与社会课程标准（2011年版）》在课程目标中明确提出尊重不同国家和民族的文化差异，初步形成开放的国际视野，要求初步了解影响世界历史发展的一些重要事件，知道不同环境下人们有不同的生活方式和风俗习惯，懂得不同民族、国家和地区之间相互尊重、和睦相处的重要意义。同时，在课程内容标准中开设“我们共同的世界”专题，从世界地理面貌，不同国家、地区、民族的生活习俗，世界文化，世界经济往来，人类科学技术发展，世界生态环境，国际组织和国际公约，和平与发展八个方面建构小学中高年段世界教育主题内容体系。小学中高年级世界教育主题呈现基础性、初步性和观念性的基本特征，其意图并非要求学生系统地、具体地掌握世界知识，而是要求学生通过初步了解世界，培育学习世界的意愿、开放的世界视野、包容的世界情怀、关心世界的情感、参与世界的愿望等。这些可以看作学生世界意识的基础性培育，也能够为他们在中学阶段的道德与法治、地理、历史等学科的学习奠定基础。

《义务教育思想品德课程标准（2011年版）》在课程目标中要求培育学生“全球意识和国际视野，热爱和平”“初步了解当今世界的发展现状与趋势”，并将世界教育主题列入“我与国家和社会”的“认识国情，爱我中华”专题。具体内容主要有三条：①了解文化的多样性和丰富性，尊重不同的文化和习俗，以平等的态度与其他民族和国家的人民友好交往；②了解当今世界的发展趋势，知道我国在世界格局中的地位、作用和面临的机遇与挑战，增强忧患意识；③认识树立全球观念的重要性，增强为世界和平与发展做贡献的意识和愿望。

（二）世界教育主题的教学策略

世界教育主题的内容主要聚焦在世界地理、人口、民俗风情、交往交流、环境生态等基本面貌、概况和问题方面，把握世界教育主题，关键有两种策略：一是除了沿用道德与法治一般的教学策略和方法，还必须考虑该主题教学远离学生实际生活的特点，充分发挥信息化教学优势开展教学活动；二是要教育学生有世界视野，教师必先要有世界视野，这一点特别重要，需要强化。

教师培育世界视野的途径不是只有环游世界这一种方法，通过观看影视节目、阅读有关国外的书刊和信息资料、关注国外的新闻动态等都是很好、很有效的途径。可以在三个方面增强教学的全球眼界：一是合理、合法、恰当引用有关国外的案例素材进行教学；二是与国际理解教育结合起来，开展相关专题教育活动；三是结合国际性节日、纪念日，如地球日、水日、粮食日、和平日等，以及专项国际性活动，如奥运会、地球一小时等，组织学生积极参与，培育人类命运共同体意识和情感[①]。

① 李喜英．道德教育主题词位移的时代困境 [J]. 探索与争鸣，2008(5)：41-44.

第三章　道德与法治课程的教学目标与教学内容

道德与法治是塑造学生思想、渗透法治观念、构建健康心理环境的重要课程，在小学阶段的教学中有着重要的影响力。鉴于此，本章主要围绕教学目标的设计、课时内容的划分、教材内容的选择以及教学资源的拓展展开论述。

第一节　教学目标的设计

教学目标是教学的出发点，也是教学行为的归宿，它决定着教与学的根本方向，是教师确定教学重难点、择取与加工教学内容、选用教法学法以及进行课堂学习评价的重要依据，在整个教学过程中起到重要作用。由此可见，教学目标设计得是否精准是影响教学效度的关键。

然而在日常教学中，教学目标问题一直是困扰教师的难点所在。我们在听课调研或者分析部分教师的教学设计过程中发现，有的教师只是凭经验设定教学目标，很少有时间去钻研；有的教师直接套用他人的教学目标或者教学参考书上现成的目标，仅仅将教学目标当成教学任务去完成；有的教师因制定的教学目标出现方向偏离、空泛笼统、没有结合实际以及相同主题不同年段关系错乱等问题，导致其教学低效甚至无效的现象还是比较常见的。因此，教师应将追求教学目标设计的精准当作重中之重的事情来做。精准设计教学目标关键要着眼于课程标准和相关纲领性文件、教材以及学生实际三大方面，明确本课程的教学目标是一个完整的目标体系，需要以整体性和系统性的思维来设计每课、每课时的教学基本目标，并在此基础上结合学生实际进一步优化和调试，提升目标的精准度。

一、教学目标的提纲挈领

精准把握教学目标的第一步是解析课程标准和纲领性文件，把握目标设计的向度。课程的实施离不开教师对课程本质的把握，这是保证教学效果最基本、最重要的条件。课程标准包含了课程性质、基本理念、课程设计思路、课程目标、课程内容体系和实施建议等内容，是教师实施课程的基本依据。教师应全面把握课程标准所提出的各方面目标要求，在教学实践中进行具体化、细致化的转化，从而确保其落到实处。如果教师对课程标准把握不到位，在教材理解、目标定位、教学过程的设计和展开等方面就有可能失去依据或偏离方向，那么教学的价值就难以体现了。

道德与法治课程体现了道德与法治的融合。中华人民共和国教育部颁布的《青少年法治教育大纲》（以下简称《大纲》）是教材法治教育内容编写的依据。《大纲》提出了法治教育的总体目标和内容，还对义务教育阶段、高中教育阶段、高等教育阶段提出了阶段性的目标和内容。其中，义务教育阶段还就小学低年段和高年段分别提出了明确的要求。《大纲》从法治教育的角度与课程标准相互融合与关联，共同统领道德与法治课程教学，为教学目标的设计提供依据、指明方向。但在教学实践中，我们发现，有不少教师很少甚至没有研读课程标准和《大纲》的意识，导致目标与设计方向偏离。也有教师走向另一个极端，直接将课标内容或法治教育要求作为教学目标，使目标显得空泛，缺乏针对性和操作性。依据课程标准和《大纲》，精准设计教学目标可以从以下三个层面展开思考和实践。

（一）理解课程标准与《大纲》的价值认知

课程标准在实施建议中指出，“在教学过程中应全面把握目标，始终把培养品德良好、乐于探究、热爱生活的儿童作为教学的出发点和归宿”。课程从健康、安全地生活，愉快、积极地生活，负责任、有爱心地生活，动手动脑、有创意地生活四个方面共提出了四十三条课程内容要求，以简洁凝练的表达形式呈现了课程需要达到的育人效果。《大纲》规定了义务教育阶段具体的教学目标：“在小学阶段，着重普及宪法常识，养成守法意识和行为习惯，让学生感知生活中的法、身边的法，培育学生的国家观念、规则意识、诚信观念和遵纪守法的行为习惯。”该目标言简意赅地指出了小学阶段法治教育的综合性要求。这些都是国家长期的、宏观的育人要求，是道德与法治课程的宗旨和价值导向，具有丰富而深刻的价值内涵。因此，课程标准和《大纲》对整个课程的实施和教师的课堂教学实践起着统摄作用，是教师设计教学目标最基本的价值标准。教师只有对它们进行深入解读，深刻理解其中的价值内涵，才能在制定教学目标时，紧扣其中的相关要求，找准契合点，精准设计。

（二）课程标准和《大纲》要求与教学目标的对应关系

课程目标和《大纲》目标、课程标准中的内容标准和《大纲》中的内容纲要、教学目标三者是教育目标体系中不同层面的目标体现形式。每个层面的目标在范围、功能、运用上都有各自的特点，同时它们之间又存在着相互联系、对应的关系。课程目标和《大纲》目标体现的是一个阶段（学段）的学习结果，是一个长期的、宏观的、抽象的目标，是相对“上位”的。课程标准中的内容标准和《大纲》中的内容纲要是某一阶段的学习结果，是中观的目标要求。教学目标是较短时间的学习结果，是微观具体的、具有可操作性的。宏观目标对微观目标起统率引领作用，而短期、微观目标的一次次达成又保证了长期、宏观课程目标的实现。把握两种目标的关系能帮助我们准确找到每次教学的出发点。如果教师能明确三种目标的定位，厘清它们之间的对应关系，那么在设计教学目标时可以更加有的放矢。

下面以小学二年级上册第一单元“我们的节假日”为例，目标关系梳理见表3-1①。

表3–1　“我们的节假日”目标关系梳理

课题	教学目标要求	课程标准中的内容标准		《大纲》中的内容纲要
1. 假期收获多	合理安排自己长时段的闲暇生活；在成人的帮助下，能够制定自己的生活目标，并努力实现。	愉快、积极地生活	第1条：喜欢和同学、教师交往，高兴地学，愉快地玩。 第6条：在成人的帮助下，能定出自己可行的目标，并努力去实现。	
2. 周末巧安排	合理安排自己短时段的闲暇生活；在成人的帮助下，能够制定自己的生活目标，并努力实现。	愉快、积极地生活	第6条：在成人的帮助下，能定出自己可行的目标，并努力去实现。	
3. 欢欢喜喜庆国庆	了解国家象征的意义；了解国庆常识，尊敬国旗、国徽，学唱国歌；了解创造中华人民共和国的不易，热爱革命领袖；感受各行各业劳动者为建设自己的国家付出的努力，为自己是中国人感到自豪；在成人的帮助下，组织开展联欢活动。	负责任、有爱心地生活	第12条：尊敬国旗、国徽，学唱国歌，为自己是中国人感到自豪。	认知国家象征及标志，初步建立国家、国籍、公民的概念。

① 本节表格引自：孙彩平．怎样上好小学道德与法治课：基于全国优秀教学案例的分析（第一辑）[M]. 南京：南京师范大学出版社，2020.

续 表

课题	教学目标要求	课程标准中的内容标准		《大纲》中的内容纲要
4. 团团圆圆过中秋	了解我国的传统节日（包括当地民族的传统节日）；尊敬和关爱老人，感受共有的节日与传统。	负责任、有爱心地生活。	第 2 条：爱父母长辈，体贴家人，主动分担力所能及的家务劳动。	
		动手动脑、有创意地生活。	第 9 条：学习利用图书、电视、网络等多种方式搜集需要的资料。	

分析以上表格后发现，这种对应关系体现为以下几种情况：

（1）一致关系。教学目标要求与课程目标中的内容要求具有一致性，分散在几篇课文中直接加以落实。比如课标第6条“在成人的帮助下，能定出自己可行的目标，并努力去实现”，这条目标要求同时体现在第1课《假期收获多》和第2课《周末巧安排》两课中，只是两课的侧重点有所不同，前一课侧重长时段，后一课侧重短时段，两课共同完成课标第6条的教育要求。

（2）隶属关系。教学目标是课程标准内容要求的一个分支。如课标第2条“爱父母长辈，体贴家人，主动分担力所能及的家务劳动”对应的第4课《团团圆圆过中秋》的目标要求是“尊敬和关爱老人，感受共有的节日与传统”，教材聚焦“尊重和关爱老人”，通过拓展重阳节这一传统节日体现“爱长辈”的教育。

（3）融合关系。教学目标是课程标准内容要求、《大纲》内容要求两者的融合体现。比如第3课《欢欢喜喜庆国庆》的第1条教学目标要求是“了解国家象征的意义；了解国庆常识，尊敬国旗、国徽，学唱国歌；了解创造中华人民共和国的不易，热爱革命领袖；感受各行各业劳动者为建设自己的国家付出的努力，为自己是中国人感到自豪”。它就是课程标准内容要求第12条“尊敬国旗、国徽，学唱国歌，为自己是中国人感到自豪”和《大纲》内容要求“认知国家象征及标志”的融合体现。

（三）运用多种策略实现目标分步转化

因课程标准和《大纲》的内容与要求的落实具有长期性、综合性、多向度，需要在不同阶段分步实施。同时，虽然有部分课标要求相对具体，且本身已具有一定操作性，但大部分课标要求是较为凝练的，需要教师深入解读，在理解其内涵价值后，将其转化为具体的、可操作的教学目标。而《大纲》虽然分学段提出了教学内容与要求，但它是以散点式嵌入学习材料之中的，需要教师去主动挖掘法治教育内容。因此，将课程标准和《大纲》的目标和内容要求转化为教学目标就成为精准设计教学目标的重要一环。

在转化合适的教学目标时，需要思考合适的路径和策略，即在面对具体的教学内容时，教师要关注领域之间目标的互通和关联，需要将其进行解构处理，结合具体的教学内容和教学实际采用分解、直接取用、提炼、创生等策略，化抽象为具体，化凝练为浅白，将课程标准和《大纲》的内容与要求转化为适切的教学目标。以分解策略转化目标为例，教师可以按照单元目标—全课目标—课时目标—环节目标的思路分层、分步从不同侧面解构课标、《大纲》要求，让课标或《大纲》要求逐步细化，从而得以落实。

下面以小学一年级下册第5课《风儿轻轻吹》教学目标分解为例进行具体讲解。课程标准在课程内容“愉快、积极地生活”板块中的第2条要求“亲近自然，喜欢在大自然中活动，感受自然的美”；在“健康、安全地生活”板块中的第10条要求“了解当地多发的自然灾害的有关知识，知道在紧急情况下的逃生或求助方法”；在“动手动脑、有创意地生活”板块中的第6条要求“学习用观察、比较、调查等方法进行简单的生活和社会探究活动”。解构图示见表3-2。

表3–2　一年级下册《风儿轻轻吹》教学目标分解

<table>
<tr><th>课标要求</th><th>全课目标</th><th>课时目标</th><th>环节目标</th></tr>
<tr><td rowspan="4">1. 亲近自然，喜欢在大自然中活动，感受自然的美。
2. 了解当地多发的自然灾害的有关知识，知道在紧急情况下的逃生或求助方法。
3. 学习用观察、比较、调查等方法进行简单的生活和社会探究活动。</td><td rowspan="4">1. 亲近大自然，与大自然有共在感。
2. 喜欢在大自然中活动，并通过活动与自然进行交流，获得成长。</td><td rowspan="2">1. 亲近自然，喜欢在大自然中活动，感受自然的美，与大自然有共在感。
2. 学习用观察、实践的方法进行简单的生活和社会探究活动。</td><td>环节一：发现风，感受风的存在，唤起对自然现象的探究欲望，激发热爱大自然的情感，学习用观察、实践的方法进行简单的生活和社会探究活动。</td></tr>
<tr><td>环节二：乐于亲近与感受风和自己的密切关系。</td></tr>
<tr><td rowspan="2">1. 了解风的功能以及给人类生活带来的益处。
2. 了解不同级别的风，及由风等导致的当地多发的自然灾害的有关知识，知道在紧急情况下的逃生或求助方法。</td><td>环节三：了解风的功能，理解风在我们生活中的作用、给人们带来的益处，感受大自然的神奇。</td></tr>
<tr><td>环节四：认识不同级别的风，了解在由风导致的极端天气中如何保护自己，并了解当地多发的自然灾害的有关知识，知道在紧急情况下的逃生或求助方法。</td></tr>
</table>

从表3-2可以看出，从课标要求到具体的课时教学目标，教师采用了直接取用和提炼的方法，将课标要求转化为全课目标；采用了分解的方法，将全课目标转化为具体可操作的课时目标和环节目标。

二、把握教学目标的梯度

除了课程标准和《大纲》，教师进行教学设计必不可少的重要依据就是教材了。教材具有多方面的价值和功能，可以从不同立场进行定位。从学生立场来定位教材，教材就是滋养学生精神成长的“文化要素”；从教师立场来定位教材，教材就是教学文本、教学指引，当然，教师立场也需要借助学生立场的实现来实现。例如，《道德与法治》教材鲜明地体现出的特点是它既是学生的“学本”，可以引领学生的学习，也是教师的“教本”，可以引领教师的教学。由此可见，从价值、功能和体系特点上看，教材都是教师研究与设计教学不可回避且极其重要的载体和资源。

但是，在课程改革的深入推进中，教师对教材的重视程度依然不容乐观。日常教学中往往存在这样一些现象；有的是临上课前翻一翻，了解大概内容，就开始进行教学设计；有的上公开课前会好好解读一番，但还是脱离不了“上一课，看一课”的尴尬现实。很多时候，教师对教材的认知程度偏低、重视程度不够、解读得不深不透等问题直接影响着教学目标设计的精准性。

要让教学目标体现精准性的关键在于教师要具有整体性和系统性思维，从“大处着眼，小处着手”，以全套教材—整册教材—单元教材—单课教材的思路，从“通读各册教材，了解目标体系的逻辑性”“熟悉本册教材，注重各单元目标的承接性”“立足本单元教材，关注教学目标之间的关联性”三个层次展开研读，让教材在教师心目中建立立体式的内容框架，完整领会教材体系，准确把握教学梯度。

（一）通读教材并了解目标体系的逻辑性

下面以《道德与法治》教材为例进行具体分析。《道德与法治》教材内容与儿童生活紧密结合，整体规划整个小学阶段的道德学习与法治教育内容，由近及远地细分为六大生活领域：我的健康成长、我的家庭生活、我们的学校生活、我们的社区与公共生活、我们的国家生活、我们共同的世界。依据教育规律和儿童认知发展规律，同一生活领域内，教材遵循了综合交叉、螺旋上升的编写特点，同样的学习内容在不同主体（领域）、不同年级循环出现，但学习要求、难度逐步提高。这一设计特点要求教师在制定教学目标时，要考虑同一学习内容的不同年级目标梯度。因此，通读全套教材是进行教学前必要的功课，有助于教师掌握教材的内容体系和结构脉络，正确理解和把握各册教材的主题和内容。这样，教师在设计教学目标时，就能关注到不同年级相同主题的目标指向与达成程度是不一样的，相似的课文在不同年段的目标梯度和定位也是不一样的，就能把握好目标的“深浅度”，在目标的衔接上做到灵活驾驭。表3-3是《道德与法治》教材一至六年级各册教学单元主题分布。

表3–3　《道德与法治》教材一至六年级各册教学单元主题分布

	一年级	二年级	三年级	四年级	五年级	六年级
上册	我是小学生啦	我们的节假日	快乐学习	与班级共成长	面对成长中的新问题	我们的守护者
	校园生活真快乐	我们的班级	我们的学校	为父母分担	我们是班级的主人	我们是公民
	家中的安全与健康	我们在公共场所	安全护我成长	信息万花筒	我们的国土我们的家园	我们的国家机构
	天气虽冷有温暖	我们生活的地方	家是最温暖的地方	让生活多一些绿色	骄人祖先灿烂文化	法律保护我们的健康成长
下册	我的好习惯	让我试试看	同学相伴	同伴与交往	我们一家人	完善自我健康成长
	我和大自然	我们好好玩	我从小生活的地方	做聪明的消费者	公共生活靠大家	爱护地球共同责任
	我爱我家	绿色小卫士	我们的公共生活	美好生活哪里来	百年追梦复兴中华	多样文明多彩生活
	我们在一起	我会努力的	多样的交通和通信	感受家乡文化关心家乡发展		让世界更美好

综上所述，虽然同一个主题在不同年级会重复出现，但是侧重点不一样。比如“爱学校”这个主题，全套教材共有八个单元对学生进行“爱学校”的教育。低年级侧重的是引导学生适应学校生活，初步建立对班级的责任感和义务感；中年级侧重的是引导学生从物与人的角度增强对学校和教师的热爱；高年级则是从民主和平等的角度进行引导。再如“家庭生活”主题的内容，在一年级上下册、三年级上册、四年级上册和五年级下册都有单元内容的编排，各册目标指向不一样，梯度明显。

一年级上册“家中的安全与健康”单元的目标要求是提升学生家庭生活的品质，使家庭生活在学生上学后发展为一种积极向上、讲究文明与自治、注重安全与健康、与学校生活相协调的状态；一年级下册“我爱我家”单元的目标要求是了解自己与家人间的血缘关系、法律关系以及家庭结构，学会主动表达自己对家人的爱，学着自己的事情自己做，学习主动承担力所能及的家务，成长为温馨家庭生活的自觉建构者；三年级上册“家是最温暖的地方”单元的目标要求是体会父母的爱，加深对父母的理解，感受父母长辈对自己的养育之恩，以恰当的方式表达对他们的感激、尊敬和关心，交流自己家庭的历史、变迁，进而体会中国人重视家庭的文化传统；四年级上册“为父母分担”单元的目标要求是能进一步了解和理解父母，体谅父母的辛苦与不易，更加主动地参与家务劳动，为家庭做出贡献，树立家庭责任意识；五年级下册“我们一家人”单元的目标要求是知道家庭成员之间应该相互沟通和谅解，学习化解家庭成员之间矛盾的方法。

仔细解读这些不同学段与家庭生活相关的单元主题，会发现各册相关单元的目标要求是随着课标要求和整册教育主题的变化而变化的，整体呈螺旋上升的特点，以启蒙—延续—深化的梯度层次逐步落实对课程内容“我的家庭生活”这一生活领域的教育。因此，只有通读全套教材，教师才能对整套教材的主题和内容系统了然于胸，才能在目标设计时把握好梯度。

例如，小学一年级下册第10课《家人的爱》，教师在解读教材时需要指出：“家人的爱”这个教学主题是全册教材“我的家庭生活”领域中第一篇触及爱的内容，为儿童学习后面的相关主题奠定良好的认知和情感基础。家人之爱是儿童爱的源泉，也是儿童获得爱的最直接途径，通过这样的途径，有助于学生家庭意识的形成。由此可见，这一课的教学应着重做好对“家庭之爱”教育的启蒙，为后面几个阶段的学习奠定良好的基础。我们再看教师设计的全课目标：体会家人为自己的健康成长付出的辛苦，体察父母长辈对自己的爱；培养对家人爱的理解和感受能力，能够用恰当的方式表达自己对家人的爱；懂得家人不同形式的爱，树立关爱家人的意识，学会感恩。该目标落实了课标要求，同时也为后续“我的家庭生活”内容的学习奠定了综合的基础。

此外，从每课具体的教学目标来看，也充分体现了“通读教材，关注梯度”的重要性。下面以一年级上册第6课《校园的号令》和二年级上册第3课《欢欢喜喜庆国庆》的基本目标为例做比较（表3-4）。

表3–4　《校园的号令》与《欢欢喜喜庆国庆》两课相关内容不同目标的比较

年级	课题	基本目标
一年级上册	6. 校园的号令	了解校园生活的一般规则；熟悉与了解学校各种铃声（含升国旗和保健操）的含义和要求，以及相关基本礼仪。
二年级上册	3. 欢欢喜喜庆国庆	1. 能以积极的态度了解自己的祖国，懂得国庆节的含义和由来，对革命先烈满怀感激与敬意，尊敬努力建设国家的各行各业的劳动者。 2. 能从细节做起，珍爱国旗、国徽，会唱国歌，懂得基本的礼仪，做到行为文明。

一年级上册第6课《校园的号令》要求学生“了解校园生活的一般规则；熟悉与了解学校各种铃声（含升国旗和保健操）的含义和要求，以及相关基本礼仪”。本课教材在“升国旗了”这一栏目下呈现了国旗、国徽、国歌。而在二年级上册第3课《欢欢喜喜庆国庆》中，这些国家象征及标志又一次出现。但不同的是，这一课的内容在目标定位上应该是“能从细节做起，珍爱国旗、国徽，会唱国歌，懂得基本的礼仪，做到行为文明”。因此，无论是从主题单元的角度，还是从每一课或者课时的角度，相关教材之间都可能存在一定梯度，这就需要教师用心通读教材，很好地区分年级要求，准确定位教学目标。

（二）熟悉教材并注重各单元目标的承接性

教材遵循儿童的成长规律，每册教材都结合学生在不同年龄阶段面临的重要生活事件与发展性问题设置了相对集中的教育主题。一年级上册侧重引领学生适应新生活，从而为其愉快、积极的小学生活奠定基础；一年级下册在“养成好习惯”这一教育主题下，集中体现自己、自然与他人共生共在的核心理念；二年级上册围绕共有共享的理念，初步奠基学生的公共意识；二年级下册关注学生实践能力与创新能力的培养。这些教育主题以明暗两线的思路分解细化，体现在每个单元之中，因此，单元与单元之间不是独立割裂的存在，而是以学生生活的时间与空间变化为显性线索，其中具有一定承接性。教师在设计教学时，需要明确本册教育主题在各单元中是如何体现的，单元与单元之间存在怎样的关系，教学目标的设计如何科学体现这种逻辑性等问题。

以一年级下册为例，本册的教育主题是“养成好习惯”，围绕这个主题设计了四个单元，分别为：“我的好习惯”“我和大自然”“我爱我家”“我们在一起”。根据这一阶段学生的心理亲近程度，引导学生逐步在自己养成好的生活与学习习惯的同时，学会与自然、与家人、与同伴和谐共存、相互依赖、相互支持。四个单元之间的关系是：第一单元是基础，后面三个单元是根据儿童生活领域变化的扩展，同时在与自然、他人的共处中又进一步深化对自我好习惯的培养。

《让我自己来整理》一课的主要教学目标就是“养成整理的好习惯”，整理习惯是学生重要的日常生活习惯，与第一单元“我的好习惯”具有承接关系，其中，《我们爱整洁》也是侧重对学生良好卫生习惯的培养。教师在设计教学时需要发现这种关系，但不能简单地一概而论。实际上，它们在教学目标的设计上有着本质的区别，《让我自己来整理》一课重在引导学生以一个小学生的身份进入家庭生活，反思家庭生活，有意识地、主动地将家庭生活的自然状态逐步转向文明健康、安全愉悦、自主自理的状态。教师设计教学目标时要体现整理习惯给家人带来的影响，要抓住“主动”这个关键词，体现对课标第4条要求“负责任、有爱心地生活”，对课标第2条“爱父母长辈，体贴家人，主动分担力所能及的家务劳动”的回应和落实。

由此，教师进行教学目标的设计时，要熟悉本册的教学主题与内容，主动去发现单元之间的相关性，并结合单元教学主题深入分析其中的区别。这是本课程教师需要树立的重要意识。

（三）立足单元教材并关注教学目标之间的关联性

《道德与法治》教材最鲜明的特征是主题分明，一个个清晰明确的单元主题体现的是课程标准或《大纲》在某一阶段的具体教育内容。在低段的教材中，每册安排3～4个课题从不同的侧重点分解落实单元主题，每个课题之间以并列、递进或总分的关系编排，其存在较为密切的关联性。在日常听课调研中，我们经常会发现一些教师没有单元意识，往往是就课上课，忽视单元主题及主题下的其他篇目，对相关问题没有进行深入思考，对单元定位、单元目标和单元内容不够了解，这些导致在相关主题单元的教学中出现内容重复或者脱节的现象①。

以二年级下册第四单元“我会努力的”为例，这个单元包括《我能行》《学习有方法》《坚持才会有收获》《奖励一下自己》四课。从逻辑上看，前三课是递进关系，从有自信、有方法到有毅力，第四课是本学期的总结课，旨在从整体上鼓励学生看到自己和小组的成长，从而获得自信，同时也看到自己和小组的不足，并能够制订切实的发展计划。在分析教材的编写意图后发现，《我能行》聚焦自信心的呵护与培育；《学习有方法》承接上一课的内容，重在讲学习方法的重要性；《坚持才会有收获》进入毅力的培养；《奖励一下自己》作为单元的总结课，也是学期的总结课，它的作用是立足当下，指向未来。四课内容之间的关联性首先体现于内容的关联，既有前三课与第四课之间“分—总”的关系，也有前三课之间递进的关系；其次是情感的关联，前三课为第四课奠定了情感基调，树立自信、积极乐观的态度，敢于“面对自己的不足”“体会方法的重要性”“遇到困难愿意坚持”等情感的获得是上好第四课的重要基础。因此，教师需要立足本单元主题，分析理解每个教学主题的内涵，明确主题的目标指向，厘清它们之间的相互关系，找准关联处与衔接点，让教学目标的设计更加精准。

《奖励一下自己》作为这一单元的总结课，并且是整个小学低年段的“总结过去，指向未来”的一节课，教师在进行教学目标设计时，就不能局限于一篇课文，

① 孙彩平．怎样上好小学道德与法治课：基于全国优秀教学案例的分析（第一辑）[M]．南京：南京师范大学出版社，2020.

而是需要具有全息思维，着眼于单元中前面三课的内容与目标要求，还要关注学生已经经历的两年的小学生活，比如教师设计的第一条教学目标“体会自己两年来的成长与进步，学会欣赏自己，悦纳自己，获得自信”就关联到了前面两年的教学内容，第二条目标“能制订即将开始的三年级的成长计划并坚持行动”就关联到了下一阶段的教学内容。

三、结合学生实际制定目标

课程标准指出：“教学必须以深入了解儿童为基础。教学的每一个环节都需要在了解儿童的实际生活和发展状况，掌握每个儿童的特点和各不相同的需要，了解其所在的家庭和社区的状况等基础上进行。”由此可见，学生实际是影响教学的重要因素，是设计教学目标的基础和起点。

从学生个体来看，实际包括学生已有认知和能力水平、情感基础、生活经验、发展需求、个性特征等；从地域范围来看，包括地域、学校和班级文化、家庭背景等对学生的影响，以及他们表现出的不同特征与发展需要等。在具体的教学设计中，往往以学情分析的形式来体现，并在研读课标和教材确定基本目标的基础上，根据本班学情进一步细化和调试，最终确定精准的教学目标。因此，对学情的了解和分析是实现教学目标从基本目标走向基于本班学生学习发展需要的精准目标的必要途径，教师应将此作为最重要的一项教学准备来做。

但是，在教学实际中，我们经常会发现，有不少教师忽略或无视学生的实际，没有学情意识，教学设计时对学情分析不够重视，认为这是可要可不要的部分。有的教师虽然在教学设计时有所体现，但只是敷衍地随便写几句，并没有真正有理有据地进行分析，所谓的“分析”和目标的设计还是“两张皮”的状态。也有部分教师虽然有一定的学情意识，但是对如何进行有针对性的学情了解和分析、如何基于学情细化和调试基本目标等这些问题，心中并不明确，因此就存在学情分析泛化或者空化现象。基于此，可以从以下三个层次展开了解和分析学情：

（一）了解学生成长规律，体现目标的科学性

不同年级的学生具有不同的年龄特点和一般成长规律，这些特点和规律对目标的制定、活动的设计、教法的选用以及资源的选择都有重要影响。因此，学生的年龄特点和成长规律是学情的重要组成部分。比如低年级学生在思维方面以形象思维为主，理解能力较弱；在注意力方面表现为有意注意时间较短、不稳定，不善于调节和控制自己；在情感方面，道德感有很大发展，情感的实践性和坚持性较差，对教师极为信任和依赖；同时，在同一个年龄阶段，男生和女生的特点和成长规律也

会不一样，等等。这些都是这个阶段学生普遍存在的共性特点，教师应该去关注和了解这些特点和规律，然后结合教学主题和内容进行具体分析，这样才能保证教学目标的科学性①。

（二）珍视学生的发展需求，体现目标的适切性

道德与法治课主导的学习方式是“向生活学习”，包括生活的三个维度：过去的生活、当下的生活与未来的生活。“过去的生活”是引导学生通过回望的方式唤醒过去的生活经验，让这些经验成为学生学习的基础，也成为教学中最有意义的教学资源。教材中也有很多环节是请学生讲述自己已有的生活经验。那么，教师课前充分了解学生的经验基础不仅能很好地遵循教材的设计意图，还可以让教学目标更适切，让学生“过去的生活、当下的生活、未来的生活”真正建立联系，从而更好地体现课堂教学的效度。此外，学生的发展需求是让教学指向学生当下生活和未来生活的重要参考，教师同样需要加以珍视。

要做好对学生经验基础和发展需求的了解，教师可以采用问卷调查、访谈交流、观察记录等方式来收集。比如问卷调查，其对象可以是学生，也可以是家长，教师设计调查问题的时候要注意与教学主题相关问题的紧密结合。如果是通过谈话法获得学生已有经验，则需要教师在谈话前结合教学内容构思谈话内容，并适时调整话题，结合观察法捕捉谈话过程中学生的细微表现。同时，大部分道德与法治课教师是班主任，在平时的班级管理过程中，教师要善于观察学生的表现，并及时记录。通过以上途径获得第一手资料后，对其加以分析与整合，厘清学生经验与教学话题之间的联系，根据分析结果对原定目标思路加以调试，从而让教学目标更具适切性。

（三）关注学生的差异性，体现目标的针对性

学生的认知水平、学习习惯和各项能力等差异都客观存在，都是影响教学效度的重要因素。课程标准指出：“兼顾群体需要和个体差异，坚信每个儿童都有自己的长处，对儿童的活动尽可能多地给予鼓励和积极的、建设性的意见，切实调动儿童参与的积极性、主动性，让儿童尽可能多地体验到成功感，增强自信心。”这是课程标准对教学过程中活动组织的指导意见，要做到这一点，前提一定是建立在课前对学生的差异性和个性特征充分了解的基础上，并体现在教学目标的设计上。

学生的差异性体现在多个方面：一是地域差异。课程标准、统编教材面向的是全国学生，具有基础性和普适性，虽然教材的编写尽量体现文化的多样性，并且这

① 林爱花．小学道德与法治教学中的读•思•达 [J]. 教学与管理（小学版），2020(5)：64-66.

种差异性在教材编写的过程中已经尽可能考虑，但还是难以完全兼顾不同地区学生客观存在的差异化学习需要。二是学校、班级文化和家庭背景的差异。这些差异就是道德与法治教学面向学生真实生活情境的体现，学校的办学理念、环境氛围、班级建设情况、班主任及任课教师等都决定着差异的形成，同时，差异还体现于家庭环境、亲子关系以及家长对本学科的重视程度。三是学生的个性化差异，如性格、能力、习惯、兴趣爱好等，这些差异都是影响教学的重要因素。

在教学设计过程中，教师需要树立差异意识，将通过观察、调查、访谈等方式获得的学情资料进行整理、综合分析后，再转化为重要的教学资源，在既定的基本目标的基础上，进一步具体化、班本化，渗透在具体的教学目标中，让教学目标体现针对性。

学生的差异性更多地体现于个体之间的差异，体现于认知水平、相关能力、性格特征等各个方面。教师在进行学情分析时，除了要关注学生的一般特点和成长规律，还要关注学生个体之间的差异性，让教学能基于每一个学生的发展，这是提升道德与法治课堂教学效度、温度的重要体现。

例如，在一年级上册第2课《拉拉手交朋友》的教学设计中，教师通过日常的观察已经了解了学生的个体差异。首先，体现于教师对教学目标的设计。第一条目标中“通过游戏活动、送名片活动认识新朋友，学会介绍自己的名字、爱好等，掌握交往的技巧”，不善交往的学生不敢迈出交往的第一步，于是教师就采用了游戏活动、送名片的方法引导学生掌握交往的技巧。第二条目标“愿意和同伴交往，克服与同伴交往的胆怯心理，获得与同伴交往的积极情感体验”，从情感维度体现对这部分交往能力相对欠缺学生的引导。其次，教学过程中也充分体现了对学情中差异性的呼应，以及对目标的落实。如在“网鱼”游戏中，通过儿歌、视频示范的方式让学生掌握介绍自己的方法，通过分组游戏的形式让这部分学生自然地融入群体交往，让教育变得“不动声色”。在学生活动过程中，教师继续观察，适时关注交往弱势学生，针对个别还没有参与游戏的学生，请他们单独进行一次游戏，引导其克服胆怯心理，在参与游戏过程中交到新朋友。

第二节　课时内容的划分

一、依据栏目划分

新教材编写秉持的初心之一就是便教利学，使之成为不仅学生喜爱，也方便教师使用的教材。基于此，教材从编写的框架搭建、编写体例到呈现方式都是以课堂教学为出发点和归宿点，以求最大限度发挥教材为教学服务的宗旨。新教材以栏目活动形式呈现正是呼应了学生学习的特点及教师教学的规律，也为我们以教材活动栏目作为划分课时的依据提供了可能。

（一）以栏目的方式呈现教材的重要性

教材之所以以栏目活动形式呈现，是为了更好地体现小学低年段儿童道德学习的方式变革：提倡在活动中领悟，在活动中自主建构发展道德品质。我们都知道生活是日常的，是很难完全按照计划进行的。而教育对人成长的重要意义就在于总是有目的、有计划地设计一些教育和教学活动，使儿童通过教师所设计的活动获得成长，这是教育生活不同于日常生活的地方。教材设计的现场体验活动主要体现在上述各个栏目的活动中。作为小学低年段儿童道德学习的重要方式，现场体验活动可以通过以下方面实现促进儿童道德成长的目的。

第一，小学低年段儿童还没有形成自觉的生活反思意识，在生活情境中对道德意义的即时性理解与领悟还有待形成。教育中的现场活动体验更多的是对儿童道德敏感性的培养，通过典型活动的设计，帮助他们逐步形成在活动中发现人生道理与生活意义的敏感性与能力。

第二，在生活中，道德是一种内隐性存在，使身在其中的人形成道德无意识状态。而在某些特殊情境下，如道德两难情境、紧急情境和任务驱动的情境下，道德的意义与价值则更容易显现出来。教育体验活动往往会设计上述比较典型的情境，向学生再现这种道德存在状态，并对其进行现场引导，因而能够产生更好的教育效果。

第三，特殊现实生活情境所需要的包含道德原则的实践智慧，如逃生、救护等，不能够让儿童在现实生活情境中学习、教育的这种现场活动体验，在某种意义上起到提前准备的作用，模拟特定情境，通过演习的方式教学生学会妥善处理这样的问题，以防在现实生活中突然发生这种状况时付出不必要的代价。

（二）小学低年段的主要栏目

小学低年段道德与法治教材主要设计了五个栏目：一是活动栏目。本课程是一门活动性课程，解决问题的方式、技能以及价值判断的能力、道德原则的领悟都可以在活动中发生。特别对于低年段的儿童而言，由于其语言及抽象思维能力有限，还处于直观动作思维发展的过程中，因而，活动对其道德发展起着重要作用。要注意的是，这里的活动不是简单服务于某项技能、展示某种体验，而是一种综合性的实践智慧的获得。二是辨析栏目。辨别是与非，知道对与错，形成正确的道德观念，辨别道德行为，同时自觉践行良好的道德行为，是道德理性发展的一个重要方面。实际上，道德辨析蕴含在很多教学环节中，都是为了引导儿童道德理性的自觉发展。三是讨论栏目。对于低年段的儿童来说，说话比书写要更容易，而且在大家面前说，清楚地表达自己的想法，是引导其为自己的言论负责的第一步，也是低年段儿童要发展的一种基本交往能力。四是儿歌童谣栏目。儿歌童谣简明易懂，是低年段儿童喜欢的一种文体，也比较容易理解和领会。五是绘本故事栏目。绘本故事是低年段新教材中一个比较有特色的栏目。

（三）依据栏目划分课时的方法

要想适当地划分课时，首先要正确理解教材的整体框架及编写体例。教材在编写时执行了便学利教的指导思想，依据学校每学期的课时总量及课程计划，原则上，单册教材供一个学期教学使用，按一个课题两个课时进行编写。因而，低年段教材每册包含16个课题（一年级下册17个课题），对应学校每学期的18个教学周（春、秋季学期都有各种假期，因此时间上有一定预留）。课题内部以栏目的形式呈现具体的教学内容和活动设计。这些栏目既是教材的内容单元、教学目标单元，也是教学活动单元。考虑到小学课堂教学的实际情况，通常教材设置2～3个活动栏目，这样教师依据教材栏目设计、组织相应教学活动既不会过于繁杂，也不会空洞单调，符合小学德育课程课时划分的基本要求。因而课时内容的划分可以这些栏目为第一依据，一课时可以包括1～2个栏目，原则上不把一个栏目的内容分在两个课时中。

例如，《》道德与法治二年级下册第14课《学习有方法》，教材设置了“有方法算得快”“他们的学习故事”活动栏目、“谁能学得好”辨析栏目、“请你帮帮我”讨论栏目以及《“神童”才可以吗？》绘本故事栏目。除绘本故事栏目通栏呈现，其他栏目各占一个页面。这一课题需要两课时完成，我们就可以依据教材的上述栏目将本课题前两个栏目划分为第一课时，后两个栏目划分为第二课时，将小绘本的内容巧妙融进第一课时。这也是最常用的依据栏目划分课时的做法。在第一课时中，教师强调“在活动中体验，在活动中感悟”。开课的游戏活动“算24”就是为了让学生在游戏中真切体会到玩是有窍门、有技巧的，当掌握了正确的技巧和方法时，就能玩得很好，由此体会到游戏带来的快乐。在此基础上，联系学生的生活经历，引导他们进一步感受方法和技巧的重要性，掌握正确的方法与技巧能让我们顺顺利利地学习、开开心心地游戏。在本课的教学活动中，要充分体现教师主导、学生主体的学习理念。本环节以教材提供的范例展开教学活动，引导学生对自己的学习生活进行反思与回顾。通过结合自身的学习体验来观察比较，发现好的学习窍门和方法，感受学习方法的多样性，懂得好的学习方法、学习习惯很重要，只有会学习，才能学得好。

本课程不同于其他课程的重要特点之一就是，本课程的目的不是让学生单纯掌握个体成长之外的知识体系，而是帮助学生学习并解决成长过程中的问题。第二课时承接第一课时学习的收获与体会，教师进一步结合学生的实际情况，通过开展“学习经验交流会”的活动，引导学生向身边的榜样学习，借鉴他人好的学习方法，形成适合自己的、有效的学习方法。设置“请你帮帮我”环节，借助教材中呈现的两个情境开展了一个“请你帮帮我”的合作学习活动。在整个教学活动中，教师扮演着活动组织者的角色。在教师的引导下，教学活动得以展开、推进，活动内容呈现的事例体现着儿童自己的生活智慧。教师通过引导学生思考怎样做到共同学习、互帮互助，让他们在合作学习式的讨论、交流中实现了互相学习、共同进步。

二、依据内容逻辑划分

在这里特别要指出的是，在教学中，我们的教师要深刻解读教材，把课题与课题之间、栏目与栏目之间的内在逻辑解读清楚，而不停留在课题和栏目的划分形式上，要清楚它们之间的因果关系、递进关系、主次关系、总分关系、并列关系，等等，这样才能有利于我们在课时划分时做到适当。当我们深入了解了教材的编写框架、呈现方式及编写理念后不难发现，我们在教学中的课时划分应该根据课堂时空的容量，充分考虑儿童的年龄因素、心理因素，统筹安排，这样划分的内容课时才能保证我们的教学顺利实施，教学目标成功实现。

以浙江省宁波市海曙区石碶街道栎社小学教师执教的二年级上册《家乡物产养育我》为例，来看一看如何依据教材的内容逻辑划分课时。本课是《道德与法治》二年级上册第四单元“我们生活的地方”的第二个课题。教材包含了“我的家乡产什么”以及“家乡物产惹人爱”两个栏目。教师并没有完全按教材上栏目设置的知识逻辑来划分课时，第一课时讲“产什么”，第二课时讲“惹人爱”。教师在课前了解到二年级的学生年龄较小，对物产的理解相对较浅，他们虽然住在余姚，但是对家乡的物产并不是很关注，尤其距离生活较远的物产。于是教师认识到，只有通过生活中各种各样学生熟悉的情境，如餐桌上、商场里、市集等，帮助学生了解家乡的物产，感受家乡物产的丰富，才能帮助学生产生对家乡的自豪感。而且如果让学生开展探究性学习，还可以培养学生搜集资料，选取、处理资料的基本能力。基于这样的想法，教师对本课题的课时做了如下安排：

在第一课时，教师开展了四个活动：①家乡物产多又多。交流学生知道的家乡物产，学生说一个，教师在地图上贴一个。进一步引导学生探究发现他们是怎么知道的，原来可以查资料、问家长，还可以自己在餐桌上、商场里观察等。教师还适时补充学生不太熟悉的在我们身边已经有上千年历史的土布及四明山花岗石。通过这个活动，学生发现余姚的物产可真多，遍布在余姚的各个地方。②家乡物产分类。学生通过小组合作、反馈等形式尝试给家乡的物产分类。如特色农产品、特色小吃、传统手工艺品、日常用品、矿产资源，等等，引导学生初步知道像这样天然出产的和人工制造的物品就是物产。③家乡物产我探寻。引导学生走进生活去探访其中一种物产——梁弄大糕。通过看视频、模拟制作活动，学生知道表面上看，大糕的生产是靠做糕点的师傅的技艺，但其背后凝聚了无数人的心血，蕴含了无数人的汗水。教师带领学生感悟到梁弄大糕越来越有名，生意越来越好，人们的收入越来越高，家乡的生活也会慢慢改善。在家乡物产的带动下，我们的家乡会变得更好，家乡人的生活也会变得更美好，真是“勤劳智慧代相传，美好生活永相随”。④家乡物产我歌唱。面对身边这么多的家乡物产，小朋友们可以选择其中一种物产，或用一个词语来形容一下它，或用一个表情来表达自己对它的感受，或用一个动作来夸夸它，并一起欣赏《家乡物产之歌》。

在第二课时，教师组织了一场“家乡物产我推广”活动。首先，“余姚物产博览会”分四个专场：“特色农产品”健康专场、“舌尖上的老字号”吃货专场、“传统手工艺”魅力专场、“日常用品区”生活专场。各个专场的“推广员”分别介绍物产，有现场分享，有宣传介绍，有体验互动。其次，教师又组织了“家乡物产我夸赞”活动，学生扮演游客的角色，夸赞在本次博览会上喜欢的任一个物产，现场制作家乡物产明信片，有的送给朋友，加深对余姚物产的了解；有的送给家乡人，感谢他们的勤劳与智慧；有的送给外乡人，介绍家乡物产。

由上可见，教师是按照学生认识发展的层次来划分课时的。在第一课时，教学目标定位为了解家乡有哪些物产，感受家乡物产的丰富。通过探究梁弄大糕，感受家乡人的勤劳与智慧，激发热爱家乡物产的情感。在第二课时，教学目标定位为了解家乡物产丰富，并为之感到自豪。感受家乡物产的丰富离不开家乡得天独厚的地理环境和勤劳智慧的人们，激发热爱家乡物产的情感。两个课时都相对完整地讲授了“我的家乡产什么”“家乡物产惹人爱”这两个主题，但是又有所侧重，由点及面，由浅入深，体现了两个课时逻辑递进的关系，实际效果是符合儿童的认知规律，促进儿童发展的。教师对于这一话题的教学实践生动地说明，我们依据教材的课时划分应根据每堂课的课时容量，着眼于儿童的学习活动实际与需求，不拘一格，守正创新。

再如，浙江省慈溪市第三实验小学道德与法治教师在进行一年级上册第四单元“美丽的冬天”的课时划分时，也是按照找冬天—赞冬天，在内容上深化的方式来进行的。第一课时聚焦寻找冬天。教学目标是：①寻找冬天的信息，感受冬天的季节特征，感受大自然的美；②观察冬天带给人和自然的变化，初步养成爱观察、爱探究的学习习惯，提高感受美、表达美的能力。在这一课中，教师预设的教学重点是运用各种感官感受、发现冬天。准备突破的教学难点是培养学生感受美、表达美的能力。第二课时视野扩展，引导学生了解不同的冬天和冬天的不同乐趣。教学目标是：①多途径了解祖国各地冬季的不同特征；②通过交流冬季活动和趣事，体验、发现冬天的乐趣；③进一步培养感受美、表达美的能力。教学重难点是了解祖国各地不一样的冬季特征。通过交流冬季活动和趣事，体验、发现冬天的乐趣。这样的课时划分既体现了教学的递进关系，又较好地落实了课程要求。把教材中“冬天在哪里”这一部分在第一课时完成，“不一样的冬天”与“冬天真好玩”分别从广度的拓展、深度的挖掘两个维度在第一课时的基础上进行丰富。

合理的课时划分还要注意第二课时的开启处。学习与成长是一个持续深化的过程，因此我们应处理好第一课时与第二课时之间的关系，特别是第二课时的开启处与开启方式，我们强调“从上节课开始”。当前，回归儿童生活的课程观念在一定程度上已经深入教师内心，表现之一即教师往往会绞尽脑汁地去寻找与教学内容相关的学生生活情景开始一节课的教学。然而在“开始”以后，有的教师依旧是讲授道理、灌输结论。这样的课堂教学很显然没有实现新课程的新理念——回归儿童生活。由此，我们至少可以明白这样一个道理：开课是否从生活入手并不是德育回归生活的本质属性，只有在教学过程中引导学生去体验，去感悟，去获得道德的提升，才算是真正体现德育回归生活。

这里不是反对课堂教学从生活情景入手开课，而是强调课堂教学的开课不能绝对化、模式化，而应该根据具体的教学内容合理安排，精心设计：有的课堂教学可以采用直奔话题、节奏明快、开门见山的方式；有的可以设计巧妙的活动，让学生在现场即时生成的体验中进入新课的学习；有的可以充分发挥教材中范例的作用，让教材中的儿童带领着教室里的儿童一起开始新课的学习；有的在上节课学习的基础上引发新的问题，激发学生进一步探究的兴趣，等等。

如果新课堂是将学生的现实生活作为教学的重要资源贯穿在教学活动中，特别是涉及道德判断、选择、提升时，那么，在开课时即便没有从生活开始也是可以的，当我们从上节课学习而引发的新问题开课，积极主动地调动学生的生活经验来探究问题、解决问题，更能促进学生自主发展，这样更能体现学生的主体性与主动性。

需要指出的是，随着年段的提高，课堂教学要面对逐步扩大的生活领域，学生品德与社会性发展越来越需要通过各种社会要素的交互作用而实现，这就要求我们的课堂教学内容有一定深度。为了保证教学的深度到位，第二课时的课堂教学开课“从上节课开始”显得尤为重要。“从上节课开始”就是要让前面的学习成为新的学习的起点，在一定高度上展开新的学习有利于保证学习的深度与效度。

道德与法治课程的每个教育主题往往分若干个课时来完成，如果我们的课堂教学能充分利用上一节课的学习成果，使得我们的课与课之间的逻辑关系层层递进，那么我们就会得到一加一大于二的整体效应。实际上，这也符合学生的学习规律。学生的品德形成和社会性发展是一个连续的过程。在学习中，学生已经形成了一定的品德和行为习惯，积累了一些社会生活经验，形成了相应的态度和能力。因此，在教学时要善于调动和利用学生已有的经验，结合学生现实生活中实际存在的问题，共同展开主题探究学习，不断丰富和发展学生的生活经验，使学生在获得内心体验的过程中，形成符合社会规范的价值观。

生活总是周而复始地进行，同样的生活，人的生活经验却可能是不同的。因为课堂教学的对象是人，所以应该关注学生的生活经验，使其不断在最近发展区内实现课程的教育价值。从表面上看，课堂教学从学生的现实生活场景开课与“从上节课开始”的方法不同，实际上这是我们课堂教学价值观取向上的差异。回归生活的课堂不仅仅关注生活，更关注生活中的人。

第三节　教材内容的选择

随着新教材的推广与使用，广大一线教师历经着由解读静态的、文本的教材向组织动态的、生成的教学这一“蜕变”的过程。如果教材编写是课程实施的第一次飞跃，那么凭借教材组织教学则是课程实施的第二次飞跃。从某种意义上说，组织教学比编写教材更为重要，一线教师有责任创造性地在实践中实现从教材到教学的蜕变。要实现这一蜕变，教师首先要完成教材观与教学观的蜕变，并在此基础上掌握合理选取教学内容的方法。

一、教材内容选择的依据

（一）德育观的转变

在课堂教学中，教的功能定位也是德育的基础话题。过去，人们主要是从直接实现教学目标（促进学生身心素质发展）的角度理解教导的功能。如认为教导的主要功能是传授知识、教书育人、“传道授业解惑”，等等。实际上这种理解忽略了只有学生自身的学习活动才能实现教学目标，其实教师的教导并不能直接实现教学目标。分析教导的功能主要应把握的问题是，教导对于学生学习活动（学习行为）具有怎样的作用或意义。陈佑清比较仔细地分析了教学功能①，其认为：学生学习与发展的基本机制在于学生自身的能动活动；学生能否发展主要取决于他是否能动地参与相应的活动。教导不是决定学生能否发展的条件，而是决定学生能否有效发展的条件。因此，教导对于学习的功能是：它是引起学生能动活动、促进学生有效展开活动过程的条件。教导通过作用于学生的活动而间接影响学生的身心发展，教导作用于学生学习与发展的机制是：教导作用—学生的活动—学生的发展。教导作用并不直接、径直地指向和作用于学生的发展；教导要通过作用于学生活动，才能促进学生的发展。教导作用的直接对象是学生的活动，而不是作为静物的学生（如将学生当作知识容器）或作为学生学习对象的书本知识。

教导作用于学生活动的目的是，引起并促进学生能动、有效地展开学习活动的过程。教导作用于学生活动的方式是对学生活动进行激发、诱导、指导、帮助、示范、评价，等等。讲授只是教导的一种方式，其主要作用是提供学习对象。教育影响不能简单地授予人，移植到人身上，它必须以学生自身的活动作为中介，才能使外部影响纳入学生主观世界中去，换言之，教师的活动一定要与学生的主动活动相联系，教师所施加的影响一定要构成为学生活动的手段和对象，这样，教育才能产生它的作用，教师无法超越、脱离学生自身的活动而随意教学。

（二）教学观的转变

1.教教材向学生活学习转变

新教材引导我们要建立向生活学习的理念。道德内在于生活之中，是生活的构成性要素。道德和做人的学习不同于一般的书本学习，它必须是在生活中向生活学习。这是21世纪以来德育课程改革的主导思路，已经为大家所熟悉，且日渐成为德育理论与实践工作者的共识。向生活学习也是新教材主导的道德学习方式，包括对生活的三个时间向度的处理方式：过去的生活、当下的生活与未来的生活。

教材中有很多环节，如请学生讲述自己已有的生活经验、呈现或者分享他人过去的生活情境，都是在引导学生向过去的生活学习，而不是只为了导课的需要，也不只是因为从已有经验出发学生更好理解。引导学生回忆、整理已有的生活经验，

① 陈佑清．教学论新编 [M]. 北京：人民教育出版社，2011.

提取有道德价值的东西，并且学会将回望作为向生活学习的一种重要方法，在不知如何、不知对错时，思索自己过去的经验、同学的经验，从中找到当下的出路。这是一种生活的反刍，而道德意义正是在这种生活的反刍与回味中呈现在学生的心中。

教材中也有很多现场的活动体验，包括表演、游戏、制作等，这些都是引导学生向当下生活学习的设计，引导学生用心体会每一个当下，发现生活中内在的道德意蕴，理解道德对于生活的构成性影响。

教材中还有一些设计主要安排在学期结束前，或者某个课程的最后，引导学生规划与设计未来，这是明显的未来生活的教育。“未来生活”是理想的代称，是经由过去与当下而连接的，作为目标，未来与过去一起规定当下的存在状态。

综上所述，向过去的生活学习，服务当下问题的解决，服务当下儿童的道德困惑，服务对更美好的未来的憧憬。对儿童当下生活的指导，不是同过去与未来割裂的，而是统一的，是为了儿童道德意义生活的持续成长。而未来总是出现在当下的话语中，出现在对过去的反思中。道德意义就是这样在孩子们对生活的过去、当下与未来的绵延中呈现与绽放出来的。

2.“学知识”向解决问题转变

现在有一种较为普遍的现象，教师设计教学课题往往就是照搬教材文本的内容，教学就是想方设法以多种方式学习教材文本知识，并为教学局部的方式创新唤起学生体验、感受而暗自高兴，但这样只是盲人摸象，学生课堂学习的本质还是在学知识。道德与法治课程是一门以学生生活为基础、以学生良好品德形成为核心、促进学生社会性发展的综合课程。综合课程的知识观与学习观秉持这样的理念——知识本身不构成学习的目的，而是个人和人类用以探讨生活问题的工具，是为了人的生活：在实际生活中发现问题、考虑问题，用多种广泛的知识来探讨与解决问题，在人的生活中运用知识并创新知识；重视把知识运用到对人有意义的问题上去，使知识意义化、价值化。如果只是学习，不指向学生对生活意义的深化理解，不指向生活问题的解决，那么这样的学习是没有道德意义的。学习者建构他们现在的生活，要活用知识，在参与中学习；所有的社会过程都包括学习，所有的学习也是社会参与的过程；学习是一个意义建构的过程，学习的目的就是能真正面对实际生活中的各种问题。

课程价值取向的转变实际上就是由研究道德的理论态度转向践行道德的实践态度，在这种道德教育的过程中，学生学到的不是枯萎的道德语言符号和知识气泡，而是沉甸甸的生活与道德智慧。如果说教材文本为我们呈现的是符号世界，那么教学就是通过符号学习上升为意义学习、价值学习，并且要把习得的意义与价值观变成生活、行动的指南，最终回到生活世界，教学是为了学生在生活中实践。这就需要我们巧妙地寻找教学的生活切入点，这个点既反映教材意图，又观照教室里学生的真实生活。这个切入点就是符号世界、意义世界与生活世界联系的桥梁。教学中选取学生生活中真实可信的生动事例，采用学生乐于接受的生动活泼的方式，帮助他们认识和解决现实生活中的问题，使教学成为学生体验生活、道德成长和问题解决的有效过程。

3.教材文本逻辑向课堂教学逻辑转变

虽然教材编写有着自身的文本逻辑，但这不意味着要求教师在现实教学实践中以教材文本逻辑代替教学逻辑。在课堂上，常常可以看到陷入教材文本逻辑误区的教学，在课堂教学中，学生学得更吃力，教学乏味无趣。深入探究就会发现，其实教学是有其自身逻辑的，教学逻辑不能简单等同教材文本逻辑。从教材文本逻辑到教学逻辑的设计，是需要教师根据学生实际情况进行调整、补充甚至重构的。德育课程注重学生生活的价值。学生的品德与社会性发展源于他们对生活的认识、体验和感悟，学生自己的生活对本课程的构建具有重要价值，在构建教学逻辑时，如果眼中只有教材，而忘却了课程的初心——道德学习是知与行相统一的过程，注重让学生在体验、探究和问题解决的过程中形成良好的道德品质，实现社会性发展——那就无法走出传统的知识学习的窠臼。教学设计与实施必须注重联系学生的生活实际，给学生自己的生活留出时间，将学生自己的生活引入教学过程中，引导学生在自身的生活实践中发现和提出问题，并通过多种方式帮助学生解决他们生活中的问题，或者为他们生活问题的解决提供某种支撑。这是德育课程非常重要的任务。

4.被动灌输向主动探究转变

新教材设置了许多栏目，目的是通过多种学习方式引导学生参与到学习活动中来。当然，其效果还要在教学实践中进一步检验。比如中段教材“活动园”，在教学中，有的教师感到“活动园”内无活动，教师在课堂上还是以被动灌输为主。要让诸如“活动园”的内容活动起来，让教学实现学生主体、主动的情态，其实还需要一线教师创造性的教学设计与组织。

课程必须贴近学生的生活，反映他们的需要，教学设计的过程要努力让学生从自己的世界出发，用自己的眼睛观察生活，用自己的心灵感受社会，用自己的方式探究世界，并以此为基础，提升学生的生活与道德。因此，教学设计与组织要根据学生现实生活中存在的问题和需要而展开，学生真实的生活情境即成为课堂教学的内容，同时，教学设计还要尽量提供多样化的生活体验和社会实践机会。在教学中，教师要调动学生的生活经验与认识，引导学生用多种感官去观察、体验、感悟社会，从而获得对世界的真实感受。同时，教师还要注意学生之间经验的差异，鼓励学生与拥有不同经验和观点的同伴、教师和其他人开展交流、讨论和对话，分享经验和感受，使学生的经验成为学生彼此学习的另一种课程资源。

二、教学内容选择的原则

教学内容选择的原则首先体现在内容是否贴近学生生活。例如，《道德与法治》教材贯彻的是“回归生活”的理念，德育课程向生活的回归主要体现在两个层面上：一是出发点上的回归；二是归宿点上的回归。换言之，要使学生通过教材、教学所学得的一切知识能回到他自己的生活中去，用以解决他们生活中的问题，改变他们的生活、生活方式，提升他们对生活的认识、态度、价值观，等等。出发点上的回归是工具意义上的回归，归宿点上的回归才是本质意义上的回归。生活论德育的目的就是引导生活的建构。要把人培养成自觉的生活建构者，就要学会关注生活、反思生活、改变生活。生活论德育首先要从关注现实的生活开始。通过关注，自在的生活被主题化，原有的生活经历被置于意识形态之中，成为学习者所明晰感知的事物，从而有可能转化为自觉的学习对象。生活经验在关注中被“再经验”，使经验得到深化。

教学内容选择的原则还应该包括是否关注学生的经验。学生的经验是新教材的主体内容，也是教学的重要构件。对此，要想让学生吸收和接受教育的意图，就必须使学生“进入”教材。因为在教材编写中“融入”了儿童，所以新教材是将儿童生活经验卷入的学习过程。理解了这样的教材编写意图，教学内容的选择便要以关注学生的经验为原则，而不能站在学生生活外围指手画脚。回归儿童生活经验更让我们认识到，教学中教材内容的取舍不仅仅是教师的专业诉求，还应该纳入学生的学习需要。这里的合理与否最终以是否关注了学生的经验来评判。

三、教学内容选择的方法

合理的教材内容取舍是有技巧与方法的，这需要我们在不断的教学实践中总结提升，从而更好地实现课程为儿童成长服务。

（一）教材范例的选择

在教材使用过程中，很多教师会发现教材提供了多个范例。这要求教师在使用时要不断地追问：编者举这个例子的意图是什么；为什么是这个，而不是其他的；如果觉得这个不合适，是否可以换成其他的；有哪些范例值得使用，等等。在这种与编者预想的对话和追问中，编者的意图在脑海中渐渐明晰起来。这是一个由教材上的范例这个“点”理解教材意图这个“面”的过程。理解了编者的意图，教材内容的取与舍就不会跑偏，而是根据学生的实际情况，选用对他们而言更为典型的切入点，从而更好地实现教学目标。这是由面及点用教材的过程。准确把握了编者的意图这个面，也会帮课堂跳出就事论事、就范例思考范例的狭窄圈子，从而避免解读教材时“只知表面意思，不懂深刻内涵”的尴尬境地。综上所述，教材中范例的取舍可以概括为由点及面读教材，由面及点用教材。最好地体现教材意图是范例取舍的依据与关键。

例如，《道德与法治》一年级上册第1课《开开心心上学去》中，教材提供了这样一个范例：一群小朋友背上新书包高兴地向学校走去，画面上有同学穿着整洁、身背新书包的特写。通过认真思考就会发现，小朋友在成为一名小学生后，生活和以前有了变化，背上新书包正是这种变化之一，或者说是最为明显的变化。新书包里装着小学生在学校生活的内容，这是小学生区别于幼儿园的小朋友最为重要的生活与学习方式的变化。编者正是要以书包为切入点，引导学生感受生活中的这些变化，从而初步建立一种身份意识：我是小学生了。当我们从背上新书包这一点解读到初步树立小学生身份意识这一个面时，教材中引导儿童过更健康、更文明生活的教育理念就凸显出来了。

另外，教师要思考的就是这个问题的原因，就自己的学生而言，是否可以换成其他的点，换成别的又可能是哪些？作为面向全国的教材，必然要考虑教材的通用性，背上新书包正是新生最普遍的生活现象。然而，教师在课堂上面对的总是具体的学生，他们生活中能感受到“我是小学生”的角色意识的事件又有哪些，哪些又是他们较感兴趣、较为生动的？在教材回归儿童生活思路的观照下，教师要尝试着去更深入地了解“我的学生”，寻找最适合自己学生的课堂教学切入点。

在考虑是否使用教材上提供的范例或者是否替换这些范例时，教师要善于由点及面，准确了解这一范例背后编者的意图，再由面及点，回到自己学生的现实生活中，从班上学生的实际出发，引导学生在自己正在过的生活中主动、积极地学习。

（二）教材情境图的选择

新教材是一套特色鲜明、适用性广泛的教材。它具有以学生的现实生活为基本线索设置主题、突出养成教育的倾向。依据小学低年段学生的特点，其教材又特别突出图画、图片在呈现教材内容方面的特殊作用，因而成了绘本式教材。教材呈现着一个又一个儿童现实生活中的典型场景，要特别注意的是，这些生活情景传递的不仅是事实性知识等信息，而且要引导儿童关注评价性知识与人事性知识，引导学生学会情感-体验型学习方式，从而为他们形成正确的生活态度、良好的道德等打好基础。

道德价值的学习可以分为三种类型：第一，事实性知识，它是关于道德现象是什么、怎么样等的知识；第二，评价性知识，这类知识必须以情感性或体验性思维和态度来加以把握；第三，人事性知识，它是人在直接或间接参与的道德交往关系中由本人领悟、获得的道德经验与体会。在道德价值的学习过程中，这三种类型的学习都是不可缺少的。新课程改革理念特别重视引导学生的后两种学习方式：情感-体验型学习方式。这就要求教师和学生在解读教材中呈现的生活场景时，设身处地把自己的全部身心融入进去，进而获得情感-体验性的理解，在此基础上引导学生推己及人，实现道德情感的相通和道德原则的共鸣，从而产生对道德行为的内在追求。

例如，广东省中山市小榄丰华学校教师在设计一年级下册第三单元第10课《家人的爱》时，没有完全局限于课堂和教科书的内容，而是“打开”课堂，让课堂延伸到学生的社会生活和家庭生活之中。“走出”教科书，让教学内容来源于生活，同时又较好地体现了本课的教学目的和教学要求。认识爱，感受爱，理解爱，教师巧妙地通过正反实例让孩子自己来判断，从而明白原来父母的一个微笑、一句鼓励、一次严厉的批评都包含着浓浓的爱意。

（三）以事论理选择教材

新教材给人的感觉很精致、耐人寻味，教材中的每一幅图、每一句话都体现出编者的独具匠心：有的是为了调动儿童已有的经验和体验；有的是使孩子们感受到这是一个有意义的而不是漠不关心的话题；有的是指导孩子们怎样从他们自己的经验中发现问题，激起解决这些问题的愿望和需要；有的是要给予一些信息使他们得以通过积极的探索、思考、情感的体验、认知的提高，从而找出问题的答案。

然而，教材受其呈现方式的制约，只能是从“说事”开始，点到为止。教材作为一种普遍使用的文本，虽然其中融入了儿童的生活经验，但它提出的话题、列举的事例不可能全都适宜我们所面对的每一个班级儿童的生活经验。这就需要教师能够根据本班的实际情况对教材进行取舍、替换与补充。但是这种取舍、替换与补充要合情合理，既要符合学生的实际情况，也要暗合编者用原事例的意图。事例可以不要，但意图不可不明，这也要求我们解读教材时要善于透过现象看本质，通过事例讲道理。

第四节　教学资源的拓展

遵循从生活中来，到生活中去的德育理念，道德与法治课程的教学既要准确深刻地理解教材设计的意图，也要立足于自己面对的学生生活，因而需要突破教材内容的局限，科学合理地开发广阔的课程资源，引导学生走出课本、回归生活。总结优质课的课例，在课程资源的科学开发中要注意把握以下方面：

一、充分发掘教材资源

教材是支撑教学最基础的课程资源。用好、用足《道德与法治》教材是资源开发利用的首要任务。教师要依据课程标准，联系生活，在弄懂教材思路的前提下，因地制宜地对教材中的教学内容进行重组、增删、充实。

例如，《挑战第一次》是《道德与法治》二年级下册第一单元第1课，该话题着眼于学生日常生活中的“第一次”，通过“挑战第一次”经验的回顾与分享，引导学生懂得“挑战第一次”对成长的重要意义，并进一步引导学生分辨哪些是可以挑战的事。通过现场的体验和感受，增强学生“挑战第一次”的积极性，从而坚定学生勇于挑战、锐意创新的品质。

教材设计以“我的第一次”引发话题，让学生回望自己的生活，回顾“第一次”的尝试与挑战。这种回望不是一种简单的复制，而是一种整理与提升，一种反思与提高。学生可以在回顾中说出当时挑战的情境，可以反思当时的心情、体会，也能与“从现在来看”进行比较体验。正是通过今天对过去的回望来引导学生对“挑战第一次”产生积极的意愿。第二个环节“我还想试”结合了学生的特点进行设置，他们还有很多想尝试的事情、想挑战的“第一次”。在呈现出孩子们多种多样的、原生态的想挑战的“第一次”后，我们在教学中应进行适当的、必要的引导和提示：哪些事情是大家应该积极去挑战的，哪些事情是应该有准备、谨慎挑战的。比如某些体育运动项目需要有成人的引导和帮助以及人为或器械的保护来作为挑战的必要条件，而不能盲目行动。更重要的是，我们必须对学生表明有的事情是不能去挑战的，比如危及大家生命安全的一些尝试。这个环节除了对孩子们挑战“第一次”进行了回望和提升，还在道德的层面上进行了辨析。“我们一起来挑战”中的范例提示了挑战不仅不盲目，而且是有技巧的。在教材插图中，我们可以看到游泳池边有救生员，孩子们在练习下腰时有体育教师的帮助，这都说明孩子们在尝试游泳、下腰这一类项目的挑战时，离不开必要的成人以及器械的保护，借此范例，编者想要教师对学生传达挑战不盲目，挑战有技巧，可以在合作中挑战，学会寻求他人的帮助，要特别注意安全等信息。教材的思路清晰顺畅，对学生的现实生活有明显的指导意义。

二、有效利用校内课程资源

校内课程资源多种多样，教学中要善于启用校内的各类设施设备资源，调用校内丰富的人文资源，凡是能够满足本学科教学需求的有形、无形资源，应尽可能加以利用。其实教材中有些课题的内容是给教师提供上课的思路，具体的内容因为贴近学生的生活才有意义，所以教师必须回到学生的学校生活中，充分利用学生自己所在学校的资源才能够产生预期的学习效果。如一年级上册第二单元的《我们的校园》、二年级上册“我们的班级”单元中的四课，以及“我在公共场所”中涉及学校生活的部分内容都需要教师在准确理解教材设计思路的前提下，有效利用校内、班级的课程资源，帮助学生建构起自己校内的生活世界。下面以《道德与法治》一年级上册第二单元第5课《我们的校园》为例具体进行探讨。

教材在《我们的校园》一课中呈现了学校的操场、少先队室、食堂、厨房、教师办公室等图片。在现实生活中，不同的学校，教学的设施设备也一定各不相同。教师认为教学不仅要让孩子认识“教材里的学校”，更重要的是认识自己的学习生活场所。因而教师必须结合本学校实际情况，将最真实、最鲜活的学校生活场景作为课程资源，将校园变成开放性的课堂学习资源，引领孩子带着问题与好奇心走进校园。由于刚上一年级的小学生对校园的认识并不深刻，因此参观校园是必不可少的。参观校园不仅能够让学生从感官上初步了解自己今后六年的学习环境，同时能够为学生深入了解学校打下基础。

根据以上思路，教师设计了一系列校园活动——“校园探秘”“分享探秘”“火眼金睛识校园”“寻找最美小导游”“我与各功能室有个约会”“我给‘它们’安个家”“唱响校歌”。校园活动的设计路线是操场—宣教室—少先队室—食堂—教师办公室。在大的教学思路上，设计囊括了教材上的所有校园要素。因为活动是在自己学校开展的，所以学生获得了自己学校的具体内容。具体任务是学生先到操场进行体验活动，如跑步、跳绳、打篮球等，熟悉操场上的各种运动设施并会安全操作，接着通过观看视频回顾教师带领大家到宣教室参观学习，遇到火警，知道如何逃生，同时还认识了许多逃生工具，学习了相关的安全知识。接着到少先队室听高年级的哥哥姐姐做介绍，不仅对少先队室有了更深入的了解，还向往着早日当上一名光荣的少先队员，从而激发学生努力学习，早日实现入队。然后通过观看视频，了解食堂工作人员一天的繁忙工作，体会工作人员的辛苦，并让学生向这些辛勤的工作人员说声“谢谢”。最后通过看图片，让学生讲一讲教师不用上课的时候在办公室做些什么。学生结合自己平时的观察娓娓道来，在这个教学过程中，感恩教育渗透其中。

这样简单有趣的学习任务既帮助学生了解了校园环境，认识了校园设施的功能，又渗透了文明教育、感恩教育、安全教育，激发了学生的学习兴趣。通过学习提高了学生自己发现问题、解决问题的方法和能力，这样，学生就比较全面地认识了整个校园，在认识的过程中增进了对学校的喜爱之情、师生之情，增强了安全意识，收到了较好的教学效果。在道德与法治的课堂上，孩子们通过活动学到知识，习得技能，收获快乐。这节课教师采用了情境教学法和体验活动教学法，由七大活动灵活贯穿整节课，每个活动都是为孩子们量身定做的，让孩子们在真实的活动场景中通过校园探秘、小组合作、分享交流、精彩介绍等方式方法学习道德与法治知识，掌握生活技能，养成良好的行为习惯。

三、适度整合校外资源

校外课程资源包括学生家庭、社区乃至整个社会中各种可用于教育教学活动的设施和条件以及丰富的自然资源。如科技馆、电影院、博物馆、研学旅行基地等都是宝贵的课程资源。广播电视节目、报纸新闻、自媒体信息、民风民俗、传说故事、传统节日、文化活动、社会公益活动等是需要经常关注的资源。最为关键的是，这些校外资源也能够建构学生真实的生活世界，是他们不可或缺的伦理空间。为了帮助学生建构完备的伦理空间，教材内容包含个人生活—家庭生活—学校生活—社区生活—国家生活—世界生活这一不断向外延展的伦理空间生活，而社区、国家和世界都是学生学校生活之外的生活世界。因此，必须引导他们走出自我，走出家庭，走出学校，走向校外广阔的天地。而这种“出走”，不是概念与命题意义上的，不是逻辑与推理意义上的，也不是空洞的道德原则，而是必须引导他们在自己的校外世界去领会与感受，去理解与建构的。在这个意义上，适度整合校外资源是道德与法治课程教学必须有的方式，校外生活进入课堂就如同家庭生活进入课堂一样，是必不可少的一部分。

例如，浙江省宁波市海曙区石碶街道栎社小学二年级上册《家乡物产养育我》“另辟”课堂教学资源的做法是值得借鉴与推广的。教师在设计此课教学时，受到教材中千人糕范例的启发，同时也发现了教材中范例的局限，于是大胆选用了自己地方的特色食品来展开教学，很好地实现了引导学生走进自己家乡的生活，了解自己家乡文化的教育意图。同时，由于校外资源离低年段学生的日常生活较远，因此对于低年段校外教育资源的引入要注意两点：一是体验活动。除了看视频、说感受，还应采用动手体验、做游戏的方式激发兴趣，深入体会。二是教学设计逻辑性强，且环环相扣。情感激发往往需要推动，把资源与资源、环节与环节巧妙地结合起来，对道德资源进行更新、改造，赋予其以新的生命力，便能更好地体现其潜在的能量，达到意想不到的效果。

《家乡新变化》是《道德与法治》二年级上册第四单元“我们生活的地方”中的最后一课。本单元的前三课引导学生感受家乡的山水风景，了解家乡物产和可敬的家乡人。四课的逻辑关系是递进的，即从山水空间到家乡物产，再到人际交流，最后到整体的发展变化。这一课分为两课时，第一课时引导学生了解家乡日新月异的变化与发展，第二课时引导学生了解家乡不变的传统，对有待改进的地方提出建议。第一课时的关键词是“变”。家乡的风貌和生活方式都在发生翻天覆地的变化。不仅基础设施走向现代化，精神文明建设、生活观念、文明素养也在发生着变化。感受家乡的发展变化是培养学生爱家乡、爱祖国的重要内容之一。了解家乡的变化有助于激发学生对家乡生活的悦纳与责任感，进一步培育热爱祖国的情感，也有利于学生的社会性发展，以及公民意识、法治意识的养成。所以本课时的教学目标准确定位于引导学生在历时性的视角下，感受家乡的变化，引领学生表达为家乡发展而欣喜、自豪的情感。

对于二年级的学生而言，家乡还是一个比较大的概念，不太容易产生情感体验和把握整体格局。教材在这一节课给了很多规范性的范例，但这不是学生生活中的，即使这些变化的故事感人，也只是别人的故事，不是自己家乡的故事。想要学生产生对自己家乡变化的感受、对自己家乡的爱，必须从学生自己生活的地方出发，并回到自己生活的地方建设中去。这样的课必须整合社区和地方的教育资源。

四、甄别选用网络资源

教师要敏锐捕捉包括自媒体在内的网络媒体与课程相关的信息，通过收集、整理、甄别、选用，使其转化为合适的课程教育资源。当前，以互联网为载体的影视片、微视频以及诸多教学课件是深受学生欢迎的教学媒体，教师应该有意识地搜集并合理利用。

课堂教学离不开一个基本要素——信息。无论是教材所呈现的范例，还是教师所提供的学习材料，学生自主学习的观察、体验、感悟等都围绕信息而展开。在信息纷呈的德育课堂教学中，有的教师总担心信息用得不够，不知道如何从学生的现实生活入手扩展学生的生活领域；有的教师把课堂当成信息交流场，结果课堂信息泛滥，造成师生的信息疲劳；有的教师对信息缺乏处理能力，造成教学资源浪费。在课堂教学中，我们需要多种信息，但不是到此为止，而是通过信息渠道的多元化、信息内容的层次性达到让信息帮助学生形成自己的观点的目的。

在道德与法治课堂教学中实现信息渠道的多元化。“兼听则明”，为了让信息更好地激起学生的思考甚至质疑，在德育课堂教学中，我们鼓励信息渠道的多元化。一方面，我们积极引导学生自主探究，通过小调查、网络搜索等方式让学生自己收集相关信息；另一方面，我们也要考虑学生收集信息的能力与局限性，特别是要引导学生对网络信息进行鉴别与选择。如教师要以主体信息提供者的身份直接提供信息，在强调学生主体的同时，充分发挥教师对课堂的主导作用。课堂教学本身就是师生生活的延伸，教师要把自己的生活经验、生活智慧融合到课堂教学中，使其成为学生学习的重要部分。

在道德与法治课堂教学中体现信息内容的层次性。课堂教学追求的是层层剥笋，那么在信息的取舍上也要有内容的层次性，如果在教学中不注意这一点，收集信息时不进行分类，那么势必会出现同一层面的信息泛滥，而更深层次的信息又没有捕捉到的尴尬局面。在教学时，可以尝试用分组的方法让学生分别收集自己感兴趣或有能力、有条件收集到的信息，以达到信息内容上有层次的区分。这样做既照顾了学生的个体差异性，又使课堂教学形成了一种合作取向的学习氛围，同时也有助于学生带着问题和目标意识选择和传播有价值的信息。

在道德与法治课堂教学中要注意培养学生对信息的分析判断能力，以及通过信息形成自己观点的能力。道德与法治课堂教学离不开信息，但又最忌讳只罗列信息。我们要通过多种信息的交流激发学生的思维，帮助学生形成自己的看法、观点。这就需要教师在信息上下功夫，引导学生对信息进行真正的思考，而不是如传统的教师一般替学生思考，剥夺学生思考的权利，把所谓的观点生吞活剥灌输给学生。教师更不能把自己的观点强加于学生，把道德与法治课程变成信息说教课。

五、开发联合家庭资源

家庭生活是走进学生生活的必然构成部分，也是低年段学生生活的重要组成部分，在教材中所占比例比较大。一年级上册“家中的安全与健康”单元、下册的“我爱我家”单元、二年级上册“我们的节假日”单元以及二年级下册的“学做‘开心果’”和“传统游戏我会玩”单元也都与家庭生活密切相关。而学校课堂上能够展示与呈现的家庭生活显然是有限的，因此低年段教学要完成好相关单元与课题的教学目标，必须注重家校之间的沟通与合作，开发联合家庭文化资源，以丰富和补充课堂教学的不足。如收集和加工来自学生家庭的典型案例，增强课程教学的真实性、亲和力、针对性和说服力。

例如，广东省中山市小榄丰华学校的教师执教《道德与法治》一年级下册第三单元第10课《家人的爱》一课时，从一开始说爱的故事，通过绘本和直观的图片寻找到生活中细微的爱，然后让孩子们分享生活中点点滴滴的爱，课堂教学一直着眼于学生生活中的事例，课堂上呈现的教学内容都是真实、可信、感人的家庭生活故事。如在分享自己家人之间爱的小事时，孩子们畅所欲言。对于孩子而言，那些简单平凡的爱总是被无意地忽略，但是在教师的点评和引导下，他们有了意识，这是最好的收获。让学生小组分享，通过学生真实的亲情故事引起心灵的碰撞，实现师生之间、生生之间的情感共鸣，并根据生活中的小事来认识爱，使之成为一堂亲情涌动的德育课。在课堂教学中，还要充分利用学生家庭生活中的资源，请家长讲述自己教孩子学走路的过程，让学生感受父母对儿女无私的爱。为了进一步触动孩子的心灵感悟，教师通过情境表演让孩子进行体验活动，只有真正做了，才能产生发自内心的感悟，真正懂得父母那份伟大的爱。在这个活动过程中，孩子们都会从一开始的好玩心态到慢慢地认真，到最后有所感触，这个过程是有意义的，如此再来谈感受也就不空洞了。

科学的教学资源拓展是优化教学内容、实现教学目标的重要组成部分。加快优质课程资源的建设，一方面要求积极做好小学道德与法治课程优质资源的开发；另一方面也要聚集各方力量，打破教师个体教学的局限，充分利用信息技术革命成果，不断丰富课程教学资源，形成提高常规小学道德与法治课堂教学水平的多层级教学资源库。

第四章　道德与法治课程的教学探索与创新

随着我国教育教学事业改革不断深化，其对小学道德与法治课程教学提出了更高要求，学生作为国家未来的建设者，通过道德与法治教学的正确引导，帮助他们形成正确的价值观、是非观，是促进小学生全面发展的重要途径。鉴于此，本章主要围绕课程教学生活化、中国传统文化教育与德育课程以及用教材引领教学展开论述。

第一节　课程教学生活化

随着生活化德育教材编写活动的深入，编写一套名副其实的回归生活的德育教材的困难逐渐显露出来。教材作为静态的文本，模仿儿童生活这一动态的存在是有困难的。正是在自觉处理和认真对待各种编写困难的基础上，小学《道德与法治》统编教材的编写方式有了突破。

一、生活化德育教材的编写方式

（一）对生活的复制

探索生活化教材的编写方式贯穿整个现代学校教材编写史。扬·阿姆斯·夸美纽斯（Comenius，Johann Amos）的《世界图解》是世界上第一本专为儿童编写的图文并茂的生活化教材。该教材通过对人类生活世界的主要事物和人类活动进行命名，并配以图画及相应的描述方式，率先向人们展现了一本生活化教材。这本教材用“图解”的方式，不仅图解了人类生活的可见部分，也以同样的方式处理人类生活的不可见部分。如对自然世界、人类日常生活、社会生活以及人类精神生活的图解。此教材俨然是一部小型百科全书。《世界图解》的实质乃是对现实的符号化再现，即通过正文、图片将人类日常生活、社会实践符号化。以这种文本化的方式，夸美纽斯把人类生活世界复制在教材上，其内容与呈现形式都具有开创性。

夸美纽斯编写《世界图解》的方式颇有启发意义。夸美纽斯把人类生活分门别类地剪裁出来置入教材的编写方式犹如用一架高倍照相机把人类生活世界原样拍摄下来，复制在教材上。儿童透过这本包罗万象的教材，就可以看到真实的缩小版的人类生活。夸美纽斯认为，通过这本教材“真实、充分、鲜明而牢固”的教导，儿童的粗野无知就可以被清除。他对教育的乐观掩盖了这种生活化教材编写方式未曾言明的前提假设，以及暗藏其中的编写困难。

首先，夸美纽斯复制式的编写方式意味着编写者对编写对象，即人类生活世界拥有正确的认识以及全部的真理，从而能够把生活的“真相”确定不移地通过文本呈现给儿童；其次，意味着儿童只要通过观看教材上的生活世界，就等于正确地感知和认识了人类生活世界，并学会了如何过生活；最后，夸美纽斯的教材通过对事物命名、描述其功能的方式展现人类生活世界，并且以第三人称的方式展现人类生活世界，这种方式俨然把生活当作了学习和研究的对象。阅读这种教材的儿童仿佛是人类生活世界的旁观者，他们以超然的方式观看着人世间的表演。这种对人类生活世界的旁观可以增加儿童的生活知识，但这种学习生活的知识看起来与学习数学知识、物理知识并无质的区别。

然而，编写者是否拥有对生活正确的认识，儿童是否通过观看教材就学会正确地感知和认识人类生活，儿童是否以旁观者的视角来看待人类生活就能学会过生活，诸如此类问题都让人对夸美纽斯的教材所具有的教化力量生疑。这也促使那些同样追求回归生活、以服务儿童为宗旨的德育教材编写者进一步追问：如何才能编写出真正回归生活的德育教材？

（二）对生活的“模仿”

根据诗学对模仿的认识，编写出回归生活的德育教材应该是模仿生活，而非复制生活。在现代心理学中，“模仿”一词常被等同于“复制”。根据这种解释，模仿儿童生活的教材就是在复制儿童生活，其方式和呈现形式一如夸美纽斯的《世界图解》。在亚里士多德（Aristotle）的《论诗》中，对模仿的认识有两点：一是总是模仿“处于活动中的人”；二是对依据可然律或必然律将会发生的事情的创作，即“按照事物应当的样子去创造”，使某物像它应当的样子。据此，模仿儿童生活一方面意味着模仿儿童在真实生活中的活动、思考和感受；另一方面，意味着创建儿童应当、可能的生活。可见，生活化德育教材对儿童生活的诗性模仿不是简单的机械照搬、原样复制，而是展现作为生活者的儿童是如何生活的，以及儿童应当、可能的生活是什么样的。换言之，模仿儿童生活就是模仿儿童这一生活者应当、可能的生活。

探索以模仿儿童生活的方式编写教材并非易事。其中的困难不仅来自儿童生活本身具有的特点，同时也来自教材这一文本的特殊体例。

1.儿童生活的特殊性

生活化德育教材采取了以诗性模仿的方式编写教材。什么是儿童生活；儿童生活具有何种特点；教材在模仿儿童生活时，如何适应儿童生活的特点，超越儿童生活的局限？这些问题构成了生活化德育教材编写困难的一个方面。

（1）儿童生活具有无事性。无事性并非实指儿童生活中没有任何事情，而是相对于儿童的生活体验而言，生活是无事的。这种特殊的生活体验是由于儿童缺乏对生活之事进行整理的思想图式，所以难以将生活的诸多事情从繁杂的生活中剥离、整理出来。由于儿童无法给生活中的诸多事情划界，因此儿童生活中的事与事之间就处于混沌、互融的状况。这使得儿童难以形成生活的事件感。生活中无事也使儿童缺乏具体的反思对象，对其而言，生活似乎也是无事可思的。此外，儿童受限于其语言水平，没有语言工具的帮助也使其难以言说生活，对其而言，生活似乎也是无话可说的。因此，对于儿童而言，生活是无事的、无思的，也是无话可说的。那么，教材如何超越儿童生活的无事性，使儿童能够整理、反思、言说其生活之事，为儿童的生活奠定基础，就是需要重点研究的问题。

（2）儿童生活具有连续性、动态性。教材作为静态文本，就像生活中的傻瓜相机，只能捕捉生活中凝固的瞬间和片段。真实的儿童生活是连续性、动态性的，即指儿童生活的任一活动都不是静止之物，它产生于其他事物，其自身也将产生其他事物。换言之，生活中的任何活动都是有前因后果的。

（3）儿童生活具有不可见的内在性。人被理解为具有内在深度的存在。儿童生活不仅包括那些外显化的活动、言行，还包括儿童的感受、思考、情感以及其他精神活动等不可见的内在生活。那么，儿童生活的这种内在性及其存在方式等问题都是教材在模仿儿童生活时必须认真考虑和面对的。不能适应儿童生活的特点，不能超越儿童生活的局限，就不可能编写出真正回归儿童生活的教材。

2.教材体例的特殊性

编写生活化的德育教材的困难之一就来自教材的特殊性。“教材”一词对应的英文是“textbook”，其词根“text”起源于对某物进行编织，而编织品是有基本的纹理和结构的。教材也具有基本的结构，它由若干单元及单元内部若干课文构成。那么，编写生活化的教材意味着需要按照教材的体例对儿童生活进行分隔、剪裁，将儿童生活条框化、隔栅化。无论是如何模仿儿童生活的问题，还是如何剪裁儿童生活以适应教材体例的问题，都意味着编写一套模仿儿童生活的教材困难重重。因此，需要尽可能使用一些开创性的文本策略，使教材既符合儿童生活的特点，又适应教材的特殊体例，从而编写出真正模仿儿童生活、回归儿童生活的德育教材[①]。

二、生活化德育教材编写的文本策略

（一）建构生活事件，培养儿童整理生活的思想图式

儿童生活的无事性源于其缺乏整理生活的思想图式，为此，小学《道德与法治》统编教材力图通过建构生活事件这一文本策略来模仿儿童生活，形成培养儿童整理生活的思想图式。具体而言，本套教科书含有三类生活事件：为生活“定时”的时间性生活事件、为生活“定位”的空间性生活事件，以及为生活“定料”的平常性生活事件。我们通过建构这些生活事件达到为儿童生活之事确定时空坐标与材料内容的目的，形成儿童生活的事件感，使儿童有能力营建有秩序、有条理、有内涵的可能生活。

1.时间性的生活事件

建构时间性生活事件是指建构与时间相关的生活事件，即建构遵循自然时间和人造的社会时间而来的生活事件。无论是遵循自然时间还是社会时间，教材设计的时间性生活事件都意在培养儿童生活最为基本的时间感。具备了时间感，儿童就可以依照时间安排自己的生活，划分生活之事，从而为自己的生活定时，使自己的生活次序化、条理化。

例如，在低年段《道德与法治》教材中，就以季节这一典型的自然时间为线索，编排了与自然时间相符的儿童生活事件。例如，在一年级上册中，我们编写了《健康过冬天》一课，围绕儿童冬天的运动、玩耍、穿衣保暖、治疗冻疮、预防感冒等内容，教材选取了与冬天高度相关的生活事件，以此形成儿童冬天的生活感以及冬天的生活方式。此外，低年段《道德与法治》教材还引入了春天、夏天、秋天这些自然时间，使低年段教材形成完整的自然时间线索，并以此线索展现各个季节典型的儿童生活事件，形成儿童生活的季节感。

随着现代社会的发展，社会时间对人类生活的影响越来越大。学校的制度时间便是儿童首先遭遇的社会时间。能够按照学校的制度时间建立自己在校的作息习惯，这对于初入校的儿童非常重要。因此，在一年级上册《校园里的号令》一课中，围绕铃声这一学校制度时间的象征物，教材呈现了儿童在校生活的时间安排和生活秩序。在《课间十分钟》一课中，更是以具体的课间十分钟这一典型的儿童在校时间为主题，构建了儿童课间十分钟的生活事件。引导儿童在课间十分钟中自主

① 高德胜，章乐，唐燕．接上童气：小学《道德与法治》统编教材研究 [M]. 北京：人民教育出版社，2019.

安排活动，并准备下节课的学习等活动之间的顺序，引导儿童过好课间十分钟。

2.空间性的生活事件

空间不仅是儿童生活的具体区域、场所，更是塑造儿童位置、处所经验的实践场域。教材建构的空间性生活事件就是儿童在不同空间的思维方式、言行方式的生活事件，旨在使儿童能够区隔不同的空间，形成与社会空间相符的生活方式，从而获得社会空间感。例如，高年段《道德与法治》教材的主要框架就是以家庭、学校、社区、国家、世界这些儿童生活不断扩展的生活空间为主线。下面以《道德与法治》教材中儿童的学校生活空间和日常公共空间为例，阐释教材对空间性生活事件的构建方式。

对于儿童来说，学校是他们离开家庭这一熟悉的生活场域后接触的第一个制度化的空间。对于初次进入这一空间的儿童而言，这是一个陌生的生活空间。如何让儿童真正进入学校空间，适应学校空间的生活方式，是教材需要解决的问题。《道德与法治》教材围绕学校空间所特有的学习活动、学校作息安排、人际交往（师生、生生交往）等内容，构建了学校空间中的生活事件，以此为儿童的学校生活定位，形成儿童学校生活的空间感。如在一年级上册中，一开始就设计了“我是小学生啦”“校园生活真快乐”两个单元，围绕儿童在校生活所需的思想仪式、行为方式等内容构建儿童学校生活事件，引导儿童建立守时、守规的学校生活意识，并在言行上做到文明礼貌、互助友爱、尊敬师生等①。

在学校这一空间场域中，学习无疑是首要且典型的活动，然而，由于学校教育的现实情况，儿童往往会形成学习仅指知识学习、教科书学习等狭隘的学习观念，并且在学习体验上也有较多的消极感、压抑感。因此，在三年级儿童学习转折期，教材设计了“快乐学习”单元，围绕学习观念、学习途径、学习体验、学习态度、学习方法等典型的与学习活动相关的内容，设计了儿童学习方面的生活事件，为儿童展现正确的学习图景。比如，学习不只是知识学习，还包括各种技能学习、道德学习、实践学习等；除了阅读教科书，还可以通过与他人交往、实际调查、参观访问等途径完成学习；学习的体验除了压力、紧张，学习本身也是令人快乐的，如会有学会了新本领后的快乐、战胜学习困难后的快乐等。通过以上内容，教科书构建了完整的学习图景，以此培养儿童健康的学习观和正确的学习态度，帮助儿童获得人人都能学得好的自信，以及积极的学习体验与有效的学习方法，从而引导儿童真正成为学习的主人。

《道德与法治》教材还着重从社会空间的公共性人手，设计了公共空间中的生

① 唐燕．“摹仿生活”：小学《道德与法治》教材生活化的实现 [J]. 中国教育学刊，2018（1）：15-20.

活事件，旨在培养儿童具有现代公民所必备的思想意识和言行举止。例如，教材围绕公共设施的使用、公共环境的保护、公共生活规则的遵守等内容构建了公共空间中的生活事件，引导儿童形成公共空间感，使其不仅在思想上具备公共意识、规则意识，而且在行为上能做到遵守秩序、守规则、举止文明等。

3.平常性的生活事件

儿童生活无事性的特征常被成人误以为儿童生活平淡无奇、琐碎拉杂。因此，一些教材的编写者就以儿童平常生活之外的事件，如某种极端的儿童英雄事件或成人世界的宏大叙事，取代儿童个体生命的呢喃，以使儿童生活不平凡。问题是这些极端的生活事件仅是极少数人个别、偶然的遭遇。即便这些个别遭遇构成了人生耀眼的生活片段，那也只是生活的一部分。因此，我们不可能为了少数人非常态的生活片段而忽视了儿童的正确生活。生活化教材的编写者不能越俎代庖地把成人设想的生活剧本强加给儿童，模仿的主要是儿童作为平凡的生活者所过的常态生活。因此，与那些在极端生活中才可能存在的生活事件不同，生活化的德育教材构建的生活事件来自儿童的平常生活，是每个儿童在其生活中都可能遭遇的事件。

儿童的平常生活不外乎吃、穿、住、行等日常活动，以及在家庭、学校、社区等社会空间中的日常活动和人际交往活动等。因此，教材围绕着这些生活内容构建了细小的、平常的生活事件。通过这些平常性生活事件，儿童能够发现平常生活的奇妙、特别之处，并能体会平凡生活的点滴与不凡。在《道德与法治》教材中，我们主要通过以下方式构建平常性生活事件：

（1）通过抓取一个日常行为或一件平常之事的方式来构建平常性生活事件，引导儿童认识日常生活的细小、微末之处具有丰富的内涵，以及人与人之间具有真实的联系。例如，在每一次对他人的关爱行为中都有关爱的艺术，在每一次购买行为中都蕴含着买东西的学问，在每一个玩具背后都凝聚着设计、生产、运输、销售等诸多环节与他人的劳动。

（2）以拟人化的方式，从日常事务的角度来构建平常性生活事件，以此引导儿童站在事物一边，从事物的立场看待日常事物的命运，还原事物与人之间真切、深刻的联系。如教材中设计了塑料袋的漂流记、厨余垃圾的自述等内容，引导儿童关注物品的命运，并能够在自己的生活中做到物尽其用，真正帮助这些日常事物实现它们的价值。此外，还设计了站在街头迎接人们歇一歇的长椅、无论扔什么都笑眯眯地接受的垃圾桶、在漆黑的夜里为路人默默照明的路灯等日常事物的拟人化形象，以便让儿童站在事物的立场客观地看待这些物品为人们提供的服务，认识到这些日常事物是人类的朋友，认真地对待和看护朋友是我们应尽的义务。

（3）通过巧妙的设问、有趣的想象来构建平常性生活事件，使儿童能够重新发现生活，再思生活。例如，通过设计为什么我们居住的村叫王家村、为什么我们出生时父母会送亲友礼物等问题，引发儿童对日常事物背后的风俗习惯、历史渊源的关注。此外，教材还通过设计想象活动引导儿童从反面再思生活。例如，设计冒险家奇奇到相同国旅行，引导儿童认识到人与人皆相同的生活是多么无趣，接纳不一样的你我他才能使生活丰富多彩；设计小叮当到无公共设施国度旅行的活动，使儿童再思公共设施对人们日常生活的价值；通过设想一天没有广告的生活，让儿童意识到在商业广告无处不在、无孔不入的现代社会中，需要警惕被广告影响的危险。

（4）通过亲身实践的方式引导儿童真正体会生活。例如，模拟厨师手持炒锅数分钟的方式或模仿快递员在有限的时间内精准投递包裹的方式，体认劳动者的艰辛。通过调动儿童的身体感官，引导儿童体认交通问题的存在。例如，听一听，一长串急促嘈杂的汽车喇叭声与小鸟的声音给人带来的不同感受；闻一闻，交通繁忙路口的气味与田间的气味给人们带来的不同感受；看一看，小区中的停车位占用了多少空间等。以此使儿童真正感受到交通问题的客观存在，而不是仅仅从教科书上知道交通存在着噪声污染、空气污染、占用土地等方面的问题。

通过建构时间性、空间性、平常性的生活事件，引导儿童学会建构自己的生活事件，从而在平凡的生活中形成自己的生活纪事，建构自己值得铭记、反思、言说的个人生命叙事。这种以构建生活事件为主的文本策略一方面可以将儿童松散的生活内容相对集中化；另一方面，也在一定程度上适用于教材单元-课文这一体例，从而使教材的核心框架从知识体系转向了人的生活事件，并为构建一套名副其实的生活化教材提供了可能。

（二）制作文本结构，显露生活之事的全貌

就生活本性而言，儿童生活的发展是缓慢且充满偶然性的。因此，教材这一静态文本很难完整反映儿童生活的全貌，而只能捕捉生活的片段。在诗学中，模仿是对现实进行框定。换言之，就是从无始无终的生活中择取出意味深长、富有教益的生活行动进行模仿。而这种模仿所框定的生活行动并非只是呈现行动本身，而是呈现这一行动的完整结构。这一完整结构呈现行动的前因后果，以使人们从生活行动的“整全性”中获得感悟。因此，尽管教材是静态的文本，但是也可以从儿童生活中选取那些特殊的、富有教益的生活之事进行模仿，从而最大可能地呈现生活的全貌。要达到此目的，教材在编写时就需制作某种文本“机关”，把生活中前前后后、里里外外之事聚拢起来，从而呈现生活之事的全貌，实现儿童从事物的全貌中获得新的认识和体会的可能。这种“机关”可以是某种时机、场景、言行、特殊事

件等。对此，下面以小学《道德与法治》统编教材对儿童生活中不诚实行为的编写为例进行说明。

就儿童心理而言，其往往并非有意说谎。恰如经典儿童说谎故事《狼来了》，说谎者只是为了乐一乐，并没有意识到不诚实行为的严重性。因此，教材的编写并非呈现一个儿童的说谎行为，再引导儿童对其进行批判，而是有意展现儿童不诚实行为的全貌。这种全貌不仅包括儿童说谎时的内心状态，还包括儿童说谎后可能产生的行为后果，从而呈现说谎行为的前因与后果。在现实生活中，我们难以让儿童全方位地看到其说谎行为的全貌，但是教材却可以呈现这一说谎行为的全貌，使儿童从观看一个完整的说谎行为中获得有利于自我反思的教益。

在三年级下册《我很诚实》一课中，设计了“小文的金鱼”这个故事。在看到同学们热闹地议论自家养的小动物时，由于虚荣心作祟，小文在同学面前谎称自家养了好看的金鱼。若是在现实生活中，小文家是否养了金鱼，小文是否说了谎，似乎很难查证。因此，小文这类典型的说谎行为就很难构成恰当的教育契机。但是，教材编写者在故事情节上设计了一个场景，即让同学提议去小文家看金鱼。这一场景设计就构成了一个很好的文本“机关”。通过这一“机关”，小文说谎的心理动机、说谎的后果、小文对说谎的反省都可以通过不断地追问而显现出来，从而呈现说谎行为的全貌。这一全貌不仅对说谎行为做了批评，而且更利于引导儿童对说谎动机、说谎后果进行更深入的探讨。儿童正是通过这一说谎行为的全貌，对照并认识到了自己生活中的不诚实行为。只有在对说谎行为的动机和后果有了更深的认识后，儿童才有可能改掉说谎的习惯。

（三）设计内在性活动，通向儿童的内心世界

儿童作为具有内在深度的存在，需要教材设计内在性活动，通向儿童的内心世界，引导儿童过内心向往的方式。首先，通过设计与儿童内在生活相关的活动揭示儿童内心世界的存在。如在三年级下册《我是独特的》一课中，通过引入故事袋这一内心世界的象征物，展现儿童内心世界的存在。同时，教材在设计学生活动时，不仅设计了那些外在的、可见的活动，也着意设计指向儿童内心世界的活动。例如，结合阅读角，设计了一些引导儿童默默地思考、默默地感受的活动。其次，在设计内在性活动时，编者特别注意对儿童内心世界的尊重。例如，在设计与儿童秘密有关的活动时，我们就设计了一个让儿童回顾自己秘密的活动，但这一活动并不要求儿童说出来与他人分享。在其他涉及儿童自我反思的活动中，教材主要是指导这种活动，而并不要求这类活动外显化。比如在针对儿童破坏公共设施、不守信用的行为时，教材只是引导儿童在心中默默反思，并进行自我评价，而不要求儿童在

课堂上说出来。

教材不仅揭示儿童内心世界的存在，更注重设计内在性活动将儿童引入内心世界，学着过内在的生活。如何让儿童进入自己的内心，整理自己的内心世界，成为教材模仿儿童内在生活必须突破的问题。因此，在高年级的教材设计中，我们侧重引导儿童关注自己的内心世界。如在六年级下册中通过引入“反思”这一主题，展现反思作为内心世界常见的活动方式，引导儿童有意识地采用像在自己心中过电影的方式反思自己的言行，从而提升儿童过内在生活的方式。同时，我们也会结合其他的教材设计主题，落实对儿童内心世界的关注。如在设计有关“儿童诚实、守信、不宽容”等主题内容时，都注重引导儿童关注行为当事人的心灵状态。以六年级下册“宽容”主题的内容为例，教材着重呈现了不宽容的内心状态，包括对他人无心之失锱铢必较，对他人的伤害念念不忘，始终持有报复想法，无法平息心中的怒气，执意不肯原谅别人等。只有将这些不宽容的内心状态显露出来，儿童才会有意识、有针对性地整理自己心中不宽容的想法和情绪，才有可能放弃报复想法，平息心中怒气，学会大度地原谅别人。

上述这些模仿儿童生活的文本编写策略为编写一套真正回归儿童生活的教材做出了有益的探索，正是在这些文本策略的运用中，小学《道德与法治》统编教材才可能不断接近儿童生活、指引儿童生活，从而服务儿童的道德学习以及教师的道德教学。这种模仿儿童生活的德育教材的编写方式不仅丰富了我国德育教材的编写方式和编写经验，也为世界上其他进行直接德育的国家编写新的德育教材提供了参照。这是中国德育学人为破解现代学校直接德育的难题所贡献的一份力量，也为以后生活化德育教材的编写奠定了一个更高的起点。

第二节　中国传统文化教育与德育课程

一、传统文化及其教育的立场

（一）传统文化教育实现转型的时代要求

当下，传统文化教育依然是现代教育的重要部分，但面临着现代转型的问题。过去的传统文化教育在意图上更多的是让学生接受传统文化改造，当学生的需求与传统文化之间发生冲突时，学生必须服从传统文化。当然，这里并非要把传统文化和学生的需求完全对立起来，也不是说传统文化会阻碍学生的发展，而是由于自身的抽象性和系统性，传统文化无法适应学生多样化的真实生活，从而会导致一种冲突。此外，过去的传统文化教育更在意教育的未来价值，而忽视教育的当下价值，而现代教育中的儿童立场除了关注教育的未来价值，更关注教育的当下价值，二者也会造成一种教育意图上的冲突。

在教育内容上，过去的传统文化教育往往选择经典的内容。虽然经典的内容有其自身价值，但因其成人化、系统化和理性化的取向，则会造成它与儿童经验之间的冲突。经典的内容之所以能够成为经典，就在于它是经过人类长时间的积累和总结而形成的，它是权威性的象征，也是正确性的象征。在它的面前，儿童经验是不完善甚至是不正确的，是低价值甚至是无价值的，这就必然导致过去的传统文化教育排斥儿童的经验。正因如此，在教学方式上，过去的传统文化教育也更多采用缺乏启发性的灌输方式，即一种知识化的教学思路。缺乏启发性的灌输式教学是一种由外而内的注入式教学方式，它又导致过去的传统文化教育与现代儿童立场间形成了第三个冲突。回望过去的传统文化教育与现代儿童立场间的三个冲突，当下的传统文化教育必须坚持儿童的立场，否则它又将退回到过去。

（二）传统文化教育提升实效性的必由之路

任何有效的教育都要以儿童的心理结构为基础，契合他们的内在心理需要；反之，如果教育忽视了儿童的原本状态，那么这种教育只能流于形式。杜威（John Dewey）在《我的教育信条》中明确指出："唯一的真正教育是通过对儿童能力的刺激而来的，这种刺激是儿童自己感觉到的社会背景的各种要求所引起的""儿童自己的本能和能力为一切教育提供了素材，并指出了起点"。如果传统文化的教育还仅仅是站在成人的立场上，而没有真正地考虑儿童的心理结构、内在需求和兴趣点，那么这种教育很可能不仅是低效的、无效的，甚至会产生负面影响，让儿童对传统文化失去兴趣。

在传统文化教育中，坚持儿童立场，我们就要积极发掘传统文化中的儿童因素。只有通过发掘儿童因素，我们才可以做到寓教于乐、以小见大、润物无声，让儿童在愉快轻松的气氛中实现传统文化与儿童生活的有效对接，逐渐增进他们对传统文化的了解、感受和认同，避免假、大、空的缺乏启发性的灌输式教育。反观现实情况，人们常常会发现这样的问题：对中国儿童而言，西方的传统节日比我们的传统节日更有吸引力。虽然不能完全排除市场运作和商业炒作的因素，但是西方的传统节日中蕴含着的大量儿童因素也是其中的重要原因。比如在复活节中涉及儿童因素的节日符号有彩蛋、兔子、兔子形状的糖果等，涉及儿童因素的活动仪式则有画彩蛋、藏彩蛋、寻彩蛋游戏等。反观我国的传统节日，比如春节、清明节、端午节和中秋节，人们就会发现，虽然在这些传统节日中蕴含了很多中华优秀传统文化的内容，但与西方的传统节日相比，它们所蕴含的儿童因素还是较少的，并且由于我们过去的传统文化教育缺少一种儿童立场，更是让这些已有的儿童因素没有受到应有的重视。

（三）传统文化推动自我发展的重要保证

传统文化的自我发展也需要儿童立场，因为儿童经验的进入可以丰富人类的经验，激活传统文化的再发展。在杜威看来，儿童既是社会经验和社会文化的继承者，也是再造者。在成人与儿童的共同生活中，因为儿童的积极加入，他们也会对社会经验和社会文化做出积极的回应。由此，社会经验和社会文化中就有了具有活力的儿童经验的加入。随着社会经验在儿童经验中的比例不断提高，儿童对社会经验由适应走向了更高级别的层次，开始关注社会经验，并主动维护社会经验，在原有社会经验的基础上进行双向建构。儿童的成长过程即为社会经验不断增长、不断建构的过程。基于这样的过程，儿童自动成长为社会经验和社会文化的继承者和再造者。

如果说儿童是社会生活积累下来的精神财富的载体，是社会文化的继承者和再造者，那么在社会生活进步的道路上，在社会文化得以传递和发展的过程中，作为未来人的儿童就是其中的重要环节。教育之所以要关注世界的持久性是因为新人的诞生性与世界的持续性之间有着密切关系，因为只有通过新人源源不断地诞生，并以行动让新的意义源源不断涌现，世界才能得以持续下去。

二、中华传统文化与德育教育

（一）教育目的方面

从教育中的儿童立场出发，我们认为，小学阶段的传统文化教育应该定位为提升儿童文化素养的教育，而非知识化取向的教育。因为从儿童的立场出发，我们要尊重儿童，尊重他们的发展阶段。对于小学生而言，知识化取向的传统文化教育与他们的发展阶段并不匹配，换言之，小学生的传统文化教育应该定位为文化精神的涵养教育。从这个教育目的出发，就要求小学阶段的传统文化教育不应以传统文化知识的机械记忆为主要目的，而应侧重文化素养的提升，侧重传统文化对儿童生活的整体性影响。然而，在现实中，却有不少小学在开展传统文化教育时，常把儿童能够背诵《三字经》、背诵多少古诗和古文作为评价传统文化教育成效的重要甚至唯一标准。对于儿童立场下的传统文化教育而言，这种评价方式是不尊重儿童的，它违背了儿童发展的客观规律。或许儿童能够机械地记住这些内容，但未必能理解，而且这些内容没有与他们的生活形成直接联系，其结果是这些内容对于他们的影响就像杜威所言，是“间接的”“微弱的”。

如果说儿童立场下的传统文化教育在目的上的定位是文化素养的教育，那么这种传统文化教育就要在两个方面有所突破：第一，重视传统文化与儿童当下生活的联系。只有在儿童可感可知的具体生活中渗透传统文化教育，才能真正拉近传统文化与儿童生活的距离，并让传统文化对儿童的整个生活产生积极影响。在小学《道德与法治》统编教材中，我们就是从儿童生活中的传统文化元素入手，引导儿童体验生活中的传统文化，增强其对中华传统文化的亲切感。例如，在四年级下册第10课《我们当地的风俗》中，我们试图让学生在回忆、分享那些伴随他们成长的风俗中体会中华民族尊老爱幼的传统美德。第二，重视传统文化中内在精神的教育。既然小学阶段的传统文化教育是文化素养的教育，那么我们就应该重视传统文化中的内在精神对儿童潜移默化的陶冶作用。

（二）内容选择方面

传统文化纷繁复杂，有精华，也有糟粕，选择积极的内容有利于传统文化的传承，选择消极的内容则有利于儿童批判意识的培养。基于儿童的立场，我们认为小学阶段的传统文化教育应该考虑儿童的年龄特征，以积极内容为主、消极内容为辅。一般而言，对于理解能力较低的人而言，应该侧重正面教育；而对于理解能力高的人而言，则应该采用正面和反面相结合的教育。对于小学生，尤其是低年段的小学生而言，他们的是非对错的辨别能力还比较弱。因此，在小学《道德与法治》统编教材中，我们开展中华传统文化教育时应侧重积极内容的教育，努力把能表现中华传统文化中个人修养、家国情怀和社会责任等进步思想的文化元素筛选出来融入教材，形成促进其成长的正能量。

当然，在内容选择上以积极内容为主并不意味着要回避适当的消极内容。因为传统文化的继承并不是一成不变地全部接受，而是带有批判性的扬弃。在这个扬弃的过程中，要培养儿童对于传统文化的反思和批判意识。这不仅有利于克服中华传统文化中的糟粕，也有利于中华传统文化与时代精神的对接。例如，在四年级下册第10课《我们当地的风俗》中，教材不仅引导学生体会尊老爱幼的做法，而且引导学生反思中华传统风俗中不文明的做法。事实上，对于反思和批判意识的培养，选择适当的消极内容是必须的。消极内容可以让学生认识到中华传统文化的缺陷，激起探究的兴趣，如果这种探索能得到教师合理而有效的引导，则可以培养学生的批判意识，进而从反面加深学生对中华传统文化的认识。

以积极内容为主、消极内容为辅的内容选择原则也传递着中华传统文化中真实和包容的一种精神。一方面，如果让学生从积极和消极两个方面认识中华传统文化，会逐步养成学生真实的人格特征；反之，如果学校的教育只强调积极内容，不让学生了解消极内容，而学生在日常的生活中却又发现了这些消极内容，面对这种冲突，学生很可能对学校教育产生怀疑，认为学校是虚伪的，长此以往，学生很可能会逐渐形成虚伪的人格特征。另一方面，如果从正、反两个方面认识中华传统文化，则有利于学生养成包容的人格特征。

（三）教材架构方面

成人立场的传统文化教育往往优先考虑内容的正确性和系统性，不承认儿童经验的价值，故往往会严重削弱教育的实效性。儿童立场的传统文化教育则优先考虑内容的适切性和趣味性，承认儿童经验的价值。虽然这种传统文化教育在系统性上显得不足，但是学生更感兴趣，教学实效性也更高。由于以往的教材设计更倾向成人立场，优先考虑的是传统文化知识的系统性，导致人们最容易犯的一个错误就是用外在于学生生活自身的体系化覆盖学生生活。为了避免这种错误，小学《道德与法治》统编教材中的中华传统文化教育应该始终站在儿童生活的立场上，将体系化的要求渗透于儿童生活的逻辑之中。

可见，中华传统文化有其内在体系，既然要依据儿童生活的逻辑来组织中华传统文化的内容，那么在小学《道德与法治》统编教材设计中，我们就应该以分散的思路为主开展中华传统文化教育。分散的思路是指，在儿童生活的具体事件中渗透或者融入中华传统文化的教育。这种思路不仅可以有效整合中华传统文化教育与其他教育，也有利于中华传统文化教育自身的整合。在小学《道德与法治》统编教材中，我们就尝试在有关课程中积极地渗透中华传统文化教育。例如，四年级下册《说话要算数》一课中渗透守信教育。相反，集中的思路就是在专门的教材、册次、单元或者课中进行教育，虽然这种做法的系统性强，但有脱离儿童生活的危险。

虽然依据儿童生活的逻辑组织传统文化的内容难以保证中华传统文化自身的内在逻辑，但是这并不意味着我们不需要考虑传统文化教育的层次化问题。我们还是需要根据儿童发展阶段的特点，区分不同年段的传统文化教育的内在层次。

（四）教学策略方面

第一，从学生感兴趣的生活事件或者已有的生活经验出发。在涉及中华传统文化教育的相关主题时，教材编写者和实施者都需要努力拉近中华传统文化与儿童的距离，设身处地地站在儿童的立场上选择教育的内容和范例。比如，在讲中国人尊老爱幼的传统美德时，我们就可以从包含儿童因素的风俗切入，如报喜的风俗、十二生肖的风俗、老人过寿的风俗等，在回忆、感知这些风俗的同时，引导学生体会风俗背后蕴含的长辈对晚辈或者晚辈对长辈的美好祝愿。之所以要这样做，是因为教材不能以抽象的道德概念、理论体系为基本内容，否则又会回到传统的道路上。如果从儿童的生活出发，不仅有利于拉近传统文化与儿童生活的距离，也有利于提升传统文化教育的实效性。只有在具体的生活场景中，儿童才能理解传统文化，感受传统文化的内在精神。

第二，对接课堂教学和学生生活中富有童趣的传统文化活动。一方面，我们要努力发掘中华传统文化中儿童感兴趣的、积极健康的且不存在安全隐患的活动和游戏。比如，春节中的剪窗花和制作中国结、元宵节中的做灯笼和猜字谜、清明节中的制作风筝和放风筝、端午节中的拔河和制作香囊等活动。另一方面，要积极建构传统文化可能蕴含的儿童因素的活动。比如，我国很多传统文化都与饮食有关，可以开展有关传统饮食文化的活动。在春季的相关节日里，教师可以带着学生观察、采摘、品尝野菜等。在秋季的相关节日里，教师可以带着学生采摘、品尝瓜果等。当然，教师也可以结合本地区的特色和文化传统，积极探索其他包含儿童因素的活动，通过这些活动实现中华优秀传统文化与儿童生活、儿童经验和儿童兴趣的有效对接，提升中华优秀传统文化教学的实效性。

第三节 用教材引领教学

一、以学习活动为核心建构教材

教材归根结底要符合教育逻辑，教材归根结底是“学材”，德育归根结底是“学德”，这是小学《道德与法治》统编教材的理论定位。根据这一定位，编写者以学习活动为核心建构教材：单元是学习活动指向的问题域，正文是学习活动的有机构成，栏目是不同类型的学习活动，学生则是学习活动的主体。这样的教材设计打破了德育教材的说教式结构，实现了教与学的互动共生，为学生整体生命的投入创造了条件。这种构建基于生命经验的道德学习方式，使教材的内容与教育得到了更高层次的融合。

（一）统编教材的理论定位

《道德与法治》教材因其特殊性，承载着诸多重大使命。使命的完成首先在于准确、科学和清晰的理论定位。

1.教材归根结底要符合教育逻辑

制度化教育都是有媒介的教育。教材是学生学习、教师授课的关键媒介。作为关键媒介，教材要解决两个核心问题：一个是学什么、教什么；另一个是如何学、如何教。前一个问题是内容选择问题，后一个问题是教与学的方法问题。衡量前一个问题的标准是内容的正确性、科学性，衡量后一个问题的标准则是方法的适切性。过去的教材往往只关注内容选择问题，忽视了如何学、如何教。新课程改革背景下的教材建设的一个重要的努力方向就是开发功能完满的教材。

例如，《道德与法治》教材肩负着进行思想道德教育的特殊使命，所以内容选择问题非常重要。正是这一特殊性，造成了一些人的认识误区，即只要内容正确就行。《道德与法治》教材的内容来自不同学科领域。不同学科的专家出于自身专业立场，往往会下意识地要求教材以自己学科的内容逻辑来建构，甚至有人主张课文的结构就是论证说理结构，即正文是观点的表达，正文之外的图片与材料就是观点的证明。这类想法与观念实际上进入了误区。

作为国家意志的体现，《道德与法治》教材内容的正确性、科学性必须得到保证。但如果不结合教与学的方法问题来讲，那么其内容的正确性、科学性也是没办法衡量的。在教材领域，不但要看内容本身是否正确、科学，还要看其是否适合学生。从教材的角度来看，内容选择问题必须参照教与学。如果一套教材所选内容只适合学生，是学生可以理解的，那么这套教材至多就是一个符合最低标准的教材；如果教材内容还能够激发学生的学习欲望，并能用引导学生学习探索的方式去呈现，那么就达到了较为高级的要求。

以内容为逻辑体现的是各学科知识的专业性，而不是德育课程与教材的专业性。以内容为逻辑，就要按照内容本身的内在层次将一个知识体系讲透。一方面，这种一次讲透的做法损害的正是教学上不同学段、年级、册次对同一内容的分配、铺垫、递进与上升；另一方面，内容的逻辑作为一个自在的封闭逻辑，对学生学习的逻辑有排斥性。以诚实为例，如果只以内容为逻辑，那么教材就只能呈现伦理学对诚实的解释，这种解释脱离了诚实发展的阶段性，无法实现在不同年龄阶段进行各有侧重的教育，更无法做到以诚实品德形成的规律为逻辑来设计不同层次的课文。同样，如果课文的微观结构只是一个说理论证结构，那么教材就变成了一个单一的说服存在，学生学习的动机、兴趣、主动探索则被挡在外面。此外，说理论证发生作用的只是学生的认知能力，而学生的情感体验、意志选择、实践感悟等道德学习方式无法进入学习过程。

总体而言，内容选择与方法选择都很重要，二者并不对立，而是相辅相成。如果非要做一个区分，后者的要求则更高。归根结底，教材要符合教育逻辑，要重视如何学、如何教的问题。内容的正确、科学是一个底线性要求，解决好如何学、如何教的问题才是更高要求，这也是教材专业性的体现。

2.教材归根结底是“学材”

如何学、如何教是教材的核心，是教材的专业性之所在。以教为核心的教材往往是以教师的教为逻辑组织的，呈现的是教师授课过程的各个环节。这样的教材往往忽视学生的学。比如过去那种道理+故事类型的教材，套路或模式是设定好的，非常方便教师的讲授。在这种情况下，学生对该话题的体验、探索、理解、体悟完全被忽略了。教学本来是从学生的实际思想感情出发，对其进行引导的活动，而以教为核心的教材忽略的恰恰是学生的实际思想感情，教师的教只在教材既定的轨道上运转，而对学生是否跟上教的运转甚至在不在轨道上却不管不顾。

在这种教学之下，学生的经验被排除，学习的自主性无法发挥，学生体会不到学习的乐趣，教育的效果也就可想而知了。这样的教材观与教学实践必须转型，虽然教科书名为“教材”，但是必须定位于“学材”。第一，作为“学材”的教材体现，引导的是学生对诸多话题的学习、探究过程。学生对各种话题的探究需要其自身经验的参与。对此，教材首先要做的就是对学生经验的唤醒、运用、整理、交流、提升。第二，作为“学材”的教材呈现的是对学习方法的引导。学生对有感觉的话题有探究的热情，但他们毕竟处在成长过程中，对问题的探究有一个学习的过程，这时候，方法的引导就特别重要。第三，作为“学材”的教材体现的是学生自主探索的过程，其中有感情的投入，有尝试的方向与过程，有认知的提升，有体悟的表达与交流等。当然，教材所呈现的自主学习过程只是一个范例，目的在于为学生的学习路径进行提示与参考，基于此，作为“学材”的教材应该为学生的学习探索留有空间。

实现教材向“学材”的转型的关键在于如何理解教师的教。如果把教理解为对学的扶助与辅助、组织与引导，那么作为“学材”的教材就不但不会阻碍教师的教，反而会为教师的教大开方便之门。其实教材以学生的学为核心也为教师助学意义上的教设计好了思路，教师所要做的就是教材的“班本化”，即将教材中的话题与班级学生的实际情况联系起来，激发学生从自身实际情况出发进行探索。反过来，如果把教理解为讲授，理解为教师的独角戏，那么作为“学材”的教材反倒不利于这样教了。

（二）以学习活动为核心建构教材

为了实现教材的这种定位，我们确定了这样的编写思路，教材的显性呈现就是学生的各种学习活动，对教师的教则做隐性处理。

1.单元结构——学习活动指向的问题域

教材常用教育主题来组织单元结构。这种宏观结构的组织方法体现的是内容优先的原则，遵循的是教育内容自身的逻辑关系，而不是学生如何学、教师如何教的逻辑来组织教材。根据教材的教育属性，我们改变了教材单元结构的形式，探索以学生学习活动所指向的问题域作为教材的基本结构。

以三年级上册为例，本册教材共有四个单元，分别是“快乐学习”“我们的学校”“安全护我成长”“家是最温暖的地方”。这四个单元不是关于学习、学校、安全、家庭四个领域的知识体系，而是学生进行自主探索所指向的四个领域。三年级的学生面临着从小学初级阶段向真正小学阶段的转换，学习上所要面对的困难、困惑增多，需要探索新的学习方式。第一单元“快乐学习”就是这种探索所指向的问题域，包括学习与自身成长的关系、学习的乐趣何在、如何做学习的主人等。第二单元的学校生活问题、第三单元的安全问题、第四单元的家庭生活问题也都按照这样的思路进行设计。

单元作为学生学习活动所指向的问题域，当然也有教育的价值导向。教材不可能是价值中立的，而必定要有鲜明的价值导向。比如“快乐学习”虽然体现的是学生学习方式转换的探索，但价值导向清楚地指向的是快乐。对学校的探索的落脚点是“我们的学校”。“我们”是学校的主体，学生正是带着这种主体精神对学校进行探索。“安全护我成长”中的“护”就是价值导向的体现。“家是最温暖的地方”所体现的价值导向是家庭的情感。教材不仅不能回避价值导向，而且导向要更鲜明。但价值导向的给予不是生硬的，它附着于学生学习探索的问题域之中。

2.正文——学习活动的有机构成

正文是德育教材不可或缺的组成部分。在传统的德育教材中，正文都用来表达观点。常用的正文模式是，课文开头亮明一个总体论点，然后从几个分论点进行论证，最后归纳总结。这样的正文体现的是内容逻辑、论证逻辑、劝说逻辑，而将学习逻辑、教学逻辑排斥在外，这显然违背了教材的教育属性。

我们在教材编写中，重新界定、设计了正文的功能。第一个功能是引入学习情境，即通过正文，将学生引入一个特定的学习情境之中。第二个功能是活动的导入，即通过正文导入一个学习探索活动。第三个功能是活动之间的连接、过渡与转换，即通过正文总结一个活动，然后过渡、转换到下一个活动。第四个功能是观点的自然生成，以及思想的总结与提升。多数正文的功能是复合的，具有两个甚至三个功能[①]。

---

① 高德胜.以学习活动为核心建构小学《道德与法治》教材[J].中国教育学刊，2018(1)：1-8.

以三年级下册第2课《不一样的你我他》为例。第一个话题“找找我们的‘不同’”本身就是一个活动名称，明确是找找每个人之“不同”的活动。正文第一段“我们年龄差不多，在同一所学校、同一个班级学习，又有很多共同的兴趣爱好，能够聊到一起，玩到一块儿。但我们每个人又是各不相同的，你相信吗？”这段话将学生引入对彼此之间的不同进行探索的学习情境之中。课文紧接着的一个活动是比较同一棵树的每一片树叶的不同。正文第二段“如果说班级是棵大树，那么每一位同学就像树上的一片叶子。同学之间有很多相同点，可又各有不同”，这段话既是对上一段正文的回应，亮明了观点，又引出了下一个活动，引出的活动是“找不同”与“展开想象”。

第二个话题“与‘不同’友好相处”也是一个活动提示，即如何与“不同”友好相处。这部分的正文第一段“我们喜欢和自己情投意合的人交朋友，这是人之常情。但是，如果过于强调这一点，会怎么样呢？”从学生的现有倾向出发，转换到新的情境，即过于强调相同的情境。正文第二段“我们身边的每个人都是不同的，学会和‘不同’的人相处是我们必须具备的本领”亮明观点。正文第三段“有些同学和‘不同’的同学相处，心里会有一些小疙瘩。怎样才能解开这些小疙瘩呢？让我们学会换个思路想一想”，这是由认识转向心理障碍的消除，引出的活动是呈现各种心理疙瘩及换位思考。正文第四段“用理解的眼光看待他人，接纳他人与自己的不同，我们将会交到更多的朋友”，这是过渡到与“不同”相处的益处，引出的活动是与性格、兴趣差异很大的人交朋友的益处。

3.栏目——不同类型的学习活动

搭配正文的是不同类型的栏目，包括“活动园”“交流园”“阅读角”“故事崖”“美文欣赏”“小贴士”“知识窗”“相关链接”等。“活动园”是主导性的栏目，数量、种类最多。为了节省版面，诸多本来属于“活动园”的设计直接与正文连接在一起，不再用“活动园”来标识。归在“活动园”栏目下的活动，既包括班级内的现场活动，也包括课外社会学习活动。班级内的现场活动既可以是小组、全班性的群体活动，也可以是指向个人的个体活动。指向个体的活动可以是外化的、动手的活动，也可以是内在的静默、反思活动。

“交流园”则既包括经验、观点交流和思想分享活动，也包括观点碰撞活动。对同一问题，不同的人有不同的经验，学生贡献自己的经验，也可分享他人的经验，从他人的经验中获得启发。比如，三年级上册第6页的“玩耍对我们来说是很重要的学习途径。说说自己在玩耍中学到了哪些内容”就是关于玩耍经验的交流与分享。对有争议的问题，大家立场、观点不同，则可以进行讨论、辩论，这种类型的“交流园”也会以“小讨论”“辩论会”的形式呈现。经验、观点、办法的分享与交流，甚至观点的讨论与争辩，其实也是一种学习活动。“交流园”与“活动园”有交叉的地方，“交流园”可以归在“活动园”之下。“交流园”与“活动园”的区别在于：“活动园”里的活动不仅有话语交流，而且必须有身体参与，而“交流园”里的活动则主要是借助话语展开。

“阅读角”“故事屋”“美文欣赏”都是阅读活动。“阅读角”选择的阅读材料类型较多，有的是来自同龄人的作品，有的是适合儿童阅读的寓言、童话，还有的是带有哲理性的文章。“故事屋”里的材料是故事性强的文章。“美文欣赏”里的文章大多来自名家的经典作品。阅读本身就是一种活动，阅读栏目也是前述学习活动的一个补充。广阔世界的同龄人经验、遭遇和命运都可以通过“阅读角”进入课堂。人类思想文化的成就，那些通俗易懂的哲理则可以是对现场活动、社会学习活动、班级交流活动的指引或提升；人类情感体验的精华则可以与学生的情感体验相互印证、共激、共鸣。

教材中的“小贴士”“知识窗”“相关链接”属于资料性栏目，它们共同的定位是学习活动的辅助。“小贴士”侧重学习探索活动，注意事项的提示与提醒，尤其方法和安全方面的提示、提醒。比如教材中有不少调查类活动，与之相伴的“小贴士”就是调查方法的提示和安全注意事项的提醒。学习活动也需要知识性准备，“知识窗”则是知识性内容的给予。“相关链接”是与学习活动相关事件、事实的呈现，目的在于为学生的学习活动提供参考、范例和借鉴。

4.学习活动的主体——教室中的儿童

每个学习活动必须借助一定的“生活事件”使之情境化。比如，要设计关于儿童体会父母养育孩子不易的学习活动，就需要借助一个又一个的“生活事件”，使父母对子女的养育经历鲜活起来，并由此激活儿童去回忆父母养育自己的点点滴滴。学习活动的设计要借助“生活事件”，而每一个“生活事件”都有自己的主角。此外，在每一个学习活动之中都会出现贯穿全书的卡通儿童，这些卡通儿童既在学习活动之中，又在学习活动之外。他们与“生活事件”的主角一起参与学习探索，这说明他们在学习活动之中；他们还能在学习探索过程中向使用教材的儿童发出邀请、提出问题、表达情感共鸣、进行总结提示，这又在学习活动之外。

换言之，教材中已经有了两类儿童，即“生活事件”的主角和卡通儿童，作为学习活动形式的所有栏目都是为教室中的儿童所设计的，都是为了激发、引导、辅助教室中的儿童进行学习探索，显然，教室中的儿童是学习活动的主体。“生活事件”中的主角是教室中儿童的活动伙伴，他们所起的作用就是陪伴教室中的儿童一起去探讨同龄人在成长中所遇到的各种问题。作为陪伴者，有时候他们会用自己的探索给教室中的儿童一些参照，有时候也会提出自己的困惑，并让教室中的儿童给他们解惑，更多时候则是与教室中的儿童一起去探索。卡通人物是活动的激发者、提问者和总结者，是以另外的形式存在的活动伙伴。

二、实现以道德学习为核心的教学转向

（一）教材与教学关系的理论反思

专门的培训和实践的探索是教师了解新型教学的重要路径，其实，还有一条重要路径往往被人们所忽视了，那就是教材本身。事实上，教材既是学生学习的“学本”，也是教师教学的“教本”，教材不仅可以促进学生的学习，也可以引领教师的教学。

1.整体性——教材与教学的应然关系

教材编写的过程既包括了教学内容的系统化整理和表达，也包括了教学过程、教学方法的系统化设计和引导，通过内容组织、活动设计及版式呈现，不仅可以向教师传递教学信念，也能引导教师的教学过程和教学方法。杜威在《民主主义与教育》中指出：“首先我们要提出一个重要观念，那就是教材与教法连为一体，不可分割”“如将学科教材与教法划分开来，那将是一个大错”。这是因为教材是有组织的，它经过了人们有智慧、有方法的整理。教法则是对教材所做的有效率的处理，即以一种耗费时间及精力最少的方式来达成某一教学目标。既然教法不能独立于教材之外（虽然它们二者是可以区分开来并加以讨论的），那么教材与教学之间就有一种自然的联系，或者说它们二者之间具有整体性。杜威还指出了割裂二者的后果：如果把教材与教法牵强地划分开来，使其彼此独立、互不关联，那将会使教法变得很呆板，教师就会机械性地遵循所列出来的步骤来教学。

在日常生活中，人们之所以会忽视教材与教学的整体性，是因为受到二元论的思维方式影响。二元论者认为，“知道、感觉、愿意等都属于自我或心灵的作用，是可以独立的部分，这些作用可以应用在与其相对且也是自为独立的物质、材料部分”。按照这种思维方式，学科教材与教法也是“彼此不相互关联的两件事”。随之而来的是教材就变成自然世界与人类世界中经过系统分类的现成事实及原则，而教法所探究的问题便是如何使预定的学科教材适当地呈现出来，并印到学生的脑海里，或者是如何引起学生对教材的兴趣，以便使他们能顺利地去吸收、去获得。

2.教材——引领教学的一条重要路径

既然教材与教学具有整体性，那么教材就可以成为引领教学的重要路径。教材除了可以为教学提供有效、丰富的材料，还可以传递教学观念，暗示教学方法，指引教学过程。

（1）教材可以为新型教学提供必要的材料。任何教学都离不开一定教学材料作为支撑，否则一切教学目标的实现就会成为空谈。如果有那种能激发问题、引起思考的情境，那么我们就需要为学生安排主动性的作业，并让他们使用材料来完成所希望达到的目的。

（2）教材的整体设计可以传递新型教学所需的观念。不同的教材观往往预示着不同的教学观。比如，知识论的教材观认为，教材以呈现知识为目的，相应地，教学即以教材所负载的知识和技能的传授与掌握为宗旨。而智慧论的教材观则认为，教材仅仅是教学所使用的材料，相应地，教学则是通过教材去实现智慧的或发展的目的，而知识本身只是从属和附庸。此外，任何课程的教学都离不开教师对于本课程性质、特征以及基本理念的深刻理解。《义务教育品德与生活课程标准（2011年版）》教学建议的第一条就要求教师“深刻理解本课程的性质、特征和基本理念”。事实上，在教材中渗透相应的教学观念更有利于教师的深刻理解，因为此时这些抽象的理念已经和具体的案例结合起来了。

（3）教材可以为新型教学提供方法上的指引。任何教学的实施都离不开适宜的方法，而教材具有改进教学方法的意义。改进教学方法或者选择适宜的教学方法并不是一个孤立的过程，这需要与之配套的教材和其他资源才行。此外，教材还可以提示教师根据内容选择和使用何种教学方法。如果说观察、讨论、体验等都是教学中可以使用的方法，那么在具体的教学情境中，何时使用观察法，何时使用讨论法，何时又使用体验法，这些都可以通过教材的设计给予教师适当的提示。

3.德育教材——引领教学从知识学习到生活建构

在新课改之前，德育课程中的道德是一种知识形态的道德。人们认为，经过学科结构化的加工，理论化和普遍化的道德知识是道德的唯一存在形态。相应地，德行的发展就等同道德知识的学习。基于这种道德观和德行形成观，德育教材中所预设的教学也就以道德知识学习为目的。这种道德教学往往是对道德问题进行抽象和理论学习，难以转变学生已有的价值观念。此外，由于这种道德教学脱离学生生活，无法保证学生经验的进入，因此后果便是日常的经验无法得到它应有的丰富意义，无法在学校中得到滋润和成长。正因如此，小学开设的品德教育课对儿童的道德行为没有影响，直接的道德教学并未培养出道德品质或道德良心之类的东西。

鉴于知识学习的品德教学存在的现实困境，新型教材要引领教学从知识学习转向生活建构，这一转变的实质是从知识道德向生活道德的转变。生活论的道德观认为，道德存在于生活，生活是道德存在的基本形态，或者说，道德就是人所选择的生活方式。如果说，人的生活是整体性的，那么生活形态的道德就不再是单向度的，而是多向度的，它既包含了外在的道德规范，也包含了内在的道德精神和心灵；它既涵盖了道德知识，又统摄了道德行为、情感、信仰等；它既具有理论表达的形式，更主要的是表现为生活中的道德实践。从生活形态的道德出发，道德教育的目的就在于引导人们在多种可能的生活中选择“好”的生活，即一种有价值、有意义的生活，并通过这样的生活涵养其德行。因此，在生活德育的视域下，教学的根本目的不是道德知识的学习，而是引导儿童去选择和建构有道德的生活及生活方式。如果说新型的品德教学是引导儿童生活的建构，那么德育教材就要向教师传递与之相应的教学理念和教学方法。

（二）引领新型教学的统编教材设计

我国小学道德与法治课程存在着授课教师以兼职教师为主的现实，很多教师无法对这门课程投入大量精力，甚至连基本的教学时间都难以保证。在这种情况下，期望大部分教师通过额外的学习来了解本课程的理念及所倡导的教学方式显然是不现实的。通过研究海外教材，我们还发现，这些教材的功能相对单一，多数只是内容载体。鉴于现实，尤其本课程在整个课程体系中的弱势地位，如果我们的教材也只是内容的载体，那么教学就很容易变成死记硬背。因此，小学《道德与法治》统编教材在追求“学本”的同时，力求使教材具有“教本”的特性，为教学打下基础。

1.预设引导生活建构的教学目的

教材要关注学生的生活，自身也要有一定的结构性要求。教材的结构不仅可以让教材具有一定的体系化特征，而且可以有效引领教学。在小学《道德与法治》统编教材中，课文的结构就预设了引导儿童生活建构的教学目的，并通过“关注生活”“反思生活”“超越生活”这三个紧密相连的板块来实现。例如，四年级下册第5课《合理消费》的第一个话题首先呈现的是“我的心愿卡”的留白设计，让学生想一想自己有怎样的心愿和理由。此环节的目的是让学生关注自己的真实生活。其次，教材呈现了一个小朋友想买名牌书包的故事，并请学生探究父母不同意买的理由，接着呈现了学生在现实中可能遭遇的其他几个情境，并请学生进行角色扮演。在此之后，教材又设计了一个非常重要的环节，即让学生再看一看之前的“我的心愿卡”，并请他们思考自己的理由是否充足，有无想改变的心愿，旨在引导学生反思自己的真实生活。最后，教材设计了一个开放性的讨论环节，引导学生思考如何应对知道要求不合理，但心里特别想要这种情况。此环节的意图是给予学生适当的方法，引导他们超越原来的生活。

总体而言，课文的结构就是引导教师在教学中时刻关注学生的真实生活，引导学生在关注生活、反思生活和超越生活的过程中逐渐形成某种德行。相反，以往的德育教材更多的是引导教师以“美德袋式”的道德教育来进行教学，即给学生讲清某个“德目”及其道理，至于它是否会对学生的生活产生影响，那是学生自己的事情。我们不能说这种“美德袋式”的教学完全没有效果，但是它的效果一定是微弱的、间接的。相比而言，直接关注学生生活并以引导生活建构为目的的教学更能提升德育课程的实效性。

2.指示以学生为中心的教学活动

课文有一定内在结构，这也意味着课文将由不同的栏目所组成。在小学《道德与法治》统编教材中，常见的栏目有“活动园”“交流园”“知识窗”“阅读角”等。对于教师而言，一个栏目往往就是一个教学环节，从这个意义上说，栏目也可以引领教学。在小学《道德与法治》统编教材中，课文的栏目多是针对学生的，需要他们去观察、操作和探究，这也使得教师在教学中无法唱独角戏。换言之，课文的栏目向教师指明教学要以学生为中心。事实上，如果没有学生积极主动的参与，那么引导儿童生活建构的教学目的是无法实现的。例如，在三年级上册第5课“走近我们的老师”的话题中，为了让学生体会教师工作的辛苦，教材设计了“涂一涂”的活动。首先，让学生收集某位教师每天所做的事情，并把这些事情用不同的颜色涂在相应的表格中。其次，结合表格引导学生体会教师一天工作的辛苦。这个活动让学生在自主探究的基础上，通过观察教师每天做了这么多的事情，从而体会教师的辛苦。

为了保证教学以学生为中心，小学《道德与法治》统编教材力求课文的栏目富有童心和童趣。只有栏目的设计符合学生的心理特点且具有趣味性，才能吸引学生积极主动地参与。例如，在一年级上册第11课《别伤着自己》中有一个探究家中危险的环节，编写者把这个活动设计成了迷宫棋的形式。原本探究家中的危险是一个很普通的教学环节，但是当这个环节变成迷宫棋的游戏活动后，就增加了趣味性，也调动了学生参与的积极性。

3.点明源于学生生活的教学重点

课文的栏目要想丰富，还需要在其中增加一定数量的范例作为具体内容。因此，在小学《道德与法治》统编教材的栏目中呈现了不少典型的范例，它们都源于学生的真实生活，并以“生活事件”的形式呈现出来。比如，在讲学习的途径时，教材呈现了“我从课外书籍、报纸和儿童杂志上学到了许多知识”“在与同学的交往中，我懂得了人与人之间应友好相待”“在野外玩耍时，我认识了许多植物和昆虫”等范例。这些范例不仅能为学生打开一种不同的生活，也能为教师点明相应的教学重点，例如，玩耍也是一种重要的学习途径。这些范例选择的一个重要依据就是学生生活中真实的道德需求和道德困惑。教学要引导学生生活的建构，就离不开对学生真实道德需求和道德困惑的诊断。

为了引领教师更好地了解学生，小学《道德与法治》统编教材通过课文的范例为教师指明了学生真实的道德需求和道德困惑，不仅加深了教师对于学生的了解，也点明了每课的教学重点。例如，在三年级下册第3课《我很诚实》中，教材把三年级学生的诚实教育从品质问题转向了心理问题：学生因为恐惧心理而谎称自己的作业没有带；学生因为虚荣心理而谎称家中养有金鱼。这些环节的设计超越了传统诚实教育的思路，为教师了解学生不诚实的真实原因和撒谎心理指明了方向，提供了新视角。相应地，这些环节的教学重点就是要帮助学生克服这些阻碍他们诚实的心理原因。再如，在一年级上册第11课《别伤着自己》中，教材为教师指明了在日常生活中学生可能出现危险的两个原因：无知心理和贪玩心理。相应地，这一课的教学重点就是帮助学生克服这两个可能引发危险的不良心理。

4.展示经过课堂检验的教学蓝本

为了给教师提供有效引导学生生活建构的教学案例，在小学《道德与法治》统编教材中，编写者尝试将经过课堂检验的教学蓝本直接融入课文中。由于融入了教学的蓝本，因此课文就以立体和动态的方式呈现在学生面前。例如，在三年级上册第2课《我学习，我快乐》“学习的快乐”的话题中，编写者就将经过课堂检验的教学蓝本直接放入课文中，设计了五个活动：第一个活动是“词语接龙”，以游戏的形式引导学生直接感受学习中的快乐；第二个活动是“家务小能手”，让学生在展示家务本领的过程中，从学习结果的角度体会学习的快乐；第三个活动是“交流园”，让学生分享学习的快乐经历；第四个活动是“阅读中的快乐”，引导学生体会阅读的快乐；第五个活动是“制作书签”，让学生把学习的快乐体验写在书签上。

当然，课文以教学蓝本的形式呈现，并不是说课文就是封闭式的设计，教师只能按照这个蓝本进行教学。事实上，蓝本只是一个教学参考，它的作用在于指明教学范式的类型和教学的价值取向，教师完全可以根据本班的实际情况另行设计同类教学活动。例如，在四年级下册第7课《我们的衣食之源》中，课文以系列图的形式呈现了农业生产的主要过程，并引导学生体会农民的不易。对于不同地域的学生，教师完全可以采用不同的设计。对于农村的学生而言，由于他们亲眼见过甚至亲身经历过农业生产，所以教师只要给学生介绍这个过程，并引导他们回忆经验即可；对于城市的学生而言，由于缺少相关经验，对于农业生产的过程就需要赋予他们一些经验。

（三）统编教材使用的整体性教学建议

虽然我们力求通过小学《道德与法治》统编教材本身引领教学，但是单靠教材的引领还是不够的。对此，教师应做到以下方面：

1.从学生的实际生活出发设计教学

引导儿童生活建构的关键在于能够直接满足学生真实的道德需求，解决他们真实的道德困惑。然而，即使教材精心地选择了典型案例，依然无法完全适应每个地区、学校、班级和学生的具体生活。因此，教师要从本班学生的生活实际出发设计教学。

（1）做好教学目标的精确化工作。要结合本班学生的具体情况而调整相应的教学目标，让其更有针对性。例如，对于三年级上册第2课《我学习，我快乐》中“学习的快乐”这一教学目标而言，不同的学校可能有不同的侧重。对于大城市的优质学校而言，由于大部分孩子有较为丰富的阅读经历，因此作为重要的学习途径的阅读则可以成为这课的教学目标；对于一些农村的学校，或者一些农民工子弟学校而言，阅读的快乐这个目标就不太合适，因为这些学生的家中可能没有几本书。不过，对于他们而言，另一个容易被人们所忽视的重要学习途径——玩耍，则可以成为重要的教学目标。

（2）关注教学过程中的生成性。教材一旦编制完成，就成为一种固定化的文本，但教学却是不断生成的。因此，教师在教学中要积极关注学生的态度和反应，适时做出相应的教学调整。例如，三年级上册第10课《父母多爱我》中选用了《妈妈喜欢吃鱼头》一文，此文的设计意图是想通过妈妈把好的鱼肉留给孩子吃，而自己却吃肉很少的鱼头，让学生体会妈妈的爱。然而在具体教学中就会遭到质疑，对于这种教学的生成，教材是有所预料的，但是这些内容不可能全部呈现在教材中，因为这不仅会增加教材的负担，也会给没有这种生成的教学带来不必要的麻烦。面对这种教学的生成，教师应该做出相应的教学调整，给予学生具有针对性的引导。当然，这种引导的目的是让学生从中体会妈妈的爱。如果有必要，教师也可以根据本班的特殊情况替换成其他内容。

2.注意引导学生进行自主的道德学习

引导儿童生活的建构离不开学生自主的道德学习。当前强调的核心素养也要求学生学会自主性的合作学习。事实上，自主学习的能力本来就是现代教育的重要目标。因此，教师在教学中要注意引导学生进行自主的道德学习。

（1）教学要转向价值探究。教材中包含了大量以学生为中心的活动设计，课文的整体结构也尽量先不给学生预设一种价值，而是让学生在充分探究的基础上，自然而然地认同某种价值。但是，在实际教学中，依然有不少教师喜欢先给学生预设一种价值，然后让学生去验证这种价值预设。例如，围绕三年级上册第5课《走近我们的老师》中“老师，您辛苦了”这个话题的教学，就曾有教师在教学一开始就不停地追问学生："老师辛苦吗？"直到学生一致地说出"老师很辛苦"后，教师才展开随后的教学。换言之，这位教师的整个教学就是要验证预设的价值。事实上，如果学生在探究之前已经有了某种标准答案，这不仅会影响探究的客观性，也会降低探究的意义。对于这个案例的教学而言，教师应该先让学生依据教材中的活动设计（统计教师一天所做的事情）进行探究，让他们在充分探究的过程中，自然而然地体会教师的辛苦。当然，在此基础上，教师也可以进行适当的提升或者拓展。

（2）教师要积极创造学生自主道德学习的情境，为他们提供必要的学习资源，并给予适当的方法指导。《义务教育品德与社会课程标准（2011年版）》指出："学生是学习的主体……教师要通过创设任务情境或问题情境，激发学生主动学习和探究的兴趣，鼓励他们大胆尝试解决问题的方法。"事实上，让学生进行自主的道德学习绝不意味着让学生放任自流。自主的道德学习绝不是天生的，也不是一蹴而就的，它需要教师进行有目的和有计划的培养。例如，针对三年级下册第1课《我是独特的》中"自我认识"这一教学目标，教师就可以给学生提供几条认识自己的路径，即从日常活动中认识自己，从他人的评价中认识自己，从自己的理想中认识自己，以及从自己的秘密中认识自己等。再如，对于三年级上册第4课《说说我们的学校》中热爱自己的学校这一教学目标，教师可以提示学生从"我喜欢的校园一角"入手，然后让他们走进校史馆，走近学校荣誉墙，并引导学生回忆丰富的校园活动。简而言之，只有教师为学生搭建了自主道德学习的支架，学生才能有效地展开自主学习。

3.注重教学与学校整体德育活动相融合

虽然教材通过课文的结构预设了引导生活建构的教学目的，又通过范例点明了每一课的教学重点，但是儿童生活的建构绝不能仅仅限于课堂教学。因此，教师要注重教学与学校整体德育活动的融合。

（1）利用教材的开放性设计走向学校其他日常德育活动，深化或拓展本课的教学重点。比如，在三年级下册第10课《爱心的传递者》中设计了一个开放性的活动，希望教师把这一课的教学与学校的其他活动进行融合，如"爱心义卖"。再如，在四年级下册第4课《买东西的学问》中，教材首先设想了班级开联欢会需要购物的情境，教师在教学时可以把这一课的教学与学校的相应活动联系起来。一、二年级的教材中也有关于元旦、国庆、中秋等节日的课程，上这些课时，教师就可以与学校相应的庆祝活动结合起来。

（2）利用课程标准和教材中所提供的逻辑框架整合学校的日常德育活动，实现课堂教学与日常德育活动的良性互动。例如，南京市上元小学就尝试了以学校德育课程整合学校日常德育活动的做法，一方面，让学校的日常德育活动为课堂教学储备丰富的生活基础。比如，让学生在春游和秋游等活动中，通过“游玩小手册”记录游玩中的点滴感受，收集或拍摄相关的素材，并将其作为本课程中“家乡”主题的重要生活基础。另一方面，让学校的日常德育活动更具系统性，比如，通过本课程标准所提供的框架（自我生活、家庭生活、学校生活、社区生活和国家生活等）整合学校已有的日常德育活动。

4.珍视自己宝贵的教学经验，学会反思

对于教师而言，引导儿童生活的建构并不是一件容易的事情，它需要教师不断积累经验，而教学本身又是教师经验的重要来源。因此，教师要珍视自己宝贵的教学经验，学会反思。

（1）把反思作为检验教学的重要途径。小学道德与法治课程有一个特殊的困境，即本门课程的评价问题。我们都知道，学生的道德品质和法治意识的培养不是通过一两节课就能形成的，它不仅需要较长时间，更需要学校整体德育的共同努力。因此，这门课程需要我们从教学结果的评价转向基于以教学过程为主的评价，从评价学生的表现转向评价教师教学过程。而教师的反思又是教师评价教学过程的重要路径。从检验教学的角度来看，我们建议教师从以下几个维度进行反思：一是学生的道德或社会性发展需要（困惑）是否得到了满足（解决）；二是学生的生活经验是否有效地进入了课堂；三是儿童的自主学习是否得到了促进；四是教学过程中是否以师生共同参与的活动为基本形式；五是通过这一课程，“我”的新发现、创新有哪些；六是如果再上这一课，“我”会有哪些改进。

（2）把反思作为了解学生的重要途径。事实上，反思教学的过程既是检验教学的过程，也是教师深入了解本班学生的过程。在每次的教学过程中，随机生成的内容不仅包括了学生的可能道德需求或者道德困惑，也包括了这些需求或者困惑在教学这个特殊场域中的特殊表现，而这些都是教师了解学生的重要资源，也是教师未来教学的重要依据。比如，针对三年级上册第2课《我学习，我快乐》中“战胜困难更快乐”这一话题，通过实际的课堂教学及课后教师的反馈，编写者发现大部分学生虽然有战胜困难的动力，但是缺少战胜困难的方法。因此，在随后的教材修改中，编写者调整了原有的教材设计，把某个学生战胜困难的案例移至学生探究如何战胜自己所遭遇的困难之前。这样调整是为了让这个案例可以为学生提供一些战胜困难方法的启示，从而为后面自己战胜困难做铺垫。

第五章　道德与法治课程的教师培养

道德与法治课程的教师培养是德育工作的重要组成部分，教师应具有更高的思想政治觉悟、更宽阔的社会生活视野、更厚重的育人责任担当。本章重点探讨道德与法治课程教师的专业发展方向、道义动机问题、研究视野与策略。

第一节　专业发展方向

道德与法治课程是致力于培育学生的社会主义核心价值观和政治素质、道德品质、法治意识、良好行为习惯的综合性课程，具有鲜明的思想性、政治性、社会性、实践性等特点。道德与法治课程的教师和研究人员不仅是一门课程的教学者和研究者，而且是义务教育阶段学生德育工作的重要一员，应站在国家主流意识形态的宣传者、贯彻者、落实者的高度，为国家利益代言、为民族精神立言。因此，对道德与法治教师和研究人员而言，思想性、政治性、专业性要求应当更高、更严，其研究也要有国家意志高度、课程标准精度、社会意识广度、学生生活深度，既要有广阔的社会生活视野，更要有科学的态度与方法。

道德与法治教育教学既是少年儿童思想政治素质、道德品质、法治意识教育及行为习惯健康成长的奠基工程，也是社会主义精神文明建设和公民道德建设的基础工程，还是提升国民整体文明素质、推进中华民族伟大复兴的重要工程。提高道德与法治课程教学质量的关键在于建设一支理想信念坚定、道德素质优良、专业基础扎实、勇于担当、善于创新的教师队伍，它要求道德与法治教师的专业发展既要有基于课标、教材、教学的课程意义发展，更要着眼于国家意识形态属性教育、大政方针、重大时事主题、公民道德建设、国民文明素质教育等德育工作的格局和视野。从一定意义而言，道德与法治教师要有更高的思想政治觉悟、更宽阔的社会生活视野、更厚重的育人责任担当。

一、道德与法治课程教师专业发展现状

随着教育领域综合改革的全面深入推动，德育课程教师的专业发展取得了显著成绩，主要表现为：德育教师的思想政治素质进一步提升，密切联系党和国家大政方针，注重培育和践行社会主义核心价值观的自觉意识普遍增强；以人为本德育理念深入人心，注重学生个性发展，注重适应学生成长需要的意识普遍形成；生活德育理念成为德育教师的广泛共识，密切联系社会生活实际，注重培养社会需要的人才的意识日益浓厚；德育课程的教学模式和方法不断创新，启发式、参与式、讨论式、体验式、探究式等教学方法得到广泛运用，德育课程教学实效不断提升。但是，小学德育课程教师队伍建设也面临一些问题，需要予以重视并进一步完善，主要包括以下方面：

（1）小学德育教师队伍不稳定现象突出。多数小学德育教师是多学科兼职，加之德育课程教学评价偏弱，德育课程教学无甚压力，学校安排德育课程教师随意性大，变动频繁，这就导致德育课程教师队伍不稳定。德育课程教师的不稳定不仅会影响德育课程教师的专业发展，而且直接影响德育课程的教学质量，也是导致德育课程开设随意的主因。

小学德育师资队伍不稳定的状况在很大程度上是学校重视德育课程不够的结果，是学校教育的大局意识、育人为本意识还不足的表现。德育课程的育人使命要求确保课程的有效实施，因此，必须从抓好师资队伍的稳定性建设着手，明确规范学校德育课程师资建设要求，如鉴于教师编制的局限性，可以尝试建立以专职为主干、以兼职为主体的专兼职相结合的“双主”师资队伍体系，明确专职德育教师的编制数量，创建专职教师带动、引领兼职教师专业的发展模式，确保课程师资队伍的相对稳定，保证课程依法、依规、依标实施。

（2）小学德育师资不专业现象普遍存在。小学德育师资部分多为其他学科教学兼职或学校行政兼职，专业性相对缺乏。承担小学德育课程教学的教师兼职来源主要是语文、英语等学科，有不少来源于数学、体育、艺术、科学等学科教师。兼职本身不是问题，问题在于有些教师完全没有德育课程教学的学习经历背景，专业培训比较零碎，缺乏系统性。导致小学德育师资不专业的原因比较复杂，其源头是师资培养体系中小学德育课程教师专业的缺乏，师范教育中虽有思想政治教育专业，但这个专业主要在高等师范院校开设，培养对象为中学及以上学校的政治课教师，这些思想政治专业的学生很少有到小学任教的。因此，建议建立针对小学德育综合课程教师的培养培训体系，明确小学引进德育课程教师的指标数量，至少每个年级要有一名专职德育课程教师，引领小学德育课程教师的专业化导向，逐步稳

定、发展小学德育课程的专业教学体系。

（3）小学德育教师参与德育工作的体制机制有待进一步明晰。小学德育课教师不仅是学科教学的工作者，而且是学校德育工作者的一员，确立这种认识是重视、做实小学德育课程教学的第一步。道德与法治课程活动应注意与班级活动、学校活动、少先队活动、社区活动、节日庆典活动等结合起来，加强与其他学科的联系，促进跨学科的联合学习，不断扩展和深化儿童的经验和体验。教师应将课程教学与相关学科以及班队活动、学校德育活动、社区活动、社会重大事件等紧密结合，从中捕捉、挖掘鲜活的素材，调动学生在课外学习和活动中获得的经验和知识，充实课程的教学过程。同时将课内学习延伸至其他学科的学习或校内外其他活动中，提高教学的实效性。要充分利用主题教育、校园文化、党团队活动、学生社团活动、社会实践活动等多种载体，全过程、全要素开展法治教育[①]。

因此，建立德育课程教师与学校德育工作联动协同是必然的方向。在实践中，有些学校积极探索建立涵盖德育课程教学的综合性德育体系，但仍有部分学校将德育课程教学与学校德育工作分割开来，把德育课程教学限定在学科、课堂、课本，这种做法是一般学科课程教学的惯性思维使然，既不利于充分发挥德育课程的教育教学价值，也不利于德育课程教师的专业发展。建立德育课程教学与德育工作的联动协同机制，明确德育课程教师的专业教学角色与德育工作者角色的一体化思路，不仅是为了落实德育课程的实效性，确立完整的德育课程教师的角色和职责意识，更是为了全面形成德育工作合力，从而进一步加强和改善学校的德育工作。

二、道德与法治课程教师专业素质构成

促进道德与法治教师的专业发展，必先明确道德与法治教师的专业素养构成。德育课程对教师提出了更加独特、高素质、宽领域、多方面的要求。道德与法治教师的专业素质构成主要包括以下方面：

（一）良好的思想政治素养

思想政治素质是对所有教师的要求，居于教师素质的首要位置。对道德与法治课程教师而言，思想政治素质是首要素质，是专业素养的重要组成部分。《中共中央国务院关于全面深化新时代教师队伍建设改革的意见》（中发〔2018〕4号）对教师的思想政治素质做出明确规定，要求“加强理想信念教育，深入学习领会习近平新时代中国特色社会主义思想，引导教师树立正确的历史观、民族观、国家观、

① 钟守权．传承与发展：道德与法治课程教学初论 [M]. 广州：广东高等教育出版社，2018.

文化观，坚定中国特色社会主义道路自信、理论自信、制度自信、文化自信。引导教师准确理解和把握社会主义核心价值观的深刻内涵，增强价值判断、选择、塑造能力，带头践行社会主义核心价值观。引导广大教师充分认识中国教育辉煌成就，扎根中国大地，办好中国教育”。这一规定既是对全体教师的要求，更是对道德与法治教师的突出要求。

良好的思想政治要求道德与法治教师要有民族、国家、经济社会、世界变革等宽阔的视野，使德育课程教学突破单一的课本、考纲、试题范畴，充分体现民族、国家和人民的整体利益，充分反映经济社会发展变革大势，引导学生在更宽阔的视域开展学习活动；良好的思想政治素养要求道德与法治教师更加深刻地理解和把握课程教学内容，全面理解和把握个性品质养成与社会性发展、家国情怀培育的关系，深刻理解和把握理论与实践的关系，引领人生正确路向，支撑学生终身发展；良好的思想政治素养要求道德与法治课程教师有鲜明的民族、国家利益和时代变革的站位高度，坚持人本立场与社会立场、国家民族立场的有机统一，引导学生将个体发展融入推动社会进步，民族、国家发展的整体价值之中。总而言之，道德与法治教师的思想政治素养直接体现了教学的基本立场、政治站位和教学导向，决定了教学视野的宽度、教学内容的深度和教学质量的高度。

（二）良好的道德修养

道德修养是道德与法治教师的基本要求，也是专业发展要求本身。教师队伍建设对师德修养的要求包括：引导广大教师以德立身、以德立学、以德施教、以德育德，坚持教书与育人相统一、言传与身教相统一、潜心问道与关注社会相统一、学术自由与学术规范相统一，争做好教师，全心全意做学生锤炼品格、学习知识、创新思维、奉献祖国的引路人。这不仅是对全体教师的要求，而且对道德与法治教师更有着特殊意义。

首先，道德修养水平反映了教师的道德认知和体验状态，直接关系着对道德与法治课程内涵的理解和把握程度；其次，教师的日常道德行为表现直接影响着学生的道德认知和行为表现，在一定意义上，教师的道德修养和行为表现是最生动的道德与法治教育；最后，教师的道德修养决定着道德与法治课程的教学态度和方式。道德与法治教学的落脚点是对人思想、品格、行为习惯等的教育，需要以心交心的情感教育，需要启发教育，需要耐心教育，需要有教无类的公心教育。因此，教师道德修养的厚度影响着教师教学方法选择和运用的效度。

（三）良好的法治素养

法治素养是对公民的普遍素质要求，是对道德与法治教师的专业新要求，是领会和把握课程核心内涵的基本要求。法治对于中国特色社会主义建设、全民族法治素养的提升具有重大意义。道德与法治是义务教育阶段学生法治素养和道德素质培育的奠基工程，关系着一代又一代公民的整体素质，以及全面依法治国方略的深入、持久实施。

道德与法治教师理应成为中国特色社会主义法治素养培育的先行者和最高要求者、践行者。作为摆在道德与法治教师面前的全新的法治教育，提高教师的法治素养是当务之急，重点应增强宪法意识，理解宪法具有最高的法律地位、法律权威、法律效力的深刻意义，培育尊崇宪法、学习宪法、遵守宪法、维护宪法、运用宪法的自觉意识；加强中国特色社会主义法治理论、法治政策、司法制度、法律体系、法治思维、法治方式的学习，培育良好的法治意识、法治精神和法治生活习惯；加强学习研究和实践，把中国特色社会主义的法治理论、思想和制度、方式融入道德与法治课程教学，不断探索和创新道德与法治教育的新方法、新模式，提高道德与法治课程的育人实效。

（四）良好的社会参与素养

社会参与是现代公民文明素质要求，是实现中国特色社会主义民主、建设共建共治共享社会治理格局的使命要求。在互联网时代，公众参与成为公民文明素质培育不可忽视的重大课题。道德与法治具有鲜明的社会性，十分强调道德与法治的社会生活实践，因此，课程是培育学生社会参与意识、素养和能力的重要渠道和阵地。

道德与法治课程教师要引导儿童在体验自身生活和参与社会生活的过程中学会热爱生活、创造生活。儿童的发展是其怀着对生活的热爱，通过参与丰富多彩的生活实践，与外部环境积极互动而逐步实现的，因此要注重联系学生的实际生活，引导学生在实践中发现和提出问题，在亲身参与丰富多样的社会活动中逐步形成探究意识和创新精神。学生的品德与社会性发展是在逐步扩展的生活领域中通过与各种要素的交互作用而实现的。道德与法治课程的任务是引领学生了解社会、参与公共生活、珍爱生命、感悟人生，逐步形成基本的是非、善恶观念，过积极健康的生活，做负责任的公民。要让学生逐步掌握交往与沟通的技能，学习参与社会公共生活的方法，积极参与公共生活、公益活动，自觉爱护公共设施，遵守公共秩序，有为他人、为社会服务的精神。

道德与法治课程教师要引导、支持学生自主制定规则、公约等，逐步培养学生参与群体生活、自主管理、民主协商的能力，养成按规则办事的习惯，引导学生在学校生活的实践中感受法治的力量，培养法治的观念。要积极支持学生组建法治兴趣小组、法治实践社团等，并加以正确引导，使学生以适当方式研究法治问题、参与法治实践。在道德与法治课程中培育学生的社会参与意识，总体上要求教育教学活动保持与现实社会全接触的态势，有效拓宽道德与法治课程的教学时空，引导学生在社会生活中养成道德、践行法治，这就要求道德与法治教师必须是社会参与意识、方法和能力的示范者。

就道德与法治课程而言，社会参与素养包括社会关注、社会现象和问题的交流表达、社会实践等意识和行为。社会参与的内容至少包括社会公益活动参与，如志愿者活动、扶贫济困行动、环保组织活动等；文化活动参与，如参与节假日活动、传统民俗习俗学习与表演、文体活动交流等；政治参与启蒙，如关注新闻和国家时事政治、参与重大政治题材的宣传活动、开展模拟听证会、模拟法庭活动等。教师要适应和胜任道德与法治课程的社会参与教育，主动学习社会参与的理论、思想，积极关注社会参与重大时事题材，有条件的可以亲身体验社会参与实践，深刻把握社会参与素养的内涵和能力要素，通过多种方式积累社会生活素材，并运用于道德与法治课程的教学实践。

（五）良好的信息化素养

信息化素养是互联网时代公民必备的素质要求。促进学科课程教学与信息技术的深度融合是对当代课程教学的普遍要求，道德与法治课程也不例外。道德与法治课程教师要充分利用信息技术手段，将多种法治教育资源、形式予以整合、提升，形成以学习者为中心的教育环境，引导学生自主学习，培养学生学习法律的兴趣。就道德与法治课程而言，教师应具备的信息素养包括网络工具运用能力、信息获取甄别能力、信息分析整理能力、遵守网络道德与法规意识和行为等。在具体教学活动中，教师现代信息素养运用的范畴主要包括指导学生正确利用互联网开展学习道德与法治的基本常识，在互联网平台中学会收集、甄别、整理真实有益的信息，引导学生学习并遵守互联网道德与法规等。

（六）良好的教学活动组织能力

道德与法治作为一门社会性、生活性、实践性的课程，教育教学活动的形式丰富多样，特别强调实践体验和社会参与，这就要求教师不仅要具有理解课程标准和教材的能力，更要具有实践活动的组织策划能力。因此，活动策划组织能力是道德与法治课程教师教学专业能力的特殊之处。课程标准和教育大纲均对此有明确要求。道德与法治课程教师要引导儿童通过观察、调查、讨论、参观、访问、制作、交流等多种方式进行学习。道德与法治课程的教学活动方式多样，如阅读、讨论、辩论、参观、调查、访问、游戏、角色扮演、模拟活动辨析以及撰写报告书、制作图表等，每一种活动都有其适用的范围和价值。可以综合采用故事教学、情景模拟（如法庭模拟）、角色扮演、案例研讨、法治辩论、价值辨析等多种教学方法，在必要时，可根据学生的认知特点，将真实法治案例引入课堂教学，注重学生法治思维能力的培养。

道德与法治课程教师的社会活动组织能力主要包括三个方面：第一，活动主题的选择能力。教材内容十分丰富，如何从中选择适宜、切题、有效的活动主题至关重要。一般而言，活动主题的选择应聚焦课文的重点和难点，有利于重点强化和难点突破；应注重可行性，与学生活动能力和社会环境条件密切联系。第二，活动策划与组织能力。应掌握制定科学的活动准备、要求、布置、流程、管理等系统方法，在必要的时候，教师应和学生一起制作活动的工具，如调查表、调查问卷、采访提纲、活动手册等，不能是放羊式的学生活动。第三，活动总结与评估能力。教师应事先明确活动教育目的，并根据目的设计总结、评价方案，并将其贯穿至活动过程的观察、材料收集、成果各方面，体现活动评价的过程性。评估总结既要有抽象的、总体的，更要有针对性的、个性化的，以突出活动评价的育人功能。活动成果的整理和保存应有序归类，以作为后续教育素材之用。道德与法治教师的教学能力有许多方面，需要注意的包括以下方面：

1.课程教材的校本化能力

虽然课程教材是通过专门严格审定的，是符合国家政策法规要求的，但是没有哪一本教科书是适合所有学校和学生的，教材与学生个性化之间的距离是客观存在的。作为人格、道德品质、行为习惯发展教育的道德与法治教材更是如此。因此，教材的校本化加工、整理能力就显得十分重要，是道德与法治教师必不可少的基本功。校本化加工要忠实教材的思想内容体系和核心价值，合理融入区域、学校和学生实际，以增强教学的直观感受性，强化道德与法治教学向社会实践转化。

2.教学逻辑思维的梳理与表现能力

活动性、社会性教材教学不像知识性学科那样知识体系完整、逻辑层次分明，教学思维和逻辑容易被教学中生成的偶发事件、学生活动的不可控性所冲淡。因此，如何在活动性、实践性、社会性教学中显示清晰的教学和逻辑，确保教学活动的目的和价值达成，是道德与法治教师教学基本能力的需要。要保持道德与法治教学思维和逻辑的清晰度，就要做到教学准备充分、阶梯适当、教学空间适宜、教学活动可控，不能期望一节课就能表现许多道德或法治知识，循序渐进、有步骤、有范畴的主题教学才是有效的，有逻辑的、可调控的教学是教师教学智慧的体现。

3.问题发现与解决能力

在道德与法治课堂上，学生没有任何疑问的可能性几乎不存在，道德教育本身具有行为反复性、理解个性化和发展递进性，不可能在一节课，所有人对同样的观点完全取得共识。就这一点来看，课堂上学生反馈越多、问题越多，课堂就越真实。换言之，道德与法治课堂教学质量的高低不是取决于学生认同的共识性高低，而是取决于学生道德与法治问题发现的多少、解决的效果。因此，发现问题、解决问题是判断道德与法治课堂教学效果的基本标尺，发现问题、解决问题的能力是道德与法治教师重要的教学能力。

4.教学的社会化能力

道德与法治教学的主要目的不仅是识记道德和法治概念知识，更重要的、根本的目的是社会生活中的道德与法治行为转化，这就要求道德与法治教学必须要有促进学生学习的社会化转化能力。教学的社会化能力有两层含义：一是教师教学要与社会密切相融，充分体现道德与法治的社会存在特性，而不是课本里的道德与法治；二是道德与法治教学要有利于学生认识和适应社会，促进学生在社会生活实践中运用所学转化为生活行为习惯。

三、道德与法治课程教师专业素质的发展途径

应对道德与法治教师的专业素质构成，其专业发展的主要途径包括个体发展、校本研修、专项培训、研究提升等方面。

1.个体发展

个体发展是道德与法治教师专业成长的根本途径，是一种内在修为方式。与一般知识性学科课程不同，道德与法治教师的个体发展不限于知识学习，更多的是教师的社会性丰富和发展，如生活经验积累、社会现象观察、社会实践参与等，后者十分重要。这就要求道德与法治教师将道德与法治专业修养与日常社会生活和实践密切挂钩，敏锐捕捉对道德与法治有教育意义的生活题材，并加工运用于道德与法治课程的教学实践。儿童的道德发展离不开生活，我们要寓道德于生活中，使道德教育植根于儿童的生活，教师不妨先把自己的生活和道德与法治连接起来，把自己的生活放在道德与法治层面去考虑。

2.校本研修

校本研修是道德与法治教师专业发展的常规途径，主要针对课程教学具体的内容和方法。从基本概念上理解，校本研修是以学校乃至学科组为基层组织，以解

决教师所面临的实际教学困难和问题为核心内容，以提高教师教育教学实践能力为宗旨，融教育教学思想理念、教学实践、教育科研、教师发展于一体的研究学习模式。它主要通过发挥学科组的集体智慧和作用，有目的、有计划、有组织、有针对性地开展道德与法治课程与教学研讨，致力于解决课程教学的具体问题。在通常情况下，校本研修围绕主题，结合实践，面向教学实际问题展开，形成教学计划、方案、课题、活动组织等成果形式。目前，通过名师工作室带动、凝聚教师开展校本研修是一种新途径、新方式，通过打造名师团队，这种方式有利于学校开展更加精准、专业的校本研修。当然，和道德与法治教师的专业素质相对应，校本研修的内容既要基于课程教材教学，更应当有和道德与法治课程相关的国家政策时事题材、经济社会发展重大事件的学习、研究内容，也应当更多地研究和道德与法治关联的教师社会生活及体验、学生生活实际案例等，这是道德与法治校本研修应当特别注意的内容领域。

3.专项培训

专项培训是道德与法治教师专业成长的专门渠道，也是正式培训方式，一般专项培训由教育主管部门人事部门组织。需要特别指出的是，既然专项培训称为专项，那就不能是走过场、随随便便拿一些老套的教育学、心理学应付了事，而是应有加强规划的针对性、系统性和衔接性。

从培训对象规划，专项培训一般分为新教师培训、青年教师培训、骨干教师培训、名师培训等，这类培训层次分明、内容系统，相对比较成熟。

从培训内容规划，包括找准教师发展点、确定培训对象、明确任务要求内容和方法等。对道德与法治教师而言，培训内容规划应聚焦理论知识短板和教学策略方法短板，特别是教师的时事政治学习、法治教育、实践活动方式教育应作为专项培训内容规划的重点。培训内容规划需要有调查作为基础，不能只在办公室进行。培训内容与教师需要脱节是被长期诟病的问题，主要原因是前期调查研究基础不扎实。

从培训方式方法规划，道德与法治教师培训应有更多实践元素，正如《中共中央国务院关于全面深化新时代教师队伍建设改革的意见》所指出的那样，要“创新教师思想政治工作方式方法，开辟思想政治教育新阵地，利用思想政治教育新载体，强化教师社会实践参与，推动教师充分了解党情、国情、社情、民情，增强思想政治工作的针对性和实效性”。

4.研究提升

研究提升是教师专业的高端发展之路，是教学思想理论与实践结合、转化的必要途径。研究提升包括专门课题研究、论文写作等。对于一线教师而言，研究应找准定位，坚守自己的研究主题和路径，这样的研究才有个性化，才有创造性，才有利于教师专业发展和教学个性风格的形成。本书主张道德与法治教师应多关注教学实践的具体问题、具体案例、具体方法，以点突破，以实践突破，逐步上升到理论理解和实践创新的高度。为此，教师应该通过撰写教学笔记、日记、札记的方式开展常态研究。教学笔记、日记、札记是教学研究扎根实践的表现，也是教师个性化教学风格、品质形成的重要方式，还是课题研究、论文写作的第一手资料素材。实践是研究之母，更是道德与法治教师专业发展的有效途径。

第二节　道义动机问题

德育教师从事德育不只是履行教师法定的品德教育义务，以此为德育教师的执教动机并不充分，也没有实质性地解决教师愿意进行德育实践的原因。以苏格拉底（Socrates）的道德教育实践的道义动机为参照，可以进一步挖掘德育教师愿意进行德育实践的动机。能够真正持久地使德育教师坚持德育实践的动因只可能出于道义，换言之，只有出于道德、出于正义的动机才能真正促成德育教师的德育实践。这种道义动机关乎德育教师个人对德育实践价值性、正当性的理解，是德育教师个人对德育实践的道义倾向与道义承诺，也是德育教师个人是否坚持德育实践、遵从德育理想的内生性力量。

一、以父母天然义务为动机

卢梭（Jean-Jacques Rousseau）在《论科学与文艺》中指出，科学的发展、文艺的复兴使学校教育培养了各种科学家、艺术家，但没有真正培养学生如何做人、做公民。因此，学校教育是缺乏道德教育的。在其著作《爱弥儿》中，卢梭试图打开道德教育的现代性可能，为现代社会展现了一个道德教育的范例。卢梭认为，在一个自由、民主的时代，实现其道德教育设想的关键在于是否存在合适的道德教师。这类人拥有广博的知识，具备适合其教育工作的各种才能，其才智超群，出类拔萃。但这样优秀的人愿意花时间陪伴学生成长，教化学生为人的原因，在卢梭看来，并不是一个自明的问题。换言之，让这样的卓越者愿意花精力对学生进行道德教育，合于其自由本性的理由只能是出于天然的义务。在卢梭看来，这种天然的义务就是作为父亲的义务。对于学生而言，最好的道德教师乃是他的父亲。这样的父亲受过教育、有教养，愿意做孩子的朋友，并引导其如何做人。如果父亲实在不能教，那么父亲应把教育之职托付给能胜任此职的朋友。因此，无论是父亲，还是父亲的朋友，对孩子的道德教育的职责本质上源于天然的为人父母的义务。

卢梭以为，父母天然的义务似乎解决了现代人进行道德教育的动机问题，但是这一解决方案是置于完美的家庭教育中，因而看起来更像是理想化的文学虚构，而非对现实问题的严肃回答。此外，卢梭的方案建立在家庭血缘关系上，并不能适应现代非血缘关系的学校教育制度。尽管如此，卢梭的问题意识并没有过时，反而更加激发了人们对于在非血缘的现代学校师生关系中，教师愿意对学生进行道德教育的原因的探讨。

二、以法定义务为实践动机

现代学校教育是大众化、普及性教育，对师资有巨大需求。数量如此庞大的教师群体愿意教学生道德的原因经常被认为是并非取决于教师的个人意愿，而在于每个从事教师职业的人必须履行的职业要求。许多现代教育思想家都认为，所有的学校教师都应该教学生道德。只是因学科分化和具体职责的不同，学校教师可以不同的方式进行道德教育。这也体现在教师职业的相关法律中，教师进行道德教育被确定为教师的法定义务。因此，在实践中，教师德育实践动机就表现为教师是否尽职、尽义务。

以法定义务作为教师德育实践的道义动机这一想法和做法颇有吸引力，似乎能够解决教师德育实践动机问题，主要表现在：第一，教师的德育义务作为法定义务，在法律上可强制保障实施。第二，这一做法解决了德育实践动机的道义性问题。按照康德（Kant）的立场，出于义务而行的动机具有道德上的纯粹性，是真正的道德动机。第三，教师的德育义务作为法定义务，是对所有教师提出的普遍性要求①。

因此，将法定义务设定为所有教师都应具有的动机可以适应现代教师职业的群体性特征，符合对数量众多的教师群体进行管理的需要。以法定义务作为教师德育实践的道义动机具有充分的理论根据，看起来符合现代教育的实际情况，但也因其存在一些问题，而让人们怀疑其实际可行性。在现实中，尽管教师不会否认自己有道德教育义务，但一旦让其承担德育课程的教学时，就可能出现诸如推脱、卸责的情况，难免让人怀疑上述义务论思路是否真正解决了教师德育实践动机问题，是否对教师具有实质性的约束力。因此，还需要进一步检视以法定义务作为教师德育实践道义动机的可能性。

① 高德胜，章乐，唐燕．接上童气：小学《道德与法治》统编教材研究 [M]. 北京：人民教育出版社，2019.

三、义务论实践与理论问题

以法定义务作为教师德育实践的道义动机建立在基于康德的义务论伦理学说的基础之上。康德的义务论要求人们道德行动的根据和理由必然出于义务，也就是坚定地服从自己作为理性存在者发出的道德命令。以义务作为人行动的道德动机，康德意在摒除人后天各种动机的影响，从而为人的道德行动找到绝对可靠的实践理由和动因，如此才能配得上人作为理性存在者的崇高尊严与自由意志。按照康德的理论框架，教师德育实践的道义动机就是教师完全出于道德教育的义务要求，在理解并敬重这一义务的基础上，在实践中坚定不移地履行此义务。然而，这种义务论思路遭遇了实践与理论的困局。

在实践中，义务论推行者并不能持之以恒地坚持义务论。面对现实中许多教师没有履行义务的问题，义务论推行者提出应加强教师的道德教育、法律教育，明确教师不履行义务应受到的惩罚，并采取提高教师待遇等保障措施。但是利用惩罚和提高待遇的做法来推动教师履行德育义务的动机并不是出于教师道德教育的义务，而是出于教师个人担心惩罚、渴求利益的需求。这样把教师履行义务的动机建立在了个人欲求之上，就不可避免地影响出于义务而行的这一道德动机的纯粹性。因此，这种动机很难说是道德动机。

综上所述，以义务论作为教师德育实践的道义动机的理论基础，不禁让人们怀疑义务这种排他性的道义动机是否足以解释人类世界复杂的道义动机现象，是否足以推动人们的道德实践。就理论探索而言，许多研究者已在探索道义动机新的解释框架，而不将义务论作为道义动机唯一的理论可能。以美德论为基础的追求型行为模式，其道德动机更关乎行为者对美善生活的追求，更涉及行为者的整个生活。在此基础上，人们可以探索并发展一种基于教师整体生活、基于教师对美善生活追求的道义动机理论。这种动机理论更贴近教师作为一个完整的人，在他的整体生活、个人生平情境、生命历程中，其德育实践道义动机的生发过程。

第三节　研究视野与策略

一、道德与法治课程的研究视野

道德与法治课程的研究视野既要立足课程标准、法治教育大纲和教材等文本文件的要求，如对课程教材整体体系的研究、各个领域主题的教学研究等，更要着眼于学生发展、社会发展、民族精神教育、国家意志培育等教育目的性导向需要。总体而言，主要包括课程教材、儿童立场、社会生活等方面的教育教学研究。

（一）课程教材的研究视野

课程标准、教育大纲是道德与法治教学的依据，教材则是课程标准、教育大纲的重要载体，研究课程标准、教育大纲和教材是把握课程教学的基础和前提。研究课程教材重点要有链接思维，即研究课程标准、教育大纲与教材内容体系的“链接”关系，教材在体现和表达课程标准、教育大纲方面，如何做到思想人本化、观念行为化、主题生活化，这样的研究有利于教师更好地理解和把握教材传递课程标准和教育大纲的意图与方法；研究教材与学生实际及社会生活现实的“链接”关系，这就是所谓教材的校本化研究，通过这样的研究，能够更加丰富教材的内容以及赋予教材以鲜活的生命力。

（二）儿童立场的研究视野

儿童立场的研究视野是以人为本思想方法的具体运用，不仅要研究儿童道德与法治立场观点和行为表现现状，更应该研究形成这些现状的原因、教学策略方法、观念和行为改善评估方法。儿童立场的研究有个案研究和群体样本研究两种基本方法。个案研究就是针对不同个体的道德与法治意识和行为表现进行持续的跟踪研究，从中提取具有普遍规律的教育教学方法，形成针对具体问题的教学技能，如学生社会参与指导方法等；群体研究针对某类型学生进行专门研究，以发现某类学生群体共同的问题和教育教学策略，如一年级新生的适应性研究等，并应用于道德与法治课程教学，为相应群体、环境和条件的道德与法治教学提供经验借鉴。

（三）社会生活的研究视野

道德与法治教学不局限于课本课堂，其研究亦不能局限于课本课堂，社会生活是道德与法治研究的重要视野。研究社会生活的价值主要包括丰富教学资源、联结社会生活、促进学生的社会性发展等。这方面研究集中在丰富教学资源方面。这使得课堂教学的内容更加丰富，更加具有生活性，这是道德与法治课程教学的进步。但联结社会生活、促进学生的社会性发展的研究明显不足，这表明教师的着眼点仍局限在课堂，还远没有达到课程标准所倡导的社会化教学要求，远没有将道德与法治教学植根于生活当中。用社会生活素材题材进行教学与在社会生活中教学是不同的，在社会生活中教学包括组织学生参与社会实践、学生行为习惯的社会生活记录与反馈以及与学校、社区开展的德育活动紧密衔接等。研究社会生活还包括如何发现、提取和道德与法治教学主题关联的生活素材、题材，使道德与法治课程教学与时俱进[①]。

二、道德与法治课程的研究范围

在学习中实践，在实践中研究，在研究中提升，这是教师专业成长最有效的捷径，也是提高教育教学水平的必由之路。道德与法治课程给教师带来的困难和挑战不言而喻，同时，其研究与发展的空间也较为巨大，这也给教师的发展提供了机遇和空间，走边学习、边实践、边研究的路子，困难和挑战自然就有可能转化为机遇和发展空间。其中，如何使道德与法治教学研究取得实效，助力提高教育教学质量，定好目标、选准课题、把握要求、掌握方法、展示成效非常重要。

（一）研究目的的维度

教学研究目的的定位就是研究眼界的视界，这决定了研究的品质和价值。道德与法治研究的目的主要包括以下两个维度：

第一，要有利于贯彻落实党的教育方针、德育政策育人目的和任务。课程是党的教育方针、目的、任务的载体，道德与法治课程更是如此，其意识形态属性强，具有极其重要而特殊的育人功能，是全面系统地落实社会主义核心价值观教育的主阵地、主渠道。因此，要研究道德与法治课程教学，首先必须研究党的德育方针、目的和任务，使道德与法治课程教学在研究目标设定上与党的教育方针、德育政策、育人使命保持高度一致。

第二，要有利于精准实施课程标准与法治教育纲要。在实践中，许多教师养成了只看教材而不看课程标准的习惯，这是教材观转变不足的表现，也是考试科目教学惯性使然。课程标准与法治教育纲要是道德与法治课程最精练、标准的内容呈现载体，教材只不过是对其的展示和演化，对有志于研究的教师来讲，研读课程标准和法治教育大纲是不可或缺的。在研究目的设定上，落实课程标准与法治教育纲要的理念价值和内容要求不仅体现依纲扣标的价值，而且有利于更加准确定位研究目标。

第三，要有利于促进学生道德与法治核心素养的形成，这是道德与法治教学研究的目的和归宿。其主要内容包括研究道德与法治课程的核心素养、学生的道德与法治素养状况，并形成与课程、教材教育教学的衔接点，与学生长远健康成长的连接桥，这是有效研究的起点，它要求突出正确引导和问题导向，着力解决学生道德与法

① 罗羽乔，左璜．道德与法治教师专业素养解读：论中小学道德与法治课程教师应具备的三重意识 [J]. 中小学德育，2018(11)：4-8.

治学习、发展中的困难和问题，形成有效的、可以复制和推广的教学模式及方法。

（二）研究选题的范畴

道德与法治课程的研究选题初步可以确立为思想政治素质、道德品质、法治意识、积极健康的人格和心理品质五个方面，直接关系着学生的身心、道德、人格、国家和民族精神、世界情怀的和谐发展。思想政治素质选题的内容主要包括如何引导学生形成正确的世界观、人生观、价值观，如何有效加强学生的国家认同、民族精神、社会主义核心价值观理想信念、政治素质等教育。良好的道德品质的选题内容主要包括掌握正确调整个体与他人、社会、自然的关系的准则，明善恶，辨是非，能坚守，形成正确的人际观、家庭观、集体观、社会观、自然观等。民主法治意识的选题内容主要包括培育社会主义民主平等意识，以及懂法、信法、遵法、守法、用法、护法意识与行为教育。积极健康的人格选题内容主要有养成明礼守信、与人为善的交往习惯，养成乐学善学、探索创新的学习习惯，养成热爱劳动、勤俭朴实的生活习惯。良好心理品质的选题内容包括引导形成正确的自我认知、乐观的生活态度，培育和谐的人际关系、良好的社会适应能力。

（三）研究要求与方法

第一，政策理论依据要精准，与时俱进，运用得当；第二，学术理论选择要切实，解读要独到，运用要有效，忌理论引用碎片化、标签化；第三，问题意识必须清晰并有针对性，忌无问题、伪问题；第四，强调有实践实证素材资料，忌理论与实践脱节或无实际材料佐证；第五，研究过程要完整，工具要具体，忌无过程环节的研究。

研究的基本方法能反映研究者的科学态度和研究结果的可信度，同时，研究方法本身蕴含着丰富的教育素材、题材。道德与法治常用的研究方法有个案研究、课例研究、问题研究、调查研究等。其中，个案研究主要采取跟踪研究，注重从特殊性中提取普遍性；课例研究包括优质课、实验课、探究课等课型研究，一般采取样本研究方法；问题研究是针对教学实践中发现的问题进行研究，注重从现象看本质；调查研究包括问卷调查、访谈调查、观察记录等。问卷调查力求真实性，避免导向性和无意义；访谈调查力求对象的多样性，避免主观选择性；观察记录力求现象的典型性，避免流水性和琐碎性。

（四）研究的成效方面

第一，政策理论符合党的教育方针和德育政策，体现时代精神和素质教育的核心理念，遵循学生身心发展和教育教学规律；具有教育教学理论建树，或提出自己的理论，完善发展已有理论。第二，具有实践价值，能针对道德与法治教育教学中的实际问题创造性地提出科学的思路、方法和措施，或在教学改革实践中取得特别重大突破，对教学改革实践具有重要示范作用。第三，对提高教学水平和教育质量、实现培养目标，有可观察的数据指标或材料。第四，成果影响广泛，在一定范围内有示范和辐射意义。

三、道德与法治课程的课例研究策略

课例研究是一般课程教学研究的常用方法，它直面教学活动从教学思想、逻辑体系、内容体系、方式方法到育人效果等过程，类似医学生上的临床科学，具有教学实操研究意义，是促进教师专业发展最直接、最有效的研究方法。课例研究可以是个体学习研究，但主要还是备课小组或学科教研组集体研究，特别是后者，由于有同行参与，针对性强、及时性强，是校本研究中最常用的行之有效的研究方法。

（一）道德与法治课例研究的意义

在道德与法治教学中开展课例研究有着特殊意义，主要包括以下方面：

（1）有利于深刻把握课程所要传递的德育方针政策与育人理念。课例研究作为学校有组织的专业性研究活动，站位比个体理解更高，视野比个人更开阔，通过发挥集体智慧的作用，立足国家意志，充分研究党的德育方针政策与育人理念融入课程教学的内容和方法，完整落实课程目标价值。

（2）有利于深度理解课程标准、法治教育大纲的内容要求。课程标准和大纲是道德与法治教学的总纲领、总依据，集体理解比个人理解更有宽度和深度，更能全面、系统把握课程标准和大纲的内容要求。

（3）进一步拉近教材与课堂教学的距离。道德与法治教学强调学生的思想、品德、社会性发展等教育，是一门以人而非知识为对象、以实践活动而非知识传授为教学特征的课程，教材只是教学活动的工具载体，而非教学内容的全部，特别要求对教材进行校本化加工和重塑。课例研究的重要作用之一就是针对教材在选材、篇幅、表现力、切实性、时代性等方面的不足进行与本地区、本校学生深度结合的校本化加工，合理融合地方特色文化、经济社会发展成就、时代发展重大主题，使教学活动既体现教材传递的核心价值，又能符合学生需要。

（4）探索利于共享的教学技术和方法。教学是一门艺术，道德与法治教学则是一门关于人的教学艺术，每个人的个性修养、教学方法、育人风格、技术运用等各有所长，通过课例研究这个平台，集思广益，博采众长，促进优秀教学方法和前沿教学技术共享，有利于更好地提升道德与法治教学的质量。

道德与法治课例研究的价值集中体现在六个方面，即进一步统一落实立德树人的根本任务的思想，明确贯彻党的德育目标和政策的内容方法；落实将教与学植根于儿童生活的基本理念，共同研究以人为本的教学策略；共同探索从目标设定、内容选材到活动体验的综合性实践策略；共同研究与社区实际相结合的，跟踪儿童品德与生活发展、社会性成长的有效方法；共同探索可供区域共享的优质社区教学资源，促进教学的开放性；共同探索最有效的、切合区域和学生实际的教学技术与方法。

课例研究的普遍意义同样适用于道德与法治课程，主要有三个方面，即课例研究是沟通教育理论与实践的桥梁，是教师探究教育规律的重要路径，是中小学教师开展教育科研的主要形式；撰写并研究课例具有学习意义，课例知识是教师知识结构系统不可缺少的重要组成部分；课例库是学校重要的教育教学思想财富，课例不仅是教育教学问题解决的源泉，也是教育理论的形成和发展的本源。

（二）道德与法治课例研究的内容

1.课例研究类型

从课例类型角度，道德与法治课例研究可以分为示范性、探索性、评价性、实证性、专题性五种。示范性课例研究侧重提取和分享教学经验，参与者广泛，研究目的是促进教学经验的普遍推广和应用；探索性课例研究侧重寻找教学问题解决的方法，如解决重难点、尝试新教法或针对特殊群体等，参与研究者的范围相对较小，一般局限于学科组和备课组，研究目的是探索某个特定教学内容、教学对象的教学方法；评价性课例研究主要是考察课堂教学与课程标准或法治教育大纲的达成度，通常参与研究者是专家和管理者，研究目的是衡量教师教学水平和能力状况；实证性课例研究是考察项目研究成果与教学实际的关系，参与者是课题研究组成员，研究目的是检验项目研究成果；专题性课例研究是就课程或教法中的某个专门问题组织的课例研究，如活动教学研究、对话研究、社会实践性课例研究等，一般参与者由专门的研究人员组成，研究目的是探索某类教学的规律，获取可复制传播的教学模式。

此外，道德与法治是一门综合性课程，依据课程标准内容的分类，可以分为个人、家庭、学校、社会、国家、世界六个领域课例。尽管课程教学的基本目标和价值是一定的、统一的，但不同领域的主题教学在目标设定、内容表现、教学组织、方式方法、育人价值、目的达成等方面各有不同。如个人发展主题主要包括生命与安全、个性品质、心理素质、兴趣特长、人际交往、适应能力等方面的教育，这类主题教学特别强调对教学对象的深入了解，突出教学的针对性和个性化，注重行为训练和问题解决；家庭教育主题则突出家庭角色、情感、家教、亲情等，突出与家庭教育的协同链接；社会教育主题侧重社会角色、意识、责任、社会公德、秩序等教育，强调学生的社会性发展等。因此，课例研究应针对不同教学主题分类进行专题研究，探索各种不同教学主题的教学规律与方法。

2.课例研究内容

（1）教学目标。课程的目标不是单一的，而是立体、多维的。课例研究要确定课文主题在落实国家意志、教育方针、德育政策、课程标准、法治教育大纲、社会发展、学生实际等方面的目标体系。

（2）内容处理。要全面审视课文内容与课程标准、法治教育大纲和区域、学生实际之间的关系，系统梳理、剪辑、整合、充实教学内容，将课文内容有效转化为教学对象可接受、可付诸生活实践的学习活动内容。

（3）问题解决。围绕教学主题，调查、发现学生存在的实际问题，包括普遍存在和个别突出的问题，充分考虑呈现这些问题需面对的伦理和法律问题，分析教学对这些问题可能采用的方法及解决效果，注重正向激励引导。

（4）教学思维逻辑。研究从导入、展开、深入、提升、总结教学全过程的思维关系和逻辑层次，使每个教学环节教学意图清晰，活动有效，环环相扣，贯为一体。教学思维逻辑是教学智慧的集中体现，也是学生有效学习的前提。

（5）教学活动组织。研究有必要组织活动的教学主题，分析活动的教学目的、参与范围、活动方式，总结提炼方法等。要强化活动的目的性和价值性研究，注重活动组织的适当性、可行性安排。

（6）教学评价方法。研究教学活动的过程评价和结果评价、自我评价与他人、集体评价等办法，以评价方法和结果的教育价值为导向，重点研究评价语言运用、标准分层、方法选择。通过评价促进学生多样化、个性化发展。

3.课例研究观测

观察一节道德与法治课应掌握必要的信息观察点，以全面、有效地把握一节课的典型经验、创新亮点及问题与不足，这也就是平常用到的课堂教学评价表。但常规课堂教学评价表中的内容往往面面俱到，平铺直叙，缺乏个性化、突破性观察视角和维度。因此，这里重点列出考量一节道德与法治课程的若干观测信息源，以提高课例研究的直观性、针对性。具体包括以下方面：

（1）教学思想政治观点观测。道德与法治课程教学十分注重思想政治观点引领的正确性。因此，教学中思想政治观点的把握是首要观测点，具体表现为教学中是否有机融入国家思想政治教育政策，一些政策理论观点的表述是否精准到位，学生思想指导和引领是否紧扣政策要求等。观测源于教师教学语言表述。

（2）教学内容观测。一般道德与法治课程需要对教学内容进行重组、裁剪、充实，以便更好地适应教学对象的实际需要。因此，教学内容观测不仅是看教材，更要看教材与教学的实际链接状况。教学内容的观测重点是教学内容是否紧扣课程内容标准和法治教育大纲，是否有机对接区域和学生实际，内容疏密、难易、先后等是否得当等。观测源于课程标准、法治教育大纲、教材、教案、教学实录。

（3）教师教学行为观测。明确包括教学语言、教学态度、师生关系等方面。以教学语言为例，重点可观测教学过程中教师与学生的语言行为分布及学习效果，如教师的提示、指示、提问、评价表达、对学生的应答等，分类统计各种教学语言行为发生的次数，可分列解读性语言、指导性语言、启发性用语、激励性用语、反思性用语来进行系统分析。再比如教学态度的观测，一般而言，教学语气语态能够反映教师对教学理念的理解程度、教学内容的把握程度以及与学生的沟通合作意愿，不同课文，教学主题、教学态度应有不同表现，如个性心理品质主题的教学态度应该以亲和为主，爱国主义主题的教学应该以热烈为主，法治教育主题的教学应该以理性态度为主等。

（4）教学组织活动效率观测。这主要是指教学过程中教师组织教学的效果状态。如教学环节的层次与逻辑活动组织的频率与效度、主题拓展的匹配度和切实性、学生情绪的调动与态度价值观发展指导、知识与情感态度价值观和行为能力的关联度、学生个体发展及教育的示范意义等。观测信息源于课堂观察。

（三）道德与法治课例研究的程序与方法

1.课例研究一般程序

课例研究的一般程序由四个环节组成：一是综合分析环节，围绕课文教学主题，综合分析课程标准、法治教育大纲、教材、区域特色、社会现实、学生实际方面，确定重组、优化教学主题的基本思路和方案；二是教学设计环节，包括教材内容优化重组、课件制作、活动设计与准备等；三是教学实施环节，课前要准备好相关课堂观察表、教学信息收集要求、学生问卷或谈话要点等；四是教学反思与总结环节，包括执教者的反思总结、备课组集体反思总结，最终形成课例研究报告，提炼经验，发现需要进一步改善的问题。这四个环节是一个单循环程序，有必要的话，可针对课例教学中的问题采取反复循环的方式持续开展课例研究，获取更多、更全面的教学经验，不断提高教学质量和育人效果。

2.互联网环境下的课例研究

在互联网信息化环境下，课例研究出现了新模态，主要是通过互联网平台开展课例教学与研究。借助互联网平台的课例研究在内容、程序、方法、价值等方面与传统课例研究大同小异，只不过扩大了课例研究参与人群和影响，使教学经验在更广泛的范围内实现共享、共研、共同创新发展。

（四）道德与法治课例研究的成果表达

课例研究成果除教学课例、研究报告最直接的成果，还可以衍生出教学设计、教学论文、课题研究等丰富多样的成果形式。

1.教学设计研究成果方式

从内涵上讲，教学设计都是事先构想的教学思路和具体的教学措施、步骤，写在“教”之前；而课例是对已发生的教育过程或事件的记录和反思，写在“教”之后。从写作上看，教学设计更倾向说明，通常课例采用夹叙夹议的手法展示教学过程。在实践中，如果教师混淆了教学课例与教学设计成果的呈现方式，就会影响课例研究效果的表达。

教学设计不单纯是一个教学目标任务、思路结构、方法流程的文本性表述，而且是先进教学思想、学科课程宗旨、理解儿童的程度、连接社会生活的效度、有效教学策略、灵活教学技能等的综合反映。小学品德课的教学设计要以儿童品德行为习惯的养成及其社会性发展为出发点，将教学主题作为连接儿童与社会生活、个性发展与社会规范遵循的纽带，创新适合儿童道德心理认知和发展规律的教学策略、技法及艺术。纵观教学设计文本结构，大体有以下方式：

（1）课堂教学实录式。这种表达显然是课后记录，不是教学设计的表现方式。但不少教师把它当作教学设计，也有教师的教学设计就是这种模式，其突出的不足是课还没有教，教师无法确定学生如何回答、如何表现。对于课堂教学实录式，有两个问题值得追问：一是在教学思想上，课还没有上，教师如何准确地预判学生怎样回答；二是在教学形式上，这种“设计”是否容易导致满堂问、满堂答的单调的课堂局面，这类与教学实录混淆的教学设计只能反映教师的主观意愿，意在表演而不在教学，意在完成课堂时间而不准备与学生真实对话沟通。尽管课堂教学实录式教学设计已被大多数教师淘汰，但其所反映出来的僵化的教学思想仍然值得注意。

（2）教学流程勾勒式。虽然这种教学设计在很大程度上体现了教师主导、学生主体的教学思想，也是寓教学于活动中的一种设计方式，但是其背后的备课功夫却是十分充足的。这种教学流程勾勒式设计相当流行，对于厘清教学思维和教学逻辑有很大的辅助作用。特别是对于知识性课程教学而言，虽然这种设计对于把握教学难易、深浅梯度有很好的调控作用，但对于基于人格、道德、心理、社会性发展的道德与法治课程而言，这种机械的教学流程设计还不能完整、有效地表现道德与法治教学机制、教学反应和指导跟踪的多样化的可能，也不可能有效对应学生道德行为习惯的个性化表现。虽然此类教学设计对于教师总体把握道德与法治教学主题演绎的逻辑、程序有一定作用，但不能生动地、有空间地表现道德与法治课程教学设计的灵活性和多样性。因此，此类教学设计作为辅助可以，但不能成为道德与法治课程教学设计的主流方法，最多能成为教师厘清教学思维逻辑的基础性工作。

（3）教学活动说明式。教学活动说明式将教师教学设计过程与设计意图挂起钩来，用以表达教师的教学思想。教学活动说明式表述了教师应该怎样做，而且对这种做法的教学意图进行了解释，相对于前面两种而言，这种教学设计无疑是一种很大的进步，至少有教学思想和教学目的贯穿的意义。但突出教学意图从另一个侧面表达教师只是课堂教学的主导、掌控者角色，对学生主动学习、活动预留的空间显得关注不够、留空不足。显示这种教学设计方法在理念上尚未完全体现学生主体地位价值，换言之，教学设计还没有把充分研究学生作为设计的前提和基础。因此，这类教学设计方式不是现代以人为本、学生主体、活动主导、能力培养导向的教学设计方法。

（4）教学活动预设式。这种教学设计方法突出的思想是预设，在充分预设学生个性化的表现、表达和行为的基础上设计教学活动，是一种真正以人为本、眼中有学生的教学设计方法。在具体行文中表现为表格式和文本式两种。教学活动预设式是品德与生活、品德与社会最为合适的教学设计形式，理由有三方面：一是这种设计将教师的教学思想以设计意图的方式展示出来，充分表达了教师教学的思想和理念；二是传承教学的逻辑性和层次性，将教学过程清晰地表达出来；三是充分考虑儿童品德及社会性发展状况多样性、个性化的多种可能，设计学生必要的行为和可能的作为，但不固定化模式化，给学生活动、教师反应、跟踪留足空间。因此，这类设计是值得提倡推广的方式。

2.优秀教学课例评价标准

一节优秀的道德与法治教学课至少应体现以下五个标准：

（1）教学思想要突出先进性。教学要深刻体现国家意志、社会主义核心价值观；能以人为本，尊重学生个体人格；珍视童年价值，遵循学生身心发展规律；注重社会生活体验，密切联系学生行为习惯与经济社会发展实际，这是强化国家意志、生活德育、人本德育、实践德育等理念在教学实践中的反映。

（2）教学情感要讲求真切性。教学情感的真切性是道德与法治课程成功的内在因素，也是道德与法治课程与其他课程的区别所在。一个字词、一个数学公式可能不太强调情感色彩，但人格、品格、品德、行为习惯引导却离不开情感的表达和投入。

（3）教学过程要注重生成性。道德与法治课程的教学对象是人的品格、思想和寓于日常生活之中的行为习惯，这就更强调教学活动必须及时、有效地呼应学生的问题和反应，而不能照本宣科，这就是道德与法治课程教学过程及策略的生成性，亦即课程的教学机制。及时呼应和跟踪学生的反应是道德与法治课程教学的又一个特殊性，它与知识性课程教学的系统性、组织性、逻辑性形成反差。道德与法治课程不强调教学流程的完整性，而是强调对学生品德行为习惯问题的针对性、真实性以及正确引导的艺术性、深刻性和有效性。道德与法治课程教学过程的生成性意义大于它的教学形式和氛围营造的意义，是课程的真实原形和本质追求。

（4）教学导向要引领行为习惯。道德与法治课程教学要有利于内化为学生的思想，同时，更应当注重这种思想向行为习惯养成的转化。教学的行为习惯养成性导向是道德与法治课成功的要诀。依标扣本，连接生活；关注细节，注重训练；厚植思想，导向行为，是道德与法治课程有效教学、优质教学的重要表征。

（5）教学视野要有广博性。要能将儿童立场、生活空间、社会视野、世界意识有机统一起来，使学生的人格养成立足于社会性发展、民族国家精神培育和世界意识教育的基础之上。人格与道德培育不仅要有传承优秀传统文化的国民性诉求，在世界经济一体化背景下，还必须强调世界意识及品格的养成。通过有趣的德育素材的合理引用，使学生感受尊重、理解、认同的人格品质的魅力，使得个性品质教育的课例同样具有国际意识教育功能。道德与法治教学视野的国际性是课程开放性教学的要求，代表了课程育人价值的新追求、新方向，需要进一步大胆实践，积极创新。

3.教学论文写作特点与实践

教学论文应具有“三实”的特点，懂得规避“四忌”。所谓“三实”：一是实践。教学论文的主题思想应来自教学与研究实践，并具有一定的普遍指导和启发意义。二是实在。教学论文选点要实，能起到点上突破、创新引领的效果。对一线教师而言，教学论文的写作具有个性化实践、研究的特点，因此，要求所有教学论文能在广泛的领域发挥全面、系统、整体的引领和突破作用是不现实的，而能够在选题视角、实践策略、示范教学、思想理论提升等方面有所突破和创新就十分难能可贵了。三是实用。教学论文必须能指引教学实践操作，即在教学设计策略、思路建构、方法选择等方面给其他教师以可资借鉴的模式。以“磨课促成长”的教研方式为例，主要分为以下方面：

（1）课前“磨”采集。让问题成为品德课堂教学的起点。品德课堂教学是否有效在很大程度上取决于课堂教学活动是否有针对性，是否针对真实存在于学生之中的问题。而课前采集便是发现学生问题的有效途径。简单而言，课前采集就是指学生在教师的指导下自主找寻与课堂学习主题相关的学习素材。在采集过程中，学生可以用自己喜欢和熟悉的方式去感受现实生活，收集学习资源，教师则借助采集表，发现存在于学生生活中的共性、有代表性的问题与困惑，再紧扣这一问题有针对性地展开教学，让问题成为品德课堂教学的起点。

首先，采集表要设计为匿名填写，采集表的收集方式也应该是以尊重学生的隐私为前提，让学生勇于真实填写采集信息，这样才能确保采集的有效性。其次，采集的方式要尽量符合学生的年龄特征，简单易行，以不加重学生的学业负担为准。有时候，采集就可以在课堂上完成。通过这一采集表，教师能了解初次见面的学生的丰富生活，并捕捉到涉及学习主题的真实问题。

此外，采集的信息可以适当加工，发掘的问题突出共性。所谓适当的加工，可以是将学生表达不够简洁准确之处加以梳理，更可以是将存在于不同生活情境中的不同个案的问题加以提炼和融合，让问题更为集中，能够引起大部分学生的共鸣。

（2）课堂“磨”互动。让真诚有效的互动提升师生成长的智慧。教师们每次试讲都会对学生做课前采集，了解学生共性的问题，但课堂上总是有学生的反馈出乎教师的预设，于是老师们开始有针对性地学习。阅读名家的课堂实录，揣摩大师们处理课堂生成的艺术；分小组进行课堂模拟，预设学生可能的发言，设计开放式的教师评价语。最后，大家得出一致看法，尊重学生、关注学生的学习状态才是上好一节课程的根本，在品德课堂活动过程中，教师亦是学习的主体，应通过追问、分享、等待等多种形式与学生真诚互动，唤醒学生的生活经历，提升学生的学习经验，将道德认知内化为道德行为。

在课堂上，教师通过提问唤醒学生真实的生活经历，让学生的发言触动自己的内心极其重要。但教师的作用并不止于此，还应该敏锐地捕捉学生发言中的关键点，并通过追问的方式帮助学生厘清思路，引导学生思考并表达，促进交流话题向深度展开。

在品德课堂中，教师也是一名学习者，与学生同为双主体，但教师并不等同学生，其榜样及引领作用不可忽视。因此，在学习过程中，教师主动参与讨论，适时分享自己的生活经历，对于学生而言，既是一种有效的示范，又能够激发学生内心的情感共鸣，让教学情感得以升华。

课堂上总会有学生发出“不一样的声音”，这种声音往往是我们预料之外的。大多数教师遇到这样的情况，更多的是选择回避。其实，这“不一样的声音”往往代表了学生最真实的想法，教师要做的首先应该是尊重，尊重每一个真实的声音，允许不完美的表达，等待学生阶段性地达成目标。针对如何与学生有效互动展开的磨课活动让一线的品德教师面对学生时更加从容。

（3）课后“磨”评价。让过程性的评价促进学生道德行为的养成。在品德课堂教学过程中，关注学生的学习过程，强调学生评价的主体性，让评价成为一种有效的指引、一种及时的诊断、一种正确价值观的浸润，让评价促进学生道德行为的养成。

①评价的内容紧扣教学主题。评价是为教学服务的，是实现课堂教学目标的有力支撑。因此，评价的内容应紧扣教学主题，成为教学的一部分，有效促进学生道德行为的养成。在执教《让我们的教室更整洁》一课时，教师可将评价的内容浓缩为“静”和“净”两个字，与教学主题有机吻合。在组织学生整理桌面的过程中，教师发现了整理得特别干净的同学，就给他们组在“净”字下面贴上了一颗“整洁星”；在学生清理地面的过程中，教师发现有一个小组的学生一完成自己的任务就坐在自己的座位上静静地等待，于是教师大声地表扬了他们的行为，并给他们组在“静”字下面贴上一颗“文明星”。这种紧扣教学主题的评价与教学活动相得益彰，是一种正确价值观的浸润。

②评价的方式充分尊重学生。从心理学进行分析，学生对教师存有许多心理的期望，期望教师对自己的关心、尊重，也包括期望教师对自己的肯定和恰如其分的评价。评价方式的选择要充分尊重学生，用恰当、合适、为学生所接纳的方式评价学生。学生的想法得到了充分的认可，那么评价便会成为一种快乐的体验。

③评价的过程力求全员参与。在传统的品德课堂上，即时评价更多的只是表现为教师对学生的评价，学生对自我的认识就会被局限在教师个人的观点上。课堂要强调学生和教师的双主体作用，评价的主体不仅是教师，还有学生，评价关系不仅建立在师生之间，还建立在生生之间、组群之间。这种立体互动的评价关系不仅能够有效促进课堂教学即时评价的科学性，还能帮助学生形成一定的思辨能力和价值取向。

磨课更新了教师的教学理念，提升了教师的教学水平，改变了学生的学习方式，“磨”就是最适合一线品德学科教师专业成长的新方式。同时，道德与法治教学论文还应规避“四忌”：一忌空，即论题定位无边无际，论述多以口号、观念进行推演。这类论文既没有自己的思想，也没有对已有思想推陈出新，应当尽力规避。二忌偏，即观点偏失。观点偏失多表现为主观推断、以偏概全、缺乏有效数据材料的佐证，它提示人们品德课程论文写作必须遵循客观、实事求是的科学态度，避免主观臆断。三忌旧，即观念陈旧。教学研究不宜随波逐流，既要积极学习新理念、新思想，又要有自己的思考和发展定力。因此，教学论文的写作必须充分了解已有的最新成果，分析还有哪些方面需要进一步改革和深化，在这个基础上的研究才有“新”的可能。四忌散，即只有事实而无归纳。一些论文陈述许多素材和教学案例，基本没有归纳分析或是以词不达意的只言片语作为观点。散的对立面是聚，论文所选用的素材和案例应该提升到一定的教学思想、意识和观念上来，使素材、案例与教学思想、观点融为一体。

（五）道德与法治课例研究与教师专业发展

课例研究对促进教师专业发展起着直接的、综合性的影响和作用，借助课例研究这个途径和载体，教师应积极主动地自我规划，学校应创新工作机制，激励教师在多方面实现自我发展。

（1）教师应自觉将党的教育方针、德育政策、专业理论知识、课程标准和法治教育大纲的理解融入课例研究过程，在一段时期内，选择一种或几种能够解决自己在教学中的困惑，总结自己教学经验的专业理论，认真地进行课例研究的学习与实践，并在课例研究和教学实践中进行尝试、修正、提升，力图实现专业理论的自我化。

（2）主动吸纳课例研究经验成果，自觉反思自己的教学理念、教学行为和教学风格，与他人进行比照，培养自己的研究意识，掌握必要的研究技能，发展自己的教学风格和特色。

（3）教师要勇于学习、吸收和接纳新教育思想和新主张，敢于在教学实践中尝试各种新理念和新方法。只有这样，才能与时俱进，常教常新，不断取得新发展、新突破。

（4）学校要创新机制体制和管理方式，让教师群体成为课例研究共同体。鼓励同一学科内、相关学科间的教师之间相互帮助和支持，建立同质、异质不同类型、层级的课例研究小组，致力于建设学习型组织，促进教师在合作中共同提高。

（5）为了引导教师将课例研究常态化、制度化、规范化，学校应出台一系列维持和肯定教师创造性劳动的管理政策，诸如理论学习制度、听课说课制度、研讨制度、奖励制度、考核制度等，使课例研究成为学校的一种学习和研究文化，沉淀为学校宝贵的教育财富。

道德与法治教育不仅是一门课程，而且是学校德育工作的重要组成部分，是系统、科学、持续的学校德育工作主体。对德育课程重视与否，实质上是对德育工作重视与否的风向标。要完善德育制度，落实德育责任，加强德育环境建设，强化实施监管。应加强整合，充实和拓展学校德育管理机构的职能，使之成为班主任工作、学生日常管理、团队教育、德育课程实施的总领班、总统筹。应强化、细化、生活化学校德育工作责任；要注重学校、家庭、社会协同发力，建设有实际教育意义的家校协同机制和德育社会实践基地；要改进德育工作及德育课程实施方法，多采用实践、体验、感受、参观、访谈、调查等办法，使学生在其中有道德教育的获得感、满足感、成就感，也要加大教师培养和专业发展力度。

第六章　道德与法治课程的教学评价

道德与法治课程对促进学生健全人格养成、良好品德和行为习惯培养、健康生活方式与能力形成、社会性发展和公民素质奠基等有重要意义，道德与法治课程的教学评价对课程建设非常重要。本章重点探讨道德与法治课程的评价原理、道德与法治课程的教学评价内容与策略、学校德育类教学评价的经验与启示。

第一节　道德与法治课程的评价原理

教学评价不仅是课程与教学改革质量的检测、评估手段，以及学生学业和综合素质发展的检测、评估手段，在一定意义上也是规范教学内容、引领教学改革发展、推进实践创新的重要抓手，历来备受关注。德育课程与教学的评价是教育改革、学生发展的重要聚焦点之一。建构适合教育立德树人根本任务要求和社会主义核心价值观教育，适合课程性质特点，促进学生道德与法治教育的评价体系，是道德与法治课程需要面临的任务。

一、道德与法治课程的特殊性

道德与法治课程是关于学生生活能力、社会性发展、良好行为习惯养成及其人文综合素质和思想品德培养的综合性课程，与一般以科学知识为主体的课程相比，在教学目标定位、教学对象认知、教学内容选择、教学方法技巧运用等方面有其显著的特殊性，这种特殊性决定了其评价目的、价值、手段、方法的与众不同。课程在教学目标设定、教学对象认知、教学内容选择、教学方法技巧等方面的特殊性决定了其教学评价的特殊要求，决定了课程评价不可能照搬既定的教科书而以本为纲，不可能定制统一的标尺衡量学生社会性的差异性发展，更不可能对发展变化中的人格与道德养成用十分明晰的区分加以鉴定。个性化、发展性、过程性、整体性、行为性评价是课程评价策略和机制建构的选择，这样，课程的评价就不具备一般意义上评价的标尺和甄别价值，评价的约束力、引导力、效力的软弱乏力和模糊性反过来制约了课程实施，直接削弱了课程的目标和价值。

二、道德与法治课程的评价目的

在教学总目标上，品德与生活课程旨在培养具有良好品德和行为习惯、乐于探究、热爱生活的儿童；品德与社会课程旨在培养学生的良好品德，促进学生的社会性发展，为学生认识社会、参与社会、适应社会，成为具有爱心、责任心、良好行为习惯和个性品质的公民奠定基础。课程要以社会主义核心价值观为引领，普及法治知识，养成守法意识，使学生了解、掌握个人成长和参与社会生活必需的法律常识和制度，明晰行为规则，自觉遵法、守法；规范行为习惯，培育法治观念，增强学生依法规范自身行为、分辨是非、运用法律方法维护自身权益、通过法律途径参与国家和社会生活的意识和能力；践行法治理念，树立法治信仰，引导学生参与法治实践，形成对社会主义法治道路的价值认同、制度认同，成为社会主义法治的忠实崇尚者、自觉遵守者、坚定捍卫者。

在评价目的定位上，需要激励每个儿童的发展，促进每个儿童的品德发展与生活能力提升，这个目的意图将评价的重点确定为儿童品德和个性修养的个性化、多样化发展。要积极促进学生发展，全面了解和掌握学生在道德和社会认知、判断、行为以及发现和解决问题等方面的能力，以帮助教师改进教学，提高教学的实效性，保证课程目标的实现。显然，道德与法治课程的评价目的直指人的发展，人的道德与社会性发展是评价内容的主体。由于人的道德与社会性发展具有反复性、内生性、个性化等特点，因此统一性评价并不适合课程。与一般知识性课程相比，课程的教育教学目标不在于使学生能掌握、识记多少价值观、社会规范和生活常识，而在于他们价值观的内化程度、社会规范的践行状态和生活常识的运用状况。

因此，在评价目标导向上，课程以学生道德、法治意识和行为的动态发展为对象，以激励和引导他们形成良好的道德和行为习惯，奠基初步的人文知识素养，促进其良性社会性发展为评价目标。这就使得课程评价必须与一般知识性学科评价以掌握学科知识内容体系为主要目标，注重知识内容体系的阶梯性、阶段性鉴定等特点完全区别开来，探索符合学生道德与社会性发展的评价机制和策略。

三、道德与法治课程的评价依据

教学对象的实际情况是选择评价策略的重要依据。学生道德与法治意识和行为习惯发展评价更应关注教学对象的个性心理特征及其成长环境，使评价更具有针对性和积极性。在教学对象的认知上，人的道德与法治意识和行为习惯发展的复杂性是课程实施与评价的认知原点。一个人的道德与法治意识和行为习惯的发展进程较为复杂，一方面受制于家庭环境的影响，更广泛受制于同伴、区域文化乃至世界变化的影响；另一方面，学生道德与法治意识和行为习惯的养成、价值观倾向已经打上了家庭、个体生活经历、区域社会习俗、文化等的印记，课程的实施就是力图使这种印记朝着良性、正向的方面发展①。

因此，学校、课程、教科书的影响只有在深度融汇个体的心理人格特征、家庭、社区和世界变化诸要素的背景下才能发挥更好的引导作用。教学对象的道德与法治意识和行为习惯发展的特点决定了课程教学评价必须放置于丰富的、鲜活的社会生活领域，必须充分考虑儿童已有的道德体验、生活经验和文化底蕴，必须综合考察教学对象的学习表现与生活表现之间的联系，而不能从教条出发，探索建立认知和操行相统一、综合性和简约性相统一、显性表现和隐性品质相统一的多元、开放、整体性的评价机制和方式。

基于课程内容的综合性、生活性、实践性、开放性以及课程内容呈现的原则性、理念性、观念性等特点，课程教学评价要尽可能将抽象的课程内容转换为学生具体的道德行为习惯和社会体验行动，并以学生的行为表现所反映的课程内容要求作为评价的内容。这一点也是课程与一般知识性课程在评价内容方面最大的区别，它表明课程的内容不是静止的、固化的、教条的知识，而是动态的、个性化的、内化生成的品德行为习惯和社会性发展状态。这就要求课程的评价在内容选择上必须跳出认知、记忆等书面、表象化的评价方式，及时跟踪学生的日常行为表现并加以评价；必须转变终结性、甄别性的评价价值取向，寻找常规的、发展性、过程性的评价策略和机制。

四、道德与法治课程的教师评价

教学方法技巧是教师教育教学理念、思想及其对课程价值把握的直观反映，直接影响学生的习得，是教师实施课程教学最直观的评价视点。教师在教学活动中与学生共同成长是课程的一个特殊性，课程的教学活动评价不仅具有教师评价意义，也从另一个侧面反映出儿童道德与法治意识和行为习惯的发展状况，因此，评价教师教学技能和过程应该与评价学生的学习策略和效果在教育价值上高度统一起来。要把了解儿童作为教学的基础，创设多样化情境，拓展教学时空，有效组织适宜的教学活动等。活动教学、实践教学、体验教学等是课程教学的主要形式，这与一般知识性、技能性学科传统的讲、练、记、用的教学模式不同。对教师教学活动的评价显然不能简单停留在活动形式上，而是要深层次关注贯穿教学活动中的教学思

① 钟守权．传承与发展：道德与法治课程教学初论 [M]. 广州：广东高等教育出版社，2018.

想、德育理念、人生观、价值观、世界观，特别是要关注其与学生道德发展需要、社会生活需要、情感需要等的关联度，关注其对学生道德与法治意识和行为习惯发展的教育成效。

第二节　道德与法治课程的教学评价内容与策略

对课程教学评价的理想诉求，道德与法治课程的相关课程标准有专门的建议。在评价价值取向上，道德与法治均强调评价的过程性、激励性、发展性、开放性、整体性等原则。但由于评价目标的发展性、评价内容的不确定性及不稳定性，课程标准对评价的建议仅停留于理想设计层面，与实操距离较远。

一、道德与法治课程评价的主要内容

道德与法治课程的评价内容主要有三个方面：一是把单元主题与儿童的个性特点结合起来，要求教师在评价儿童学习的时候，既要关注所有儿童都要达到的共同目标，又要关注不同儿童对该主题的独特表现和各自不同的优势；二是既关注目标及内容的整体性，又有所侧重、突出重点，要求教师在确定一定主题学习的评价目标时，既要关注目标的整体性，又要避免平均主义，要根据主题的性质和特点突出重点目标；三是把预设目标和活动的生成性结合起来，要求教师既要关注活动的既定目标，又不应拘泥于此，应充分重视活动的生成性和儿童的实际表现，把预设与生成结合起来。

道德与法治课程的评价内容还主要包括学习态度、学习能力和方法、学习结果三个方面。其中，学习态度包括学生在学习过程中主动参与和完成学习任务的态度；学习能力和方法包括学习中观察、探究、思考、表达，收集、整理、分析资料的能力和方法，以及与他人合作完成学习任务的能力等；学习结果即完成学习任务的质量和进步程度。评价内容要紧扣人的道德与社会性发展而展开，并以态度、方法、能力、进步程度为主要评价标尺。评价标尺的抽象化、软性等特征也为课程教学评价提供了创新的空间。

二、道德与法治课程评价的总体方法

课程评价目的和方法的特殊性决定了课程评价方法的特殊性。课程评价方法主要有观察、访谈、问卷、成长资料袋评价、儿童作品分析等；主要评价方法包括观察记录、描述性评语、达成水平评价、作品评价、学生自评与互评等。其中，除了

达成水平评价是以学年及单元的知识与技能目标为基准，通过纸笔测验、考试等方式进行评价，其他评价方法基本属于抽象的质性评价。而且即便是具有量化特征的达成性水平评价，课程标准也特别强调课程不排除纸笔测试方式，但反对考查死记硬背的知识或刻意追求难度以及将学生的品德用卷面成绩衡量的做法。尽管如此，问卷、成长记录袋、作品分析等评价方法的引入似乎让课程评价有了具体的抓手，但由于整体评价过程的烦琐、不稳定性、不确定性等特征，课程评价难以有效落在实处，难以发挥效果。

三、道德与法治课堂教学评价的意义

课堂教学评价的意义在于指引教师全面理解本课程的教育目标和价值，采用适合本课程性质和特点的教学方法，创新教学方法和手段，提高教学实效，主要包括以下方面：

首先，在评价目标上，突出本课程对于学生道德与社会性发展目标，不刻意追求如知识性课程那样对知识的理解、识记。由于本课程教师大都兼职语文、数学、英语等课程教学，习惯采用以知识点为目标、以分数为评价标尺的考试考核方式，如何实现由直观、量化、可感的“知识性”考试考核转向抽象、质性、过程性的道德与社会性发展评价，主要是解决对课程的认知、对儿童道德与社会性发展规律的认识和把握问题。

其次，在评价内容上，道德与社会知识点不是本课程评价的主要内容，学生道德与法治意识和行为习惯发展的过程状态、进步程度、稳定程度、内化程度等才是本课程评价的主题。围绕这个评价主题，课堂教学评价的关注点在于教师对学生道德与法治意识和行为习惯发展的了解程度，教学内容与学生道德和社会性发展状态的吻合、匹配程度以及教师教学指引的正向性、针对性和个性化等。特别强调教学材料整合、引用是否能够贴近学生、贴近生活、贴近社会，这也是本课程教育目标和价值的综合反映。

最后，在评价策略和方法上，本课程教学评价突出师生、学生之间的互动，突出课堂体验和实践互动，突出学生参与、行动的广度与有效性，突出引领和解决学生道德与社会性发展困境的有效性。这四个突出体现了本课程的生活性、活动性、开放性、实践性等特征，也体现了教师对学生道德与社会性发展的关注程度，而不是对课本知识、道德原理解读的准确性。教师教学的情感状态、与学生对话交流的用心状态、教师对学生个性发展的把握状态等是本课程教师教学评价特殊的关注点[①]。

① 武道保．核心素养导向下小学道德与法治课程的生活化教学分析 [J]. 公关世界，2020 (22)：93-94.

课堂教学评价的特殊意义有四点：第一，在评价对象上，本课程教学评价的对象是学生发展，而非知识系统。这一特点决定了课堂上学生的状态是本课程教学评价的主体参照系。第二，在评价主导思想和内容上，教师示范、引领、指导的正向性，即是否符合社会主义核心价值观教育要求，是否体现民族优秀传统文化价值取向，是否具有鲜明的时代性特征，是否符合学生未来发展、终身发展的需要等，是评价内容的重要坐标。第三，在教学效果评价上，教学促使学生情感激发、体验内化、行为转化等，是本课程教学效果的直观衡量标尺。第四，由于本课程教学指向道德与社会性发展，而这一内容处于动态的、不断发展的状态，其中包括教师本身在教学过程中的道德与社会性发展，而且这些发展是与学生共同启发发展的。因此，教师是否能在与学生的互动中共同发展，亦即传统教学所指的教学相长，是本课程教学评价的重要参考指标。在一定意义上，本课程教学评价不仅针对教师，而且针对师生共同发展；不仅评价教师教学绩效，同时也是评价学生学习的重要路径。

四、道德与法治课堂教学评价策略

基于本课程评价的基本原理，本课程课堂教学评价的主要策略由质性评价和量化评价两部分组成。质性评价注重教学过程的整体状态、效果评价；量化评价则侧重具体教学行为效果状态。道德与法治课堂教学综合评价分数分配见表6-1[①]。

6-1　道德与法治课堂教学综合评价分数分配

项目	指标
教学目标（10分）	符合课标要求，注重多维目标的整合。（6分） 符合学生实际，目标具体，有针对性。（4分）
教学内容过程（50分）	教学思维：逻辑性强，教学环节设计合理，链接有序。（10分） 教学内容：科学准确，主题鲜明，选材得当，贴近儿童生活经验，符合儿童认知心理。容量适度，主次分明。（10分） 教学方式方法：体现兴趣激发、示范引领、行为训练、情感烘托、知识技能领会、品德内化等基本法则。体现生活性、活动性、开放性特点，并合理使用现代教育技术手段。（10分） 教学评价：适时中肯，善用鼓励，有利于调动全体学生积极参与。个性化评价与全体发展相得益彰。（10分） 学生发展：兴趣浓厚，思维活跃，有感悟，能质疑问难，有探究发现，各层次学生均学有所得。（10分）

① 钟守权．传承与发展：道德与法治课程教学初论 [M]. 广州：广东高等教育出版社，2018.

续 表

项目	指标
教学基本素养（15分）	教学理念以学生为本，生活性、开放性与综合性统一协调。（5分） 教态有亲和力，观点正确，言语生动，有感染力。（3分） 能创造性地使用教材，开发和利用课程资源。（4分） 能有效捕捉生成教育资源，及时呼应学生的反应，体现教学机制。（3分）
教学特色与创新（10分）	在教学方法、教学语言、情感激发、知识广泛性运用、活动设计与组织、教材内容整合等方面有独到之处。（5分） 在情感沟通、教学组织、资源开发运用、社会生活感悟、行为引导等方面有创意。（5分）
教学综合评价（15分）	过程性分段目标实现效果好。（4分） 总目标达成建立在分段目标的基础之上，效果明显。（8分） 目标达成效果表达有艺术性，有利于持续驱动学生的品德行为和社会性良好发展。（3分）

评价实施可以遵循的原则包括：①导向性和自主性相统一原则。它要求既要有教师的引导，也要有学生的自主选择，一般而言，低年级多一些引导，高年级多一些自主选择。②多元性评价与激励性评价相一致原则。它既要重视多元角度、多元主体的评价，更要重视评价生产的激励效果。③循序渐进原则。它指既要重视实践过程符合科学，也要关注儿童在学习过程中的差异和适应程度。自主评价、互助评价是一个内化以及内外相互促进、融合的过程。

首先，简约实用。简约实用是指评价过程、方法更加简捷、明了，具有可操作性。现行的多种评价模式，要么过于粗线条，不能准确、客观、全面地反映学生的品德和社会性成长状态，要么过于烦琐、费劲，实操性不足。要在研究对变化中的、个性化的、多方面的品德与社会性发展面貌进行汇总分析的基础上，抽象出最为核心的发展指标作为评价标尺，使学生的品德与社会性发展状态能够简约而直观地展现出来。

其次，标准明晰。标准明晰是指评价内容标准能看得见、摸得着，并且有一定鉴别力。这个评价标准不能像知识学科那样只针对课本知识，主要应该针对学生的品德和社会性发展状态，要针对人而非知识，针对行为表现而非知识记忆。

最后，可信度高。评价要能真实反映学生的品德与社会性发展状态，抓住学生品德与社会性发展的关键的、标志性的指标，这是评价可信度的基础。有了评价的可信度，才谈得上有效激励，才能引导学生了解自己在品德与社会性发展方面的成绩、优势和需要克服的问题。

第三节　学校德育类教学评价的经验与启示

一、超越学科边界的评语评价

评语评价历史悠久，是学校、班级对学生以道德品质为核心的综合性评价方式，也是课程评价的重要形式。从表面而言，虽然这种评价超越了本学科的边界，其内容包括了对学生的学习生活态度、行为习惯、道德品质等进行描述性评价，但课程实施的主体是班主任，实施的方法不仅是课程学习，还包括与课程教学相关联的德育教育、班队活动、专题教育、社会实践等方面，因此，在这个意义上，将评语评价纳入课程学生学习发展评价是合理的。尽管评语评价的内容是品德综合课程的基本范畴，但这种评价往往作为学校或班级教育的综合评价，其与学生的德育课程学习没有直接的、显性的关联度，使得课程的实施价值完全被掩盖。且这种评价局限于激励性、发展性的评价诉求，完全没有优劣之分，约束力极其低下，一般不会引起学生太多的关注，有时甚至容易被忽略。但不管怎样，针对性强、实事求是的评语评价对促进学生良好道德形成、健康人格养成和社会良性发展仍然起到了积极的作用①。

从示例的评语评价可以看出，尽管优秀的评语评价一般包括了德智体美诸方面的发展状况，但主要还是集中在学生的人格养成、道德发展、人际交往、学习态度与能力等方面，这与品德与生活、品德与社会课程的教育价值基本是一致的。好的评语表述富有激情和感召力，能使学生对号入座，激励其进步。当然，好的评价需要教师对学生成长的长期关注、悉心教育和真切希望。这样的评价虽无显性的甄别性，但亦能打动学生，正确、有效地引导学生，起到评价的效果。从实践发展的方向来看，如果评语评价的方法能进一步与课程教学相结合，进一步明确融入德育课程体系，那么，对课程实施的效度将大有裨益。这一点是课程评价改革的重要方向、重要改革路径之一。

二、融入综合评价体系的思想道德评价

虽然综合性评价中的思想品德评价不能完全归结为品德与生活、品德与社会课程实施评价，但这种评价所涉及的学生思想、道德、个性、交际交往等评价与课程实施有天然的联系，无疑是与课程实施关联度最高的评价。综合性评价中思想品德评价的多数评价内容既有思想性、概念性、理念性的表达，又有具体行为要求，且

① 隋玉梅．新课程下小学道德与法治教学之我见 [J]. 魅力中国，2020(38)：239.

评价设计尽可能适应儿童的认知能力和兴趣特点，起到了较好的引导和促进作用，应该说是符合传统文化的评价系统。但这种评价的问题依然不少，有关现代人必备的品德和社会性发展要素比较缺乏，如社会参与意识、责任意识等，特别是对个体的尊重、发展等评价内容表达不鲜明、不充分。换言之，评价内容要求学生做得多，但要求彼此之间的行为约束、人对自我行为支持要求等不充分，致使缺乏行为内驱力；评价也不能完全反映品德与生活、品德与社会课程实施的成果，如道德领域内容不完整、学生初步人文素养教育成果缺乏反馈等。虽然评价在行为指引和实操层面改进不少，但关注学生对社会、对他人有益的道德行为多，忽视了学生对自身成长的关注和关心。

三、少先队雏鹰争章评价模式启示

在儿童道德与综合人文素质评价领域，以少先队的雏鹰争章评价模式为例。这种评价模式相对简约、明晰，注重行为评价，激励性强，其对道德与法治课程评价有很好的启发和借鉴意义。

一、二、三年级雏鹰奖章设置基本目标：第一，让少年儿童了解少先队，加入少先队，培养友爱互助的良好品德。第二，了解中国少年先锋队的创立者和领导者是中国共产党，增强少先队员的光荣感。开展感恩教育，培养文明孝顺的良好品德。第三，让队员通过“手拉手”互助活动，结识不同区域、民族的小伙伴，体验互助的快乐。培养队员自护自救的能力。

少先队的主要工作为：第一，入队前教育，发展新队员。开展“手拉手关爱小伙伴”活动。第二，巩固队的基本知识，引导队员建立队组织。培养独立处理自己事务的能力。组织开展“争当现代小公民”“红领巾理财小能手”等活动。第三，开展“手拉手”“少年儿童平安行动”等专题教育活动。

第七章　道德与法治课程的教学实践与反思

道德与法治课程教学过程中会面临各种问题，教师在教学过程中要根据实践不断进行思考，以促进道德与法治课程的发展。本章重点探讨道德与法治课程中法治意识的培养、道德与法治教育教科书中的国家认同教育、道德与法治教育的有效性研究、道德与法治自主学习能力的培养。

第一节　道德与法治课程中法治意识的培养

一、道德与法治课程中的法治意识培养目标

实现小学生法治意识的有效培育，一个很重要的前提条件是教师必须清楚理解课程教学的各类目标和具体教学内容。只有梳理清楚上述目标和内容，才能以此作为参照标准，对道德与法治课程教学中的法治意识培养现状予以评价，并全面系统地把握教学内容，构建科学合理的教学策略。

（一）法治意识培养的认知目标

从哲学角度来看，“目标”一词是指被意识到了的人的需要，强调主体对价值的追求。在教育教学实践活动中，认知这一概念侧重描述受教育者（主要指学生）的学习过程。因此，道德与法治课程教学中的小学生法治意识培养的认知目标就是将学生视为实践主体，强调其在教师教学活动的影响下对学习对象产生的浅层了解和深层认识。意识的养成有赖于知识的积累，掌握大量的知识有助于正确意识的形成。在道德与法治课程教学中的小学生法治意识培养的认知目标主要包括以下方面：

1.了解宪法与法律常识

首先，让学生感受法律无处不在，法律围绕在大家身边。引导学生了解法律、感知生活中的法律。教师可通过讲解工人在工厂里工作需要遵守的是《中华人民共和国劳动法》、行人在道路上行走需要遵守《中华人民共和国道路交通法》、学生

在学校学习实际上依据的是《中华人民共和国义务教育法》等内容，使学生了解相关法律常识。其次，学生在学习相关宪法知识时，通过对宪法日的具体时间、设立国家宪法日的意义，以及国家宪法日这一天会举办丰富多彩的宪法活动等内容的学习，更加了解宪法。

2.对宪法法律地位和权威有初步认知

首先，让学生了解到宪法具有最高的法律效力，感受宪法的权威；其次，了解国家宪法日。如在宪法日当天，国家单位会举行庄严的宪法宣誓活动、图书馆会设置专门的宪法图书专区等，通过庄严的仪式活动让学生感受到宪法的权威。因此，教师应通过引导学生学习并掌握以上知识，建立对宪法的法律地位和权威的初步认知。

（二）法治意识培养的情感目标

情感目标强调主体的情感体验，侧重关注的是在教育教学实践活动中，学生与教学内容、教学情境相互作用而产生的情境理解、情感认同和价值选择。在我国，各类课程标准将情感目标做了进一步划分，分别是情感、态度与价值观。因此，道德与法治课程教学中的小学生法治意识培养的情感、态度与价值观主要是指小学生应初步形成社会主义法治观念。

初步形成社会主义法治观念主要包括培育学生的法律意识，让法律成为学生心中的信仰，使学生尊重法律权威。如在讲解法律知识时，让学生了解相关法律，通过知晓这些法律内容，了解公民的哪些行为属于违法行为，明白如果违反了相关法律就会受到相应的惩罚，使学生对法律产生敬畏，感受法律的权威。让学生知道遇到危险该如何保护自己，在外要时刻保持警惕，不要上当受骗等，以此提高学生的法治意识。了解自己作为未成年人，其身份受到特殊保护。如当学生权益受到侵害时，应拿起法律武器来捍卫自身权利，让法律成为学生心中的信仰。通过以上知识内容的讲解，让学生初步形成社会主义法治观念。

（三）法治意识培养的行为目标

区别于认知目标和情感目标，行为目标是在操作层面上探讨教育教学活动对学生行为的影响，是可以通过对学生的观察、监测而展开相关陈述的。因此，道德与法治课程教学中的小学生法治意识培养的行为目标侧重描述学生如何做以及做得怎样等问题，这里的行为目标主要是指学生形成遵纪守法的行为习惯。

形成遵纪守法的行为习惯，让学生直观地去辨认信号灯、人行道、斑马线等交通标识，从而引导他们要遵守交通规则；让学生认识到学校的公物需要学生共同爱护，无论身处何处都不能乱扔垃圾以及要养成在公共场合排队、遵守秩序的好习惯。可以通过设置游戏活动，让学生在玩耍的过程中了解相关规则，遵守游戏规则。教师在讲解“班规校规”内容时，让学生明白在学校、班级里应遵守怎样的规定、纪律等。让学生直观感受法律的威严，以此规范自身行为，养成遵纪守法的行为习惯[①]。

二、道德与法治课程中的法治意识培养内容

根据道德与法治课程标准以及教材内容，道德与法治课程教学中关于小学生法治意识培养的内容可以分为以下方面：

（一）权利与义务意识

法律的核心内容包括了权利与义务，全面拓展小学生的法律意识的基础是对学生权利与义务的培育。因此，应让学生对公民的基本权利与义务进行最基本的认知，让学生了解自己拥有的合法权利以及应尽的义务，清楚自己哪些该做，哪些不该做。首先让学生思考何为公民，进而对其定义予以阐释；其次重点引出公民的基本权利与义务。公民享有广泛的人身、政治、经济、社会权利，同时，也应当履行相应的义务，具体包含了国家、社会、家庭等多个层面。如教材内容设置连线题，让学生理解公民权利所对应的相关法律。

（二）规则意识

在道德与法治课程教学中，规则意识是小学生法治意识，要着重指导学生了解、认识与生活相关的法律中一些重要的规则。包括交通规则、校规校纪、班规班纪等，可以用卡通图片的形式给学生展示刚入校需要遵守的校园规则。通过对交通工具、交通方式的变迁的介绍，展现交通事业的迅速发展，进而引出目前遇到的一些问题，让学生对他们眼中的交通发表看法、给出建议，点明学生遵守的交通规则；关于校规园、班级规则的内容，包括学生在学习需要遵守的规则、班规的制定与执行、班级间的互帮互助、组织选举班委、班级事务共同商议等，帮助学生培养规则意识。

（三）守法意识

在道德与法治课程教学中培育小学生的法治意识主要是促进其养成守法意识。

---

① 王海芳.《道德与法治》课教学中小学生法治意识培育研究 [D]. 重庆：西南大学，2020：12-37.

培养学生守法意识，让学生心中有底线，自觉遵守法律。对于学生来说，法律是比较抽象的，因为教师在培养学生时应借助有效的教学方式，培养学生的守法意识。通过教育引导，让学生学会健康看电视，正确认识网络世界以及电视、网络广告等方面的内容，以此培育学生的网络安全意识。让学生了解法律，维护其合法权益，但前提是需要学生遵守法律。通过这一知识学习，培养学生守法意识。

（四）依法维权意识

未成年人的一般权利是受到法律保护的，只有知晓、学好、用好法律，才能依法维护权利。公民享有人身权、财产权、受教育权、文化等各项权利，而宪法、民法、刑法等各部门法，对公民的权利进行全方位保护。因此，当未成年人的权利受到侵害时，应当运用相应的法律武器维护自身权益。

三、道德与法治课程中的法治意识培养的重要性

在道德与法治课程教学中促进小学生法治意识培养，既是贯彻落实道德与法治课程标准的客观要求，以及培育小学生法治观念和守法意识的需要，也是推动社会主义法治社会建设的要求。

（一）落实道德与法治课程标准的客观要求

道德与法治课程教材主要依据课程标准来编写。《道德与法治》教材的特点可以概括为：第一，以儿童生活为基础，关注儿童的实践经验，使儿童主动、积极地参与到学习活动中；第二，加强社会主义核心价值观与中华民族优良传统的教育，为培养社会主义接班人奠定基础；第三，遵循儿童身心发展规律，让儿童在自主学习中增强自身法治意识，提高自身道德水平。课标规定了在道德与法治课程中培育小学生的法治意识的课时、内容要求，而《道德与法治》教材的特点对小学生法治意识培养提出了具体要求，这是贯彻落实道德与法治课程标准的客观要求。

（二）培育学生法治观念与守法意识的需要

小学生是建设法治社会的新生力量，是祖国的未来与希望，是推动社会主义法治社会建设的重要力量。学校是学生接受法治教育的主要场所，道德与法治课程是培育小学生法治意识的重要途径，这就要求道德与法治教师要在教学中引导学生成为法治的宣传者与践行者。学生法治教育的目标是普及宪法知识，养成守法意识和行为习惯，让学生感知生活中的法、身边的法。因此，在道德与法治课程教学中培育小学生法治意识也是培育小学生法治观念和守法意识的需要。

（三）推进社会主义法治社会建设的要求

小学生是建设法治社会的新生力量，而学校是培育下一代的集中场所，同属于社会的一部分，借助道德与法治课程教学促进小学生法治意识培养，对建设法治社会大有裨益。法治是社会主义核心价值观的重要部分。法治作为一种贯彻法律至上、严格依法办事的治国原则和方式，它要求法律具有至高无上的权威，并在全社会得到有效的实施、普遍的遵守和有力的贯彻。换言之，通过学校对学生进行法治教育，让法治意识深入学生心中，使规则在社会得到更好的实施，这实际上推动了社会主义法治社会建设。

四、道德与法治课程中的法治意识培养策略

（一）加强道德与法治课程教师队伍建设

思想政治课程教师是思想政治学科最重要的因素，而这一因素主要是指他们的政治思想、工作水平、个人魅力、教学态度以及教学能力等。道德与法治课程教师属于思想政治教师队伍中的重要组成部分。在小学阶段，道德与法治课程教师不仅承担着传播专业学科知识的重任，还要培育学生的法治情感、法治行为能力。而在小学中，道德与法治课程教师却出现数量不足、质量不高的问题。大力提升道德与法治课程教师队伍，主要包括以下方面：

1.扩大道德与法治课程专业教师队伍

教育的发展必然离不开人才的助力，扩大专业教师的队伍是促进学生法治教育的发展源泉。在道德与法治课程教学中，小学生法治意识的培育之所以没有得到较为明显的提高，一定程度上是由于专业教师数量不足。大多数道德与法治课程都是由语文教师或班主任进行兼任，极度缺少专业教师。而在日常的教学过程中，学生对学习的认识在很大程度会受到教师的影响。如果教师不具备专业的知识与素质，就无法上好道德与法治这门课程。因此，增加道德与法治课程的专业教师数量势在必行，具体可从以下方面入手：

（1）适度扩大本专业师范生培养规模。大力支持有条件的高校开设相关专业，培养专门人才，适当扩大相关专业本科生、研究生的招生规模，鼓励高校申报思政类教育硕士学位点并增加培养人数，并且应加大宣传力度，鼓励引导高考毕业生在志愿填报时选择思政类专业，以保证此类专业的招生生源数量持续稳步提升。思政教育既是一个思想道德问题，也是一个政治问题，我国对思政教育也是高度重视，每年都会进行针对性的研讨，例如，2020年11月9日举办的第六届思想政治教

育创新发展学术研讨会在长沙成功举办，研讨会以“疫情防控常态化背景下如何提升思想政治教育工作质量”为主题，围绕疫情防控期间思想政治教育工作的理论和实践探索思想政治理论课教学方式改革创新、伟大抗疫精神如何融入思想政治理论课程教学和日常思想政治教育，以及疫情防控常态化背景下如何加强思想政治工作队伍建设等议题开展交流研讨。

（2）加快扩充专业教师数量。教育行政主管部门应在教师招聘工作中充分考虑本地区专业教师数量不足的问题，适度调整并增加此类岗位的招聘名额，并积极组织论证出台相关办法，明确中小学道德与法治课程教师的师生比例，专岗专用，保障教师数量。

（3）合理优化学校教师队伍结构。在小学试点改革过程中，充分结合学校教师队伍的实际情况，进一步创新工作举措，可鼓励并培育符合条件的教师通过“校内转岗”等形式，专职从事道德与法治课程的教育教学工作自主申请，完善该学科教师数量不足的问题。

2.更新道德与法治课程专业教师的教学理念

教师应让学生充分认识并领会法治教育的价值，使法治内化于心，外化于行，充分发挥法治精神的强大驱动力。学生学习的内容并不是为了应对考试而准备的，教师应与时俱进，及时更新教学理念，尊重学生的主体地位，从而激发小学生学习法治知识的兴趣与热情。道德与法治课程教师应深入贯彻落实新课程改革理念，以学生为中心，注重学生的各方面发展。另外，法治教育还要重视学生的创造性发展，如注重培养学生表达、组织、合作能力等。

更新道德与法治课程教师的教学理念主要包括：一是生活化教学理念。道德与法治这门课程具有生活化的特点，而教学来源于生活，因此，在教学过程中，教师应渗透生活化教学理念，将两者紧密结合，促使教学贴近学生生活。教师可以结合相关的教学内容，让学生在生活当中去感受；可以带领学生走进社区，感受社区文化的知识，普及相关法治知识。通过这种方式给学生讲解知识点，能够更直观地让学生理解。二是开放互动化的教学理念。教师可以通过问答、解疑等形式让学生开展小组合作，以此促进彼此间交流；可以让学生根据电视、网络、广告的利弊展开讨论。教师在这一程中只起引导作用，以此创设一个开放互动的课堂氛围。教师在教育引导中让学生正确认识网络世界以及电视、网络广告等方面的内容，以此培育学生的网络安全意识。

3.提高道德与法治课程专业教师的法治素养

学科教师的专业素养会直接影响学生法治意识培养的效果，影响这门课程目标的实现，也会直接影响教师依法施教与依法治教的效果。因此，身为一名道德与法治课程教师，应具备较高的法治素养。提高教师的法治素养可以从以下方面着手：一是教育部门应将教师法治素养的考核与专业教师的考核、职称挂钩；二是学校应加大对教师的专业培训力度，如将法学教授、专业的法律人士请进学校，给予教师专业化指导，促使教师能在培训中提升自身专业素养；三是教师应树立终身学习观，利用互联网、书籍等方式进行自我充电，密切关注新闻资讯，不断更新法治知识库。

4.提升道德与法治课程专业教师的教学能力

学校应大力加强对专业教师教学能力的培养，如对任课教师开展关于法治知识的专题讲座、专业培训会。通过培训学习，能够提高教师对教材内容的掌控能力、理论与实际生活结合的能力以及灵活运用教学方式方法的能力。

（1）提高理论与实际生活相结合的能力。专业的道德与法治教师应注重观察实际生活，关注社会热点资讯，在生活中搜集有关道德与法治中法治知识的案例、素材。经过整理和分析，灵活运用于实际的教学工作中。既能做到与理论知识相结合，也是理论知识的拓展与补充，有助于学生对理论知识的理解与掌握，提高学生对法治知识的学习兴趣。

（2）提高自身专业知识理论学习。教师可以通过阅读书籍、报纸、网络等形式提高自身专业知识理论，使自己在教学过程中能够有理论知识的支撑，从而提高自身教学能力。

（3）灵活运用教学方式方法的能力。提高学生对道德与法治课程的法治知识学习的兴趣，需要借助多样的教学方式方法。例如，教师的课堂导入阶段可以播放相关音频或热点新闻，设定具体情境，营造良好的课堂氛围，以此吸引学生注意。

（4）教师可利用“一师一优课”等国家教育资源平台，通过观摩学习一些优秀专家、教师的教学实录，学习优秀教师的语言表达、教学方法、教学策略等，以此提高自身教学能力。

（二）增强小学生法治意识培养的针对性

如何在道德与法治课程教学中增强小学生法治意识培养的针对性，实际上这是课程改革后迫切需要解决的问题。这一问题的解决有利于提高道德与法治课程的教学质量。在道德与法治课程教学中增强小学生法治意识培养的针对性能够提高教师的以下能力：

1.促进小学生法治意识培养目标层次化

小学阶段关于培育学生法治意识的目标是了解宪法和法律常识，建立对宪法的法律地位和权威的初步认知，初步形成社会主义法治观念，形成遵纪守法的行为习惯。这是在小学阶段提出的对小学生法治意识的目标要求，但具体学段的阶段性目标处于模糊状态。可以针对不同的年段特征，根据学生的身心发展特点，把对小学生法治意识培养的目标按层次进行划分。例如，低年段的学生在尚不能理解法治知识前，应选择儿童易于接受的语言、文字进行渗透，因此，对低年段的目标设置更要浅显、简单化。

以培养小学生的环保意识为例，教材可以按照从了解大自然过渡到了解家乡，最后引出环境保护的话题的顺序来进行专题设置，教材根据不同阶段的学生，将内容、目标进行层次化的划分。所以，在教学过程中，教师应该注意目标、内容的层次化，这样会更易于学生接受。需要特别说明的是，小学法治意识培养目标的层次化应遵循由浅到深、由简单到复杂的逻辑顺序，这样更有助于小学生法治意识的培育。

2.推进小学生法治意识培养内容贴切化

《道德与法治》在法治内容设置上通常是按照个人、家庭、社区、学校、社会的顺序进行安排。教材当中法治教育的内容先从小学生自身出发，按照从远到近的顺序进行过渡，先从小学生的个体生活逐步过渡到家庭生活，紧接着是社区生活、学校生活，最后上升到国家生活及共同生活的世界，共包括六个板块。法治内容由浅到深，先易后难。

培育小学生的法治内容系统性较强，有利于小学生了解法治知识，掌握法治内容，但要让学生真正地了解法治知识、掌握法治内容，还需要将培育小学生法治内容贴近学生的生活。讲解方式越贴近学生的生活实践，就越能让学生理解、掌握。

3.促进小学生法治意识教育方法多样化

教师是课堂教学的实施者，教师可根据课堂情况选择适宜的教学方法整合教学内容，而学生通过实际的课堂体验，将预期的课程内容转化为实际经验。多样化的教学方法促进教学目标的实现，同时，所采用的教学方法也应服务教学内容、目标以及学生的个人发展。在教学过程中，促进法治教育方法的多样化，教师应根据学生具体情况、法治教学内容、教学条件等相联系的各个部分做出整体的构思与具体安排，灵活运用多样化的教学方式方法，从而提高法治教育的实效性，激发学生学习法治知识的兴趣。主要包括以下方面：

（1）讲授法的创新探索。讲授法是指教师通过简洁生动的口头语言讲解、描绘和传递知识信息的一种方法。教师在运用讲授法时应注意：首先，以此达到促进学生学习知识的目标，讲授的内容要注重科学性、启发性，教师在讲授过程中要注重和学生的认知基础相衔接；其次，教师应注重自身语言表达能力，注重启发学生的学科思维，培养学科素养。在教学过程中，恰当运用讲授法既能够让教师掌控教学进程，又能够让学生在短期内获得大量法治知识。

（2）问题探究法探索。问题探究法是指学生在教师的指导下，通过自主探究和寻求问题的答案以获得知识的方法。运用问题探究的方法，首先，在问题的设置上要有明确的方向性；其次，在学生寻求问题答案的过程中，教师要充分发挥课堂的主导作用，尊重学生的主体地位，引导学生主动思考、大胆设问、认真核实、科学探究，从而锻炼并逐步提高学生自觉思考和解决问题的能力。可以设置讨论小组对知识点进行划分，并设置相应的问题。围绕问题进行探讨、交流，寻找问题答案。教师应发挥控场作用，在维持好教室秩序的同时，组织学生友好交流，教师总结，学生谈心得体会。教师也可以提前布置作业，让学生查找相关内容资料，帮助学生提前认知。课堂中展开探讨，在讨论过程中，学生可以相互提问、质疑，在教师的总结、指导下，学会分辨并遵守生活中的一些规则。

（3）案例教学法探索。案例教学法是指在教师的指导下，以学生为接受对象，对典型案例进行讨论分析的一种教学方法。案例教学法是一种有效的教学方法，指教师根据教学目标、教学内容以及学生身心发展的特点，通过典型案例，把学生带入“案发现场”，解决问题，对案例进行质疑、分析和运用。案例教学法能够提高学生提问、分析的能力。运用案例教学法，使学生乐于接受法治知识，在潜移默化中促进小学生法治意识培养。

（4）实践学习法探索。在小学阶段，学生会出现注意力不稳定的现象，这时可将道德与法治课程的法治内容与课内外实践活动相结合，全面强化学生的课内外实践活动。丰富的实践活动是课堂教学的必要准备、补充和延伸，适当地组织学生参加实践活动不仅能够加深学生对课本知识的理解与吸收，还能增添课堂的趣味性。传统的教学课堂主要是以传授知识为载体，以普及法治知识和预防小学生违法为目标，这种教学模式极具工具性，很难使学生对法治产生认同感。知法并不代表能守法，只有将法治知识内化于学生心中，外化于学生行为，学生将课堂中学习的法治知识运用到课内课外的实践活动中，在这一过程中做到知法、守法、用法，才能体现在道德与法治课程教学中培育小学生法治意识的价值与意义。

第一，组织丰富多样的课内实践活动。在课堂内组织丰富多样的教学实践活动，如让学生当课堂上的小老师，讲解教学内容。在学生转化角色的同时，增添了课堂教学的趣味性。如让学生表演教材当中的主人公对话，以情景剧的形式把教材内容演活。还可以辩论赛的形式把学生分为正、反两方，让学生通过搜集、整理、分析相关辩论资料以及队友间的相互交流、讨论后，展开激烈的辩论。学生通过参与辩论赛课内实践活动，不仅开拓了思维能力，还锻炼了团结协作的能力。

第二，开展多样化的外出实践活动。学校每学期都会举行一次社会实践活动，可以将社会实践活动与相关法治内容相结合，开展法治教育实践活动。如在讲解“宪法是国家的根本法”这一内容时，可以与“国家宪法日”的活动相结合，通过派发法治宣传单、解说员讲解相关法治知识等形式，让学生走进社区、走出学校普及宪法知识。在学生宣传法治知识的过程中，实际上强化了学生自身的法治意识。又如在讲解“权力受到制约和监督”内容时，为了让学生能够充分理解国家机关的职能，行使哪些权力，他们行使的权力受到的制约与监督等知识内容，可以带学生走进检察院、走进行政服务中心等，让学生近距离接触、感受。

（5）情境教学法探索。情境教学法是指在教学过程中，教师有目的地创设具有一定情感色彩、以形象为主体的生动具体的场景。情境教学法能够吸引学生，在具体的情境中引发学生的情感体验，促使学生的心理机能得到发展。情境教学法能够激发学生的求知欲，满足学生的好奇心，吸引学生的注意力，使学生的思维处于积极活跃的状态。如教师可以通过生活、音乐、图片、语言等形式开展情境教学法。如讲解“信息”的知识时，都是围绕电视、网络等内容，那么教师可以通过图片对比展示，让学生谈一谈感想、看法，使学生在教师所创造的情境中能够正确看待电视、网络。又如教师在讲解“国旗”这一知识点时，以播放国歌的形式创设情境，吸引学生的注意力，让学生在音乐情境中学习有关知识。

（三）强化小学生法治意识培养的评价

强化小学生法治意识培养的评价不仅包括对教师教学的评价，还包括对学生学习的评价。在道德与法治课程教学中强化小学生法治意识培养评价，有利于引导评价对象（教师或学生）朝着理想目标前进，并在此过程中能够不断改进、完善自身行为；有利于评判评价对象是否合格、优劣程度、水平高低等；一定程度上调节、控制教师的教学或学生的学习等活动。

1.完善小学生法治意识培养的评价标准

评价标准又称为评判标准，是指人们在评价活动中衡量对象的价值尺度，是评价活动方案的主要内容，是人们价值认识的反映。完善小学生法治意识培养的评价标准，具体可以从以下两个层面进行思考：

（1）从相关教育部门、学校层面来看，首先，教育部门应加强自身的责任意识，督促学校完善自身评价机制，将学校法治教育情况与学校年度考核相挂钩。其次，学校应根据上级主管部门的要求，对教师进行及时且合理的评价考核。如把法治教育课堂的实施过程与效果和教师的竞职、考核相挂钩。最后，学校应设立道德与法治课程教研组，开展相关教研活动，组织教师间互相评价，促使教师能够共同成长、进步。

（2）从教师层面来看，首先，对学生的评价应坚持以传统考试评价的方式。通过传统的考试可以考查学生掌握的相关法治知识，从侧面了解学生心中所想并加以指导，培育学生的法治意识。其次，注重综合素质的评价。将学生的法治素养、课堂上的行为表现纳入综合素质的评价标准中，其中主要考核学生的诚信意识、守法意识、规则意识以及课堂情况等。对违反校纪校规的学生进行批评教育，并在综合素质评定中进行相关记录；而对于表现突出的学生给予特别表扬，以充分激发学生法治意识培育的积极性，以此达到知行统一。

2.规范小学生法治意识培养的评价程序

程序是指事物发展的既有次序和脉络以及方式、方法。规范小学生法治意识培育的评价程序既包括规范对教师教学的评价程序，也包括规范对学生学习的评价程序，主要包括以下方面：

（1）规范教师教学的评价程序，各级教育部门、学校应增加对教师法治素养的评价的目标与内容，组织道德与法治教师进行相关考核。考核的方式包括直接考核与考察教师的日常行为表现：直接考核的形式可以选择闭卷考试、问答等形式；考察教师的日常行为表现是对教师法治理论知识、法治教学的效果等进行考察，也可以通过奖励性的措施促使教师提升自身的专业能力与素养。有关教育部门可以给予相关支持，学校应规范自身对教师的评价程序，让教师能够全身心投入教学中，以此提高教师自身的专业素养和教学能力。

（2）规范学生学习的评价程序，可以激励学生学习法治知识，改进法治实践行为，提升法治意识水平，因此应坚持学业质量标准来对小学生法治意识的发展情况进行评价。通过学业质量标准，能够反映出学生的阶段性学习情况，能够关注到学生的学习结果以及进展的情况。教师在评价过程中可以通过写实性记录作为学生的法治内容学习活动和实践经历的数据。如教师可以让学生参与到法治活动中，做法治的监督者与参与者，并将学生参与的次数与质量作为考核指标，再将评价结果反馈给学生。

3.增强小学生法治意识培养的评价实效

实效性是指实施的可行性，是方案的创意、设计、理念以及使其操作的可行性，而实施效果则是目的的到达程度或结果。实效性强调结果，因此增强小学生法治意识培养的评价实效是指学校或教师依据一定标准对教师的教学或学生的学习活动过程及其效果做出及时且合理的评价。

（1）增强学校对教师教学评价的实效性。第一，教育部门应组织开展关于道德与法治课程的教学、教材内容的相关培训会。在培训结束后，教师以写心得体会、报告的形式谈一谈自己的学习收获、建议及看法。学校以此作为对教师的一种评价形式。第二，学校应开展关于教师学习法治知识的培训会、讲座等，使教师能够学习到专业的法治知识。在培训完成后，对教师所学的法治知识进行相关考核、评价。第三，学校设置道德与法治学科教研组，开展每周一次教研活动，包括对教师学期教学任务布置、教案撰写标准及检查，以及相关教学经验分享等活动安排，进行一个合理、完整的学期规划。以组织的各项活动、检查作为对教师的教学评价之一。第四，学校应大力开展道德与法治教学研讨会。其中包括组织教师集体备课、定时巡回上公开课的形式对教师进行相关评价。通过以上学校对教师教学的评价形式，能够增强教师教学评价的实效性。

（2）增强教师对学生学习评价的实效性。教师应该重视对学生的评价，对学生的课堂表现、作业等情况进行及时评价，有效地指出学生的优缺点，以此发挥评价的实效性。首先，教师应注重对学生的评价语评价。教师对学生的评价多采用较为积极、正面的评价，如对学生好的回答给予表扬，而对于学生存在的不足之处尽量一句带过，以突出教学评价的激励性。其次，注重对学生评价的时效性。如教师在评价过程中应及时、有效地对学生做出评价，便于学生及时改正。在教学评价过程中，如果出现学生的观点与教学内容背道而驰，教师应及时给予纠正并引导。最后，教师对学生的课内评价应延伸到课外，注意观察学生的日常行为习惯，创建并记录关于学生的日常行为记录表，对学生一些相关的法治行为做出相应评价，以主题班会形式对学生的某些行为进行评价、讨论，记录在学生的综合素质表中，以此增强对学生评价的实效性。

（四）加强道德与法治课程教学资源的开发

在道德与法治课程的教学中，学校及教师可以通过不同渠道、方式加强对该学科的教学资源开发。从具体的实践层面来看，需要结合本地区、学校的具体情况，充分考虑当地历史文化特征、学校校史校情、学生个体差异等因素，量体裁衣地选择合适的教学资源，充实道德与法治课程的教学内容，从而提升学生的学习兴趣，提高法治教育的质量。

1.重视校本课程资源的开发

学校应重视校本课程资源的开发，如挖掘《道德与法治》教材中的法治知识并结合本校实际情况，开设具有地方特色、学校风格的法治教育校本课程。《道德与法治》教材中涉及了相当多关于规则意识方面的知识，那么学校可以围绕这方面的法治知识设置相关的校本课程；教师在对学生进行法治教育过程中会出现一些有创意的关于法治知识内容的想法，那么应鼓励教师自主研发创新，因为教师的一线教学经验也是开发校本课程资源的关键。在校本课程开发过程中，可以邀请相关课程专家、学科专家参与校本课程建设，从而提高校本课程开发的有效性。

2.重视发挥校外社会资源的优势

充分发挥校外社会资源的优势主要包括：第一，聘请法律专业人士和法律专业素养较强的家长来担任学校法治教育辅导员，给予学生不同层面的法治教育，使学生对法治知识产生新奇感，进而增强法治知识的学习兴趣。第二，设立“学生校外法治实践活动基地”，教育行政管理部门应协同其他部门、组织和社会团体为学校创造条件，让学生能够走进国家各类机关、观摩相关法治活动等。第三，充分开展课外实践活动。将实践活动与教学资源相结合，实现理论与实践的统一。可以让学生走进社区普及法治知识，通过派发法治宣传单、解说员讲解相关法治知识等形式，在宣传法治知识的同时，强化学生自身的法治意识。

3.注重线上网络资源的整合

《学生法治教育大纲》中指出“要充分利用并整合网络上的优质法治教育资源，丰富教学的形式和内容”，教师应充分利用网络资源，将道德与法治课程教学中的法治内容和相关网络视频、图片相结合，整合线上网络教学资源。如我们常见的有关道德与法治课程法治教育的视频资源主要有《焦点访谈》《今日说法》《新闻联播》等，这些视频涉及的法治教育的内容既精彩，又具有说服力。教师可以充分利用此类视频资源将视频中的法治案例与法治教育内容相结合。例如，在讲解人民代表大会制度内涵时，教师可以利用网络资源，通过视频放映、图片收集、文字介绍以及相关资料简介等形式将知识点进行系统整合，让学生更清晰明了地理解知识点，这样既充实了教学内容，又提高了教学效率。如《道德与法治》六年级上册第四单元《法律保护我们健康成才》的内容可以与相关视频资源相结合，在讲“知法守法依法维权”的内容时，可以提前放映关于侵害公民相关权益的视频，并提问导入相关法治内容的学习。这些网络法治视频的教育故事背后蕴含着深刻的教育意义，而且围绕于学生的生活中。因此，应充分利用并整合线上网络资源，这样既完善了教学内容，又提高了教学效率。

第二节　道德与法治教育教科书中的国家认同教育

国家认同是指公民将自己归属于某一国家并对这一共同体内的身份、文化、历史、政治等内容的认可和接受，并由此产生的归属感、自豪感，以及积极参与国家和社会建设的行为倾向。现如今，由于信息沟通速度加快，文化的交流越加频繁，对各国公民的国家认同造成影响，使得各国越发关注国家认同这一现实问题。而小学阶段的儿童正处于他律道德与自律道德的关键转变时期，关注这一阶段学生在学校中接受的国家认同教育有助于了解小学生国家认同教育现状，而德育教科书承载着国家认同教育的重要任务，故对德育教科书内容的探讨有利于国家认同教育的进一步优化。

教科书是根据教学大纲编写的教学用书，又称课本，是师生实现一定教育目的的教与学的主要材料。教科书是依据课程标准将规定内容进行排列编写而成，教师教学的主要参照物之一就是教科书，故教科书中对于特定教学内容的承载也成为教师将国家教育目标付诸现实的重要媒介。

一、国家认同教育内容

当代国家形态的确定得益于1648年的《威斯特伐利亚和约》，这也标志着近现代国际体系及秩序初具模型。《威斯特伐利亚和约》所确定的国家之间的秩序可概括为：①领土原则，即国家拥有确定的边界，这些边界划定并确立国家的统治范围；②主权原则，即国家及其代表拥有采取行动和实行统治的主权；③合法性原则，即主权国家之间的关系可以成为国际协议与国际法的对象。这也体现了国家应具备的领土、主权及合法性特征。广义的国家是指一切治权独立的政治共同体；狭义的国家则指近代以来具有治权独立的政治特性以及民族统一的文化内涵的民族国家。

由此可见，国家是具有明确的边界的统治范围及国内外唯一合法性主权的政治共同体。而认同是哲学、心理学、社会学、政治学等众多学科中的共有概念，从政治哲学角度来看，认同有归属感或身份感的含义，是一种确立自己的身份、找到自己归属的辨识过程。同时，认同作为社会心理学概念，指一种包括认同者与被认同者的社会关系双向互动过程。国家认同概念则产生于这两种理论探讨的逻辑推论之下。郭艳将国家认同定义为一个人将自己划分到哪一政治共同体中并对自己所属政治共同体在主观情感上的支持。

国家认同是一国人民对所属国家的文化传统、历史经验、政治制度、法律、领导人等内容的认可和接受，而产生对国家的归属感、效忠感以及为之奋斗的行为。国家认同是公民将自己归属于某一国家并对这一共同体内的身份、文化、历史、政治等内容的认可和接受，并由此产生的归属感、自豪感，从而形成积极参与国家和社会建设的行为倾向。

因此，国家认同教育是指有计划、有目的地对受教育者传授身份认同、政治认同、文化认同、历史认同和地理认同方面的教育内容，使学生产生一种对国家的归属感、自豪感，从而形成积极参与国家和社会建设的行为倾向，主要包括以下方面：

（1）身份认同包含公民身份及国民意识两个层面的内容。公民身份可以界定为个体在国家中拥有的正式成员资格以及与这一资格相联系的权利和义务。公民身份包含公民在社会中扮演的角色以及法律赋予公民的权利与义务。而国民意识则体现为一种能够唤醒学生爱国意识的情感内容，包括对国家的归属感、自豪感及荣誉感，同时体现为一种对社会的责任感。

（2）政治认同包含对政治主体、政治规范、政治活动与程序以及政治意识形态四方面的认同。政治系统的合理、良善、高效运转促成了民众的国家向心力，与此同时，民众积极的政治参与敦促国家政治系统的进一步完善。可以将政治主体认同划分为国家政权、行政机关及场所、执政党、政治精英等主体的认同；政治规范认同包括对法律条例、政治制度的认同；政治活动与程序认同则指对法律规定范围内的政治会议、游行、信访等具有政治性质的活动及程序的认同；政治意识形态认同则针对价值体系、指导思想等的认同。

（3）文化认同是根据文化层次理论，对物质文化、精神文化、制度文化、行为文化四方面的认同。物质文化是指为了满足人类自身生存和发展的需求所创造出来的附有人类智慧的现实有形产物，如人们日常生活中的衣食住用等各方面物质产品；精神文化是人类在生产、生活实践的基础上形成的反映客观世界的特有意识形态集合，是一种精神文化成果，如中华民族精神、伦理道德等；制度文化是通过规章制度对人类社会行为方式的规定和指引，进而维持社会稳定与进步。行为文化是指人类在生活、工作中贡献的有价值的促进文明、文化以及人类社会发展的经验及创造性活动，涉及与行为及行为规范有关的文化，包含节日礼俗、科学技术、生产生活经验、艺术行为、语言，具体内容如传统节日习俗、京剧、水墨画、民族舞蹈、各民族语言等。

（4）历史认同包含历史人物及历史事件。历史记忆作为促进国家认同的重要组成部分，对国家历史的保留是保持自身统一性的精神文化基础，也是四大文明古国中仅我国得以延续的重要原因，它不仅是一种简单的过去的呈现，更是一种集体情感及行动力量的决心。从实事求是的角度探究历史人物和历史事件，从而避免沦为否认或忽视历史意义和价值的历史虚无主义。历史人物是指中国历史发展中具有重要影响的人物及其事迹；历史事件是指真实发生的客观事实，具有现实证据的支撑而不是相传为记载的史实片段。

（5）地理认同包含自然风光、人文景观以及领土的认同。地域是一个广阔的概念，它是自然要素和人文要素的综合体，不仅包括人们生活的自然居所，还包含发生在该地方的社会、历史和文化等。对我国地理认同，不仅体现在自然地理的独特名山大川的认同，还体现在这一地域上社会文化地理的认同，如龙门石窟、乐山大佛等附着某种文化向度的人文地理景观。而领土意识是地理认同中的重要组成部分，是现代国家主权的政治化空间，一方面体现在某一政治主体的明确而稳定的地域边界，另一方面体现在这一特定领土的唯一特定权利的肯定。

二、道德与法治教育教科书中国家认同教育内容呈现

（一）汇筑民族凝聚力，培养身份认同

1.公民身份认同内容

教科书中公民身份认同内容主要涉以下相关知识：

（1）公民的权利与义务。公民的权利与义务是一国公民的基本生存条件，也是公民资格的表达，学生对我国公民权利与义务的了解有利于其主人翁及归属感的打造。教科书中对于任何公民无差别的基本权利与义务的规定包括：我国宪法保护公民享有的基本权利，任何公民在享有宪法规定的基本权利的同时，也必须履行宪法规定的基本义务。在具体权利与义务呈现方面，公民享有人身权、财产权、选举权和被选举权、受教育权以及参与经济、文化、社会等各项权利。应当履行的基本义务既有对国家、社会的义务，也有对家庭的义务。作为中华人民共和国公民，不论年龄大小，都有对国家机关和国家工作人员提出批评和建议的权利，对他们的违法失职行为有提出申诉、控告或检举的权利。同时，学生身为国家公民，要维护国家的尊严，捍卫国家的利益，在危难之时英勇战斗，在安定之时奉公守法，这些都是爱国的表现。

此外，还有丰富的活动设计增强学生对于自身公民权利与义务行使等方面的认识。“阅读角”充分展示了其范例功能的优越性，凭借真实案例，让学生了解儿童阶段政治参与的有效途径，有助于培育学生关心国家政治生活的意识和能力。“活动园”中设置判断题型，借助栏目将学生带入真实的生活情境，利于学生对于公民权利与义务知识的理解和现实应用。

（2）中国公民身份塑造。中国公民身份塑造是增强公民身份感与参与感的重要内容，教科书较为重视这一内容的编排。中华民族共同身份塑造是中国人身份的重要组成部分，中华人民共和国是全国各族人民共同缔造的统一的多民族国家。在辽阔美丽的国土上，共同生活着56个民族，组成了中华民族大家庭。这些内容有助于儿童时期的学生塑造身份意识，增强中华民族身份认同。

除了为儿童树立中国人身份获得归属感，还借助各种栏目介绍中国公民身份辨

别、获取、象征等相关知识，如在“活动园”中探究在机场边检入关处设置“外国人”“中国公民”通道的原因。公民身份与国家密切相关，标示着个人作为国家成员的资格，即具有某一国国籍，并根据该国法律规定享有权利和承担义务。一般国籍取得的方式有两种：一是以初生的方式取得；二是以申请加入的方式取得。凡具有中华人民共和国国籍的人，都是中华人民共和国公民。此外，身份认同还倡导海外留学、游玩、务工和执行公务的人员弘扬中国精神，代表中国名片。中国公民不仅应当在中国境内遵守法律，到其他国家或地区学习、工作、旅游时，也应当遵守当地法律，尊重当地风俗。随着中外交流越来越多，要主动向外国朋友介绍我们的文化和历史。让学生在了解中国公民身份知识、树立中国公民意识的同时，发扬中国公民精神，增强世界对于中国的认可。

2.国民意识塑造内容

教科书中国民意识内容属于数量最多的国家认同教育内容。相比公民身份的塑造，国民意识的培育较易以渗透的形式进行编排，在一至六年级教科书中均有涉及，主要包括我国政治、经济、文化、历史、体育等领域成就，民族统一意识，国家象征物及国家共命运的使命感等内容，塑造学生的身份自豪感、民族归属感、国民凝聚力及国家责任感[①]。

（1）国家成就展示。对于国家成就的展示是增强学生民族自豪感的直接方式，教科书中从政治、经济、文化、地理、历史、体育等多方面成就出发，为儿童时期的学生塑造国民意识。这些领域的世界成就在潜移默化之中打造中国大国、强国的形象，让学生对国家的强大和繁荣有个初次体验，增强学生的民族自豪感和身份认同感，从而形成国家认同感。

（2）民族统一意识建构。由于我国多民族国情，民族统一意识也是国民意识中的重要内容。教材中有论述我国民族统一意识的内容，从对我国多民族构成、民族特点、多文化交融等知识内容的了解到对于中华民族意识的塑造均有体现。相关链接中呈现我国文学宝库中不少经典来源于少数民族元素。“活动园”中组织少数民族传统节日展示会，让学生了解我国各族文化差异，并尊重差异维护和谐环境。并组织在国庆之际开展“民族团结一家亲”的班会，内容可包括爱国歌舞、“精准扶贫”故事、传统文化“兴边富民”快板书、民族互助的课本剧。众多有关民族统一、团结互助的知识内容及学习活动的开展在儿童时期就树立中华民族多元与统一的国民意识，为其形成自觉维护祖国民族团结统一提供行为准则和必要前提。

（3）国家象征物显露。国旗、国徽、国歌均是一个国家精神形象的象征，由

① 路璐.部编版小学道德与法治教科书中国家认同教育内容研究[D].天津：天津师范大学，2020：36-69.

此引发的身份认同及国民凝聚力是不可替代的国家认同的重要内容，故对于国家象征的尊敬和保护也是国家认同教育的重要内容。教科书中低年级对于国家象征认同教育主要以渗透的方式进行，一、二年级教科书知识内容主要由插图构成，其中的场景构造中出现的众多教室、学校场景中均悬挂国旗，插图成为其表达对身份认同的重要场所。此外，在介绍学校中的日常行为规范时专门设立“升国旗”一部分内容，用场景中的儿童人物表达对升旗礼仪式及正确佩戴红领巾用“ 意气风发”“精神气”等词语表达肯定，以贴近儿童认知的方式进行潜移默化的影响。而高年级则开始表达对国家象征的具体含义、规范准则等知识内容进行讲解，为学生普及有关国民意识的知识内容，树立其国家形象意识，形成维护国家形象的正确行为。

（4）国家责任感培育。为国家及社会的发展做出贡献也是国民意识中的重要内容，体现为同一民族体做出共同价值目标的意志选择，包括危急关头的捍卫以及和平时代的共建，这种强大的聚合力更需要学生的使命感和社会责任感。教科书中多次提到“少年兴则国兴、少年强则国强”的国家共同命运感，每个人的命运都同国家的命运紧密相连。国家富强，人民才能够幸福。身为中国公民，应为国家富强、民族复兴做出自己的贡献，这是公民的使命。

针对小学生社会责任感及国家建设感的塑造，教科书通过多种学习活动方式并结合具体的课程内容进行编排，如在“有关课余活动设计”这一课中，“阅读角”设置“社区助读小组”的事例，并展示了活动小组成员的心路历程。在“活动园”设置“小学生交通文明岗”的活动中，让学生反思参与此类服务他人和社会的活动的收获。同时，就未成年人做家务这一内容而言，活动园中对于责任意识塑造给予肯定，力所能及的家务可以锻炼未成年人承担责任的能力，培养未成年人的责任意识。小到公共卫生、大到国家建设，都是当代学生奉献社会、建设祖国的国家意识培养的重要内容，从儿童时期对于家庭、班级、社会、家乡的责任感出发，将学生抽象的爱国情感和建设祖国行为落地具象化到儿童身边的生活场景中，有利于学生国民意识和行为的养成。

（二）强调政治法律规范，强化政治认同

1.政治主体认同内容

（1）执政党。执政党是一个国家前进和发展的动力，对于执政党的认同和拥护有利于国家的协调与发展。少先队是中国共产党创建并委托共青团领导的社会主义建设的预备队，是儿童时期学生政治人生的第一个台阶，教科书中对于儿童时期学生建队、入队持积极倡导态度。对于执政党的肯定及少年先锋队的荣誉感树立是培育学生拥护政治主体的重要内容。

（2）政治人物。政治人物是一个国家的精神领袖，代表一个国家的精神方向，对于人民的思想具有正确鼓舞和引领作用。小学《道德与法治》教科书中对于政治人物的塑造围绕其政治成就、政治精神及优秀品质而展开。“阅读园”中展示了有关权力受监督的政治思想，雷锋等政治人物的思想品质也代表了政治主体的精神方向。如小主持人让学生收集、了解更多雷锋的故事，学习人民的勤务员为人民服务的优秀品质。教科书中多元化的精神领袖人物打造，从学生周围的人物的精神品质到国家领袖的政治领导构建榜样范例，使榜样精神落到实地，成为学生可以拥护和模仿的样本，加强对政治主体的认同。

（3）国家机构。国家机构等政治组织是国家正常运转的前提和保障。教科书较为注重学生对国家机构部门的了解，为此专门设置单元进行国家机构的介绍，以此增强学生对于我国国家机构的设立及职权知识的了解。“知识窗”还对这一知识点做了进一步拓展，例如，国家机构包括中央国家机关和地方国家机关。前者在全国范围内行使职权，后者代表国家在所在区域内行使职权等。与其相关的学习活动旨在增强学生对我国各类权力机关设立及职权的理解，如“活动园”中就我国国家机关及其法定职权设计连线活动，包含全国人民代表大会及其常务委员会、中华人民共和国主席、中华人民共和国国务院、中央军事委员会、民族自治地方的自治机关等众多重要国家机关及相应的政治职权的概况，为学生进一步了解国家机关政治主体提供学习空间。

此外，人民代表大会作为我国最高权力机关，教科书中专门设置内容讲述人大代表的选举、职责。了解我国国家机构名称、职权概况是学生对政治主体认同的初阶内容，有利于学生在儿童时期就了解国家构成，形成国家认同和政治意识，成为积极参与的国家公民。

2.政治规范认同内容

学生对于法律法规的知晓、遵守和运用是维护社会稳定和谐、国家长久发展的重要内容，是学生政治规范认同树立的重要方式。教科书将政治规范认同教育内容融入学生的认知与运用层面。在法律认知层面，包含对法律的地位、作用及具体内容的认知。纪律、道德与法律规范着行为。与纪律、道德不同，法律由国家制定和颁布，具有强制力和权威性。所有社会成员都要遵守法律，依法行使自己的权利，依法履行自己的义务。法律调整社会关系，保护合法权益，维护公共秩序。同时，教科书中还介绍了我国刑法、民法等法律的地位和作用范围，如民法是维护人们日常生活秩序的主要法律。民法保护生命、健康、名誉，保护房屋、用具、储蓄；民法指导人们签订和履行合同，调整生产、贸易、消费等社会关系。“知识窗”作为普及、拓展知识的栏目，成为法律条文呈现的载体。

此外，教科书对高年级学生还专门设置了宪法的相关内容，让学生了解我国根本大法的权威及根本地位，即宪法是国家的根本法，是制定其他法律的基础和依据，它规定了一个国家的根本制度和根本任务。树立宪法权威，要求必须掌握宪法知识。通过丰富多彩的宪法宣传教育活动，能够使学生更好地学习宪法，了解宪法。在社会生活中，更要做到遵守宪法，维护宪法，保证宪法实施。这些法治教育尤其凸显我国宪法的地位、作用，主要通过正文、知识窗、相关链接栏目开展，增强学生对政治规范内容的重视。此外，教科书还将开展法治课堂，将法治教育的重要思想融入教科书知识系统中，承担了法治教育读本的作用，有利于学生政治规范意识的构建。

在法律法规的运用层面，“阅读角”“活动园”充分发挥其探究、反思功能，引导学生对于我国政治法律法规的理解与运用。针对这一时期的儿童年龄特点，为学生安排《中华人民共和国义务教育法》《中华人民共和国未成年人保护法》《中华人民共和国预防未成年人犯罪法》等法律知识的运用。如“活动园”中就义务教育法的具体内容设置判断题并问询判断缘由；设置分组讨论活动，就未成年人保护法中规定内容，探究家庭、学校和社会在保护未成年人方面还存在哪些问题；“阅读角”中展示学法、懂法、用法的心路历程等。以上各类活动通过辨析判断、情境体验、反思探究、案例展示等环节，增强学生对于法律规范的认知程度和理性判断，促成其正确运用法律武器保护自己及他人的合法权益的行动准则，在情感和行为上树立其政治规范认同。

3.政治过程与程序认同内容

教科书中政治过程和程序集中出现在小学高年级教科书中，涵盖了我国人民代表大会制度下的代表选举、会议召开的过程与程序，以及一些与儿童生活较为贴近的国家机关（如市场监管部门、税务部门）的活动与程序。人民代表大会是我国权力机关，了解我国国家权力机关相关知识是公民的基本义务，也是儿童时期必须树立的政治意识。借助课文及栏目系统对我国人民代表大会制度的过程和程序进行了解与探究，进一步加深学生对于我国人民代表大会制度这一基本政治制度的选举、召开、工作内容、监督过程的了解，通过贴近儿童生活场景的内容设置，有效提升学生对于政治过程与程序的认知程度。

此外，还有一些与儿童相关的国家权力机关（如市场监管部门、税务部门、法院、检察院等）的权力行使及权力监督过程也是学生需了解的国家政治知识。因此，“活动园”中设置了在班级举办“身边的政府机构”观察与交流活动，组织学生登录本市政府网站，查看各部门的工作职责和办事流程，对政府机构行使职权过程进行了解。而对于国家机关及其工作人员的监督是国家权力机关监督的重要组成部分，“活动园”中设置判断“写举报信”“撰文在报纸上发表”等事例所属的监督方式，让学生知晓自己是政治参与的主体，熟知政治参与的正确途径。

以上教科书中对于国家权力机关的政治过程与程序内容教授主要借助“活动园”及“阅读角”等栏目。课文由于篇幅及功能所限，对于政治过程及程序内容很难做到通达的目的，而栏目学习活动的设计则使学生在具体生活场景中对于抽象的政府机关过程与程序进行详细学习，并且通过多样的活动设计，增强学生对于我国国家机关的职权范围、办事流程、监督途径等相关知识的学习，有利于学生培养政治参与感，增强其对我国国家权力机关的政治过程和程序的认同。

（三）传承思想精华与传统礼节，塑造文化认同

1.物质文化认同内容

物质文化包含人们衣食住行的各个方面，是一个民族延续发展的标识，在文化交流越加频繁的当代，增强学生对我国传统物质文化的了解与热爱之情越发重要。教科书强调中华优秀传统文化及各地区、各民族差异文化的产物，增强学生对我国源远流长的中华文化的继承与发展以及对我国多元文化的包容，如展示我国古代物质文化产物，形态各异的青铜器、绚丽多彩的丝绸、精美绝伦的瓷器、造福千秋的工程建设等，向世界展现了中国古代劳动人民的精湛技艺与勤劳智慧。随后在相关链接中介绍我国商朝后母戊鼎、西汉素纱蝉衣、西汉青瓷四系罐等物质文化的产品与文化价值，展现我国悠久丰富的文化产物，增强学生的文化自信。

此外，在介绍物质文化时，教科书还关照了南北差异及民族差异，如插图中展示了由于我国幅员辽阔、不同地形特点造就了南北方不同交通出行方式的差异：北方有马拉爬犁，而南方有行水的竹筏，满足不同地区居民的日常出行需求。而不同民族的物产也不尽相同，如藏族人民的传统服饰藏袍、傣族的传统美食竹筒饭等，都具有民族特色，并且都是构成我国传统文化不可或缺的一部分。对此类物质文化内容的普及不仅有利于增强民族凝聚力，对于现当代儿童明确自己的民族身份同样具有深刻意义。

2.精神文化认同内容

（1）中华优秀传统美德。中华优秀传统美德是中华优秀传统文化中的精华，是那些优质的能反映人与人、人与社会集体、人与天地万物之间关系的优秀道德原则、规范、品质之和。教科书中对中华传统美德的地位进行叙述，在实现中华民族伟大复兴的事业中，传统美德永远是不断奋进的精神动力。此外，教科书中着重强调个人修身美德、家庭生活美德及公共生活美德具化为诚信、友爱、敬老、孝敬父母等方面。在个人修身美德方面，教科书中阐明诚实是中华民族的传统美德，是做

人之本，并在“阅读角”中引用我国古典事例，引导学生对于我国传统美德诚信的认知及养成。

在家庭生活美德方面，书中不仅关注敬爱父母的感情培养，还涉及了良好家风的引领，如组织以“荟萃家风”为主题的学习成果交流活动、了解自家家风调研活动，并将良好家风对于个人、社会的意义以及小学生阶段应通过良好家风向社会传递正能量等路径进行讲解。在公共生活美德方面，强调敬老的传统美德。“阅读角”中强调敬老、养老、助老的传统美德更是公民的法定义务，增强学生敬老爱老的美德意识。通过教科书中对我国优秀传统美德内容的展示、解释、辨析，提升学生道德品质，传承中华传统美德。

（2）思想精华。思想精华是承载几千年来中华民族思想和智慧的思想意识结晶，具有文学价值及哲学价值，学生对这一优秀思想精华的继承与创新具有划时代意义。教科书思想精华穿插于各类知识主题中，涉及经典著作以及学习观、自然观、发展观等日常生产生活中的思想学说。如相关链接中为学生普及各族人民优秀代表作品。传承思想精华的意义不仅停留于内部的认可，身为当代学生，还应积极参与经典诵读活动，向他国介绍我国思想精华。思想精华的传承在小学《道德与法治》教科书中不作为主要教学内容，而以濡染的方式进行，穿插其他教育内容，辅以我国优秀思想精华内容，提升学生对这部分内容的认知，塑造认同感。

（3）中华民族精神。中华民族精神是中华民族繁荣富强的不竭动力，是展现民族身份的文化基因，影响着中国人的精神气质。自强不息作为中华民族的民族精神之一，教科书将其分为明志、气节、诚信、求新、知行合一的精神境界，力图让学生在这些民族精神的渲染下成为品行高洁的人士。立己达人的仁爱精神是我国民族精神中崇尚和睦的典型，教科书中借用孔子的名言表达帮助自己的同时要帮助他人的仁爱之情，并将这份仁爱之情溢化为宽容及推己及人。

民族精神是我国传统文化中“仁爱”思想的核心，学生对这一思想的继承也是对中华民族身份的继承。“天下兴亡、匹夫有责”的爱国情怀是一个民族存续繁荣的基石。教科书借助我国自古至今的伟人爱国精神的表达，为学生展现爱国情感的重要性及正确方式。“阅读角”中展示古代思想家的爱国警句。“活动园”中讲述爱国故事等活动。爱国奉献精神自古就是中华民族奉为己任的首要内容，当今时代的小学生要对这一内容的当代含义进行全新诠释，让爱国精神不再是抽象的情感表达，而是一种行为的践行。

3.制度文化认同内容

制度文化是指维持人类社会稳定与发展的规章制度，包含伦理道德和礼仪俗规等内容。制度文化不同于精神文化，它是具有一定强制性特点的伦理学及道德哲学，这种制度文化维持了一定时期国家社会的良好秩序，具有一定的时代意义。因此，对这一内容的了解有利于学生对我国传统文化的认同，促进中华文化的传承。

4.行为文化认同内容

（1）节日礼俗。节日礼俗是一个民族文化的精粹，是协助一个民族和国家历史与文化连续的纽带。节日礼俗内容穿插于各个阶段的教科书中，一般将学生学期顺序与传统节日相协调进行编排，主要介绍我国春节、中秋节、重阳节等几个重要的传统节日。低年级中教授的节日礼俗主要以认知层面为主，在进入中高年级后，对于传统节日的教学内容则上升到为社会奉献的价值观塑造层面。如通过阅读角中展示“春运售票员的一天”，让学生知道平凡工作者在重要传统节日背后的尽职奉献，对于春节这一类传统节日，教学不再停留于节日氛围此类感官体验，而是逐步引导学生对社会责任的理解，从而塑造积极的国家认同价值观。

（2）古代科技行为。古代科技行为是展现我国昌盛繁荣的重要证明，我国古代科学思维体系和科学精神是了解优秀文化不可忽视的重要内容。将古代科技行为及成就设置于教科书中，强调古代科学巨人的科技活动所创造的璀璨成绩促成了中华文明；“阅读角”展示我国东汉科学家张衡、南朝科学家祖冲之、明朝医学家李时珍在科技活动中取得的科技突破，为学生树立我国古代人物的科学榜样；“活动园”中设置了了解我国古代科技行为的相关活动，并借助其中插图人物对古代科学家追求真理、献身科技的故事表达自身理想，引导学生以我国古代科学家为榜样，规训自身志向和行为。介绍中医药学、天文历法、数学的科技行为成就可以增强学生对传统文化的了解与敬佩。“活动园”还就我国历史著名医学家扁鹊、张仲景、华佗、孙思邈的医学领域突出成就及贡献等组织知识拓展活动；“阅读角”还展现了当代科学家屠呦呦从古代中医文献中获得灵感，取得造福人类的医学成就事例等。

以上课文及各栏目中有关我国古代科技行为的知识编排在增强学生对优秀传统文化的体悟及文化自信价值体验方面具有积极作用。通过介绍我国古代劳动人民在生产生活各个方面的工艺技术行为，在相关链接中赞叹了我国青铜铸造、丝织技术、制瓷技术、水利工程技术、桥梁设计技术的智慧与精湛，让学生在领略后母戊鼎、素纱蝉衣、赵州桥等文化产品的同时，感受中国古人的高超技术工艺，并在进一步相关资料的搜集过程中了解我国古代科技的博大精深，促进文化自信，增强文化认同。

（3）语言文字。语言文字是一个国家文化绵延的载体，更是一个民族的身份标识。小学《道德与法治》教科书中对于我国语言文字内容尤为关注，对我国丰富多元的文字、汉字的历史演变、汉字承载的深刻含义以及汉字的影响力进行介绍。

从横向来看，教科书兼顾了我国多民族、多语言的特点，对我国多样文字进行讲解。小主持人设置了与文字相关的小问题，既普及了基本知识，又培养了这一阶段学生的观察能力，通过观察了解我国多元文字的特点，增强民族凝聚力与自豪感。

从纵向来看，教科书讲述了我国文字的悠久历史，从甲骨文到楷书，每一个阶段的汉字都呈现出不同的字体风格；“阅读角”中将这一风格特点扩大，展示汉字的演变过程，并对甲骨文、金文、秦小篆、汉代隶书、唐代楷书、草书、行书的不同历史及特点进行描述。教科书探讨了汉字的深刻含义及广泛影响；“活动园”、相关链接中对我国甲骨文及现代汉字表意做了进一步解释。

我国汉字具有独特的表意性，每个汉字都承载着博大精深的中华文化。同时，我国汉字对周边国家的文化发展也有重要意义。教科书中对汉字的内涵及广泛影响的展示有利于学生对我国语言文字的了解，同时有利于学生塑造文化素养，传承中华文明，展现中华魅力，是行为文化认同的重要内容。

（4）艺术行为。艺术行为代表了一个民族文明的程度，我国具有丰富、灿烂的艺术行为文化，如书法、水墨画、剪纸、陶瓷工艺、歌舞等。教科书中对书法这种艺术行为尤为关注，并展示其重要地位；“活动园”中还展示了古代书法家的名作，让学生在欣赏我国珍贵文化遗产的同时，督促学生的汉字书写能力提升。而教科书对于其他艺术文化内容的展示以渗透为主，如在介绍家乡物产时，展示传统剪纸工艺、虎头鞋手工、青花瓷等图片，通过贴近儿童生活的情境设置，将乡土教育与传统文化教育相联系，促进学生对家乡物产资源、风土人情的了解，增强学生对家乡的热爱，从而提升学生对于祖国的热爱之情与归属感。

（四）回溯国家历史进程，增强历史认同

1.历史人物内容

历史人物是指在特定历史条件、时间过程下，影响我国历史发展进程、代表民族特性的关键人物，是影响一个国家前进方向的重要历史因素。教科书中的历史人物主要分布于高年级教科书中，更多出现于教科书中“活动园”“阅读角”等栏目系统中。教科书中关涉的历史人物分布领域较广，时间跨度较长，涉及科技、教育、医学、航海等众多范畴的杰出人才和突出代表。如“活动园”中设置了通过搜集我国古代科学家蔡伦、张衡、华佗、祖冲之等人物的成就和故事，询问学生对于我国科学家追求真理、献身科技的故事的启发，引导学生树立笃实好学、奋发图强的价值观。此外还包含孔子、甘德、郑和等众多人文、科技领域的伟人事迹，用古代历史人物及成就激发学生的国家认同情感。

除古代科技工艺巨匠，近代救亡图存的民族革命家也是本版教科书历史人物的

重要关注群体。在“活动园”“阅读角”中展示林则徐禁烟、关天培等爱国图存的英雄事迹。同时，设置收集其他英雄人物及故事的活动，增强学生的民族精神和爱国情感，培育学生的国家认同感。通过教科书编写有关我国历史人物的内容，不仅可以丰富学生有关我国的历史知识，更可以通过我国杰出的历史人物代表及其事迹激励学生责任担当、自强不息的品质树立，进而升华为对祖国的认同感及振兴中华的使命感。

2.历史事件内容

历史事件是指真实发生于历史上的客观事实，具有现实证据的支撑而不是相传为记载的史实片段。教科书中简述了和平年代爱国与爱史的关系，爱国的内容十分广泛。热爱祖国的山河，热爱民族的历史，爱民族的历史就是爱国的表现。教科书中对于我国历史中的重要节点进行讲解和相关活动设计，使得学生在反思历史的同时增强国家使命感和荣誉感，塑造国家认同。

此外，教科书中还描绘了众多中国历史中的重要时刻。对这些历史的铭记，一方面让学生知道中国曾经面对的历史，激励当代的学生养成艰苦奋斗、厚积薄发的精神；另一方面，在了解中国共产党的奋斗历史背景下，坚定地拥护中国共产党，促进社会稳定和国家认同。一个国家的过去更决定着一个国家的未来，而当代儿童要跨越时间鸿沟，了解一个国家发展的根基、限制及优势，增强历史认同，才能为未来的国家建设贡献力量。

（五）介绍自然风光与国土边界，提升地理认同

1.自然风光内容

自然风光包含对家乡及国家自然风光的领略，以及对我国自然地形、水文、气候特征的理解。我国是幅员辽阔的大国，自然景观异彩纷呈，教科书中对自然风光的展示主要借助“热爱家乡”这一主题进行，培育学生对家乡、祖国的热爱之情。此外，对于高年级学生，其对祖国的地理意识不应仅停留于自然景观的欣赏层面，更应进一步加强其基础的地理知识学习。因此，教科书应该设置内容，对我国地形、水文及气候特征进行讲解，可有效增强学生对我国基本地理知识的了解。

随后，教科书可以安排关于我国气候特征的知识内容，针对这一知识内容设置问题，让学生在中国地形图中找到平原、高原、丘陵和盆地，并了解自身所在地区的地形以及气候特点，以及由此受到的影响。以上知识内容的编排以及学习活动的设计有利于学生在多样有效的学习过程中培养地理意识，增强对地理特征的了解，树立国家认同情感。

2.人文景观内容

人文景观与自然景观相对，是指以文化为载体附着在空间的一种意义认知，凝结着人类的智慧和观念。教科书中对人文景观的编排主要包括各地区的人造景物及被赋予独特象征价值的景物，让学生从地理角度出发对我国人文景观进行探析，从经济、政治、社会等因素探究我国人文特征，增强学生的地理意识和技能。同时，国宝大熊猫作为具有独特象征意义的动物，多次出现在教科书中，能够潜移默化地增强学生对我国人文景观的认知，培养其国家认同情感。

3.领土意识内容

领土意识包括地理层面的领土范围中的空间边界的肯定，以及在这一空间范围内的区域化设置、空间规划、开发和管理的国家主权，是地理认同的核心内容。相比低年级，高年级教科书中较多编排领土意识的知识内容。结合插图，让学生掌握我国地理信息，有利于学生对我国领土基本常识的理解；教科书中对领土行政划分进行解释，并在“阅读角”普及我国省、自治区、直辖市和特别行政区的区别，强调我国主权不容侵犯，为学生树立归属感和国家主权意识，增强国家认同教育实效。以上对地理知识内容的学习可以使学生在掌握自身发展限制及突破口的基础上，更好地把握我国发展的契机。

三、道德与法治教育教科书中国家认同教育建议

（一）教科书编写的建议

1.增加国家认同教育类知识

虽然道德与法治是德育课程，但也是小学的综合课程，应适当增加其他不开设学科领域所含的知识内容，如制度文化、政治意识形态内容，使国家认同教育内容趋于完善。

（1）将传统的制度文化与当今的制度建设相结合。小学《道德与法治》教科书更多地教授儿童规则意识，对于优秀传统文化中的制度文化不应舍弃，应将其中的精华进行展示。在教科书中编排这一内容对于增强学生国民意识、民族荣誉感方面具有不可小觑的力量，可以让学生了解基本制度文化情况，吸取传统制度文化中的精华部分，在保持民族特性的前提下，为制度文化的进一步优化提供前提。

（2）将政治意识形态内容与国际形势相结合。社会主义核心价值观作为社会主义制度的核心价值体系，分为国家、社会及个人三个层面。小学阶段的儿童认知水平已达到具体运算阶段，儿童会反思事物的前后变化并对其原因进行探究，并且这一阶段的儿童分类和理解概念的能力提升有所。教科书中在编排此类社会主义核

心价值观等较抽象内容时，应借助具体事物的支撑，将社会主义核心价值观不同层面的内容进行具体讲解，使学生对政治意识形态有一定了解。同时，社会主义核心价值观是社会主义价值体系的核心部分，教科书在编排这一内容时，可适当关照国际环境中各个国家的国家精神和价值体系。

以上内容是文化认同与政治认同中的重要内容，对于小学阶段的学生来说，不管是从年龄的认知特点还是公民的基本义务出发，都应作为教科书中必须编排的内容，这样可以增强学生的文化自信、政治自信，同时也是彰显公民身份的重要内容，更是建设国家的必备决心。

2.增强教科书各栏目间的联系

国家认同教育是一个连续的过程，认识一个国家的特征是多方位、多角度的，这需要教科书组织明确、连续的学习活动，以增强学生的国家认同。国家认同教育不是一个独立的个体，而是一个连续、融合的教学过程。因此，为进一步增强教科书中国家认同教育的有序开展，首先应明确教科书中栏目的边界，让学生和教师在使用教科书时能够明确活动类型，从而更有针对性地开展国家认同学习活动；其次，应增强各栏目之间的联系，例如，将“活动园”“阅读角”等具有不同功能的栏目进行同一相关主题或同一事件主人公设置，增强学生对同一国家认同类目的不同技能的锻炼，同时经过同一场景了解国家认同类目知识。栏目系统作为课文系统的补充，各栏目对于课文的解释、细化作用不言而喻，而各个栏目也不能作为独立的个体，应增强各栏目之间的联系，开展国家认同教育，一方面经过较少的场景切换，给学生带来熟悉感、信赖感，减少陌生知识的导入，更有利于学生国家认同教育的开展；另一方面，借助相互联系的场景设置，有利于学生相似知识点的迁移，在促进学生国家认同不同类目的学习中减少阻碍。

道德与法治学科作为小学阶段学生开展的综合类课程，是学生进行社会化的初次尝试，其中，教科书栏目的设置更是学生学习活动开展与社会实践的重要途径，而国家认同教育内容的编排在借助各个栏目的功能的同时，要增强各个栏目之间的互补及联系，弥补学生不同类目的国家认同素养。借助不同类型的栏目活动增强学生的国家认同情感，不仅有利于增强学生学习国家认同教育内容的积极性，也能够增强国家认同教育的实效性。

（二）教科书使用的建议

教师是教科书使用的主体之一，也是教科书中国家认同教育内容有效落实的重要环节，教科书的使用是教学过程中教学理念的外显，故教师在进行国家认同教育内容教学时要树立正确的教学理念，关注国家认同教育内容的开发，了解各栏目编排组织教学活动，从而提升国家认同教育的实效。

1.提升教师国家认同理念与素养

教师在使用教科书开展教学活动时的意识形态会影响学生的价值观塑造，故关注、提升教师国家认同理念及素养是保障国家认同教育活动开展的前提，主要包括以下方面：

（1）教师要领会国家认同意义、精神和内容，了解国家认同和认同国家是开展国家认同教育的重要前提，只有树立积极的国家认同情感，才能开展国家认同教育。教师需要对国家基本信息有一定了解，包括政治主体、政治制度、公民身份、国民意识、精神文化、行为文化、历史事件、领土主权等政治、身份、文化、历史、地理等方面的知识，了解我国所处环境、当下现状、未来发展契机等内容。

（2）教师还要关注日常生活中与此相关的热点问题，提升自身的国家认同素养，而这也是教师终身学习能力的表现。教师要将生活中学习的知识纳入自己的知识体系中，提升自身国家认同素养，并将其与《道德与法治》教科书中国家认同教育的内容相联系，为学生拓展思路，使国家认同教育不再限于书本知识。

（3）在教学相长的理论指导下，教师素养的提升必然会带来学生的国家认同核心素养的提升，因此，要把握教师素养及学科核心素养带动学生核心素养的提升。而小学《道德与法治》教科书较为注重国家认同教育内容的融入，融入数量较多、范围较广，这需要教师拥有较为深厚的国家认同素养，才能使用好本版教科书，进而借助教科书这一知识媒介，引导学生认知技能、情感意识等方面的国家认同素质的培养。

2.关注课文及栏目系统的功能

小学《道德与法治》教科书在编排国家认同教育内容时要充分利用课文和栏目系统，发挥各个部分的功能优势，这需要教师在使用教科书时要关注各系统设计意图，组织积极有效的国家认同教育教学活动。教科书中各栏目较为注重留白的设计，旨在增强学生的思辨能力。这需要教师准确把握留白主旨、填补留白，对于教师来说，这既是考验，更是提升国家认同教学效果的切入点。作为教育的主导者，教师要带动学生思考、探索，为学生留下创造的空间。教师应借助教科书内容拓展国民意识内容，增强学生对于多民族知识的了解，帮助学生尊重、欣赏各民族差异，增强民族凝聚力，实现学生中华民族共同身份和维护祖国统一、民族和谐的国家意识，塑造学生多角度的国家认同情感。

小学阶段《道德与法治》教科书的编写在众多栏目中设计了多元立体的活动，这需要教师根据国家认同教育内容采取相应的教学方法，如组织讨论辨析、反思探究、调查研究、参观访问、角色扮演等活动，让学生在有关国家认同教育的生成性活动中主动思考，积极表达，习得方法，努力践行。将栏目中隐含的国家认同知识、情感借助各类学习活动进一步落实，增强国家认同教育过程中的趣味性和实效性。教科书中课程及栏目系统各个部分内容设计精巧、各具特色，对于国家认同教育具有不可忽视的协助作用。教师在开展国家教育时，要结合发挥本地区特点，发挥各部分的积极作用，帮助学生在快乐的学习环境中培植国家认同素养。

3.延伸与国家认同相关的教学点

小学阶段《道德与法治》教科书中国家认同教育的内容较为丰富多样，需要教师积极关注教科书中有关国家认同教育内容的开发，关注学生品质的塑造，为学生营造一个积极的、引人入胜的学习空间。小学阶段的国家认同教育内容是以内隐和外显相结合的方式融入的，故教师需要针对相关内容进行教育内容的开发。如教授“家乡”相关知识时，主要围绕“热爱家乡”主题展开，涉及认识家乡地理位置，介绍家乡物产资源、风土人情，了解家乡积极奉献的人们。教科书借乡土教育渗透包括地理认同与文化认同的国家认同教育内容，这一内容较易被忽视。教师应该认识到乡土教育更多的不仅是了解自己的家乡，而是以此为切入点开展层层递进的国家认同教育，从学生周围环境的探讨到对社会、国家情况的了解，从对家乡的热爱到对国家的热爱，从对家乡的奉献到对社会和国家的建设责任感塑造。

教师需要对教科书中国家认同教育内容进行开发利用，促进学生国家认同情感意识的塑造。同时，教师要借助当下信息技术的优势，对相关教学资源进行开发，结合教科书中国家认同教育相关类目，为学生展示新颖、多样的教学内容，调动学生的积极性和参与感，从而增强学生的国家认同感，丰富国家认同教育的内容和类型，引导学生的创造性。教科书的开发需要教师保持清醒的教育理念，用教育理念指导教育行为，教师要抓住教科书中隐含的国家认同教学点，将国家认同教育内容挖掘点明，帮助学生提升国家认同素养。

第三节　道德与法治教育的有效性研究

一、道德与法治有效性教学遵循的原则

（一）教学目标明确、准确、正确

小学教育更侧重基础知识的传授，小学生需要在道德与法治教学的过程中了解基本观点并掌握基本方法等，不仅增加其知识储备，更应该逐步增强其思考能力、

判断能力，对社会和品德进行进一步认知。如此明确、准确、正确的教学目标，就可通过明确、准确、正确的讲授达到教学目的。

教学的展开应由教师有意识地规划和组织教学活动，以达到学生学习和接受知识的活动，那么相对完善的教学准备和合理的教学组织是必需的。教师需要根据课程以及学生的实际情况，提前预想学生可能存在的疑问，以及课堂课程产生的问题，并准备好处理方案和对策，所以说，有效教学绝不是无准备的教学。

完善的教学实践使其符合相应学科领域的教学特殊性和规律性，如此，教育者才能更好地将教学过程系统地、全方位且细致地把握住，从而促进教学有效果、有效益、有效率地实现，小学道德与法治有效教学亦是如此。教师在明确的教学目标下提出准确的教学要求和教学任务，使得学生能够准确把握学习的重点难点；讲授内容过程细致而耐心，清晰而易懂，贴合小学生学习基础，便于学生在相对轻松的节奏中清晰把握准确和正确的教学内容。

（二）教学准备完善且组织合理

学习是将前人的知识储备和实践经验以理论的形式、更易于接受的方式去接受，不必要一定自我实践，增加实践和精力上的消耗。教学应是高效的，如果学校或其他教育形式的效率不能比社会实践的效率高，那么学校或者其他教育形式就失去了存在的价值。有效教学在规定时间内应该使学生能够收获实践相对应量的收获，此收获量应与前期的教学投入和经济投入等相吻合。如果前期投入大量精力和时间，但收获甚少，如此不属于有效教学，甚至可以定位为无效教学。因此，要有完善的教学准备和合理的教学组织。

教学有法也就是教学中要把握教学规律，无论是教，还是学，都有自身规律，必须遵循而不背离，就像学科特殊性规律的认知、教学理念的把握、教学目标的侧重，决定了教学行为不是无意识、无准备的，小学道德与法治这门课程就需要考虑到学生的认知能力和知识结构背景，然后决定选择怎样的教学方式最为合适。课堂规范操作是稳定的，例如，无论是以故事导入，还是以复习导入，抑或是以问题导入，这都是课堂进行中的第一个环节，随后给予提示、组织发言、构建讨论等进行主题阐释，最后进行评价、总结、升华主题，这一系列环节设定是相对稳定的。教无定法和贵在得法都说明教学中不存在模式化或者是教条化一定要照做的方法，凡是能够遵循教育规律，实现教学目标的教学方法，就可以进行个性化教学设计。

有效的教学内容在面对不同教学群体时能够展示出不同效果，有效的教学设计在不同时间段能够体现出不同效果，可以总结出，在这个变化过程中，教师充当着一个权衡变量的作用，教师要根据不同内容选择不同设计，根据不同群体选择不同方式等。例如，有些环节在一个教学班级是如此进行，但另一个班级就可能需要调整或者删减某些细节，或者增添互动等。

教师作为教育的施动者，有着自身的特点和风格，无论是专业背景、学识基础、教育理念、性格特点、语言风格等都表现出千差万别，这种差异在具体教学实践中就得以体现。如果教学准备是理论准备和思想构建，那么合理的教学组织则是将整个教学活动立体化、形象化的过程。教学组织是将教学活动变成鲜活的动态活动，尤其小学生具有认知水平较浅、求知欲旺盛、学习能力强等特点，应根据教学内容灵活地、创新地、开放性地开展教学活动，尤其低年级学生的课堂要注重课堂纪律和课堂氛围的维系，以保证教学按照教学目标高效达成而开展。

（三）引导学生思路，挖掘学生潜能

有效教学还需要有效益，效益是效果和效率的综合。追溯历史中的教育，古代的教学追求最佳结果，而且是每个受教育者个体的最佳效果，但没有效率；近代教学在生产力高度发展的环境下追求高效率，但是整齐划一的标准、模板式的要求和教学方式不利于个体的最佳教学效果。教育是关于个体的成长和发展，受教育的学生仅占这个时代的百分之二十，但是他们却是未来世界的百分之百。

小学课堂的有效性多取决于教师对课堂教学的开展，除教学目标的把握，以及教学准备和教学组织的开展，还需要教师带动和鼓励学生，能引导学生又善于挖掘学生潜能。在教学开展过程中，教师确实是全身心投入关爱学生成长的，愿意耐心引导、悉心教授、热心辅助，真正构建良好的师生关系、教育关系，既给予学生充分的关切和尊重，又能够做到真正相信学生的能力，适时对学生进行鼓励并挖掘潜力。教师亦要乐于并善于与学生沟通，在教学过程中建立亦师亦友的良好教学关系。教师能根据学生的实际情况调整合适的语言情景和表达方式，极大程度地避免教师站在成人的认知层面对基础教育阶段的知识简单化、模式化，不会因为题目简单而认为学生掌握是理所当然的。

道德与法治的课程目标不是一个学期学生取得的分数，而是相应思想和素质要求的持续。客观外在评价易于用成绩衡量收获，但道德与法治课程分为阶段短期目标和人生长期目标两个部分，实现该课程阶段短期目标即是完成目标具体化后的内容，在最短时间内促进思想指引实践的效果，减少各种干扰因素的影响。道德与法治课程目标的实现易于学生长期培养目标的实现。

（四）教师思想开放性与个体适应性

道德与法治教师不但肩负着上好这门课程的责任，更有着为该学科教育的后

来者指点迷津、提供思想和实践指导的责任。《淮南子》中所言“苟利于民，不必法古，苟周于事，不必循旧”。教师需要时常进行深刻的教学反思，无论是教学设计，还是教学理念等方面，潜心研习教学理论和教学方法，敢于实践突破性尝试，进行深刻教学反思的同时，思虑专业发展趋向，通过系列教学反思促进专业改善和发展。

需要注意的是，小学道德与法治的有效教学更凸显出课程的开放性。因学生的成长环境、知识背景等的不同，小部分学生在上课的时候会产生少量“异端”观点，虽然这些观点和主流观点或者教材观点不同，但对于此种观点，在道德与法治这门课程的有效教学中，凸显出了对于“异端”观点的非逃避性引导，从而及时而有效地对学生思路进行辅正和完善。有效教学不忽视教学的开放性和个体的适应性，正视学生在教学过程中每一次思考的价值，注重保护学生每一次独立学习行为的积极性。

要想让每个学生都全身心投入教学过程中，就需要教师认真观察学生个体，本着因材施教的原则，将教学环节设计多元化、丰富化、个性化。

二、道德与法治强化有效性教学的实施

有效教学是每位教师对自身教学实践的追求，但初步着手实施，过程中必然需要反复打磨和锤炼，最终经得起打磨和锤炼的结果才是有效教学。

（一）加强教师课程认知，落实统一教学目标

每一门课程的开设都有其独特的使命和价值。坚持统一性和多样性相统一，教学目标的落实要统一，同时也要因地制宜、因时制宜，因材施教。上好思想政治理论课程的关键在于教师，思政课教师要给学生心灵埋下真善美的种子，引导学生扣好第一粒扣子。小学道德与法治教师更有必要详细研读课程标准，对课程有宏观、完整的解读，明白课程性质、教材思路、教学理念等要点，把握专家提出的实施意见指导实践。辅助学生在掌握读写算的能力基础上成为一个有思想、有素质，乐于了解社会，敢于参与设计，善于适应社会，不乏爱心、责任心的公民，也就是把一个人在体力、智力、情绪、伦理各方面的因素综合起来，使其成为一个完善的人。这样的课程定位便将道德与法治和其他课程明确地区别开来，那么课堂教学中就需要教师的教学行为围绕课程价值方向抓住教学目标。

例如，在《地球的伤心事》一课中，教学目标明确，但存在将教学目标和课程目标混淆的情况，因此课后反思中发现预期和效果有反差。教学目标不同于课程目标，避免课程目标和课堂目标的混淆，要兼顾全面性和指向性。教学目标应在课程

目标的指导下设定并完成。教师通过这些教学活动可以更好地、全面地实现课程目标。在道德与法治的教学过程中，学生的情感体验要丰富，在此基础上能够积极地面对生活，养成良好的生活习惯，为适应社会储备必要的知识，确保课程目标的实现，提高道德与法治教学的有效性。

需要强调的是，应将道德与法治放到自我学科的坐标轴中进行审视。人们需要在众多课程的纵向衡量上找到道德与法治学科的定位——全面性，也需要在横向道德与法治学科的内部价值衡量中找寻到自我的方向——指向性，进而综合确定，得到全面性和指向性的教学目标。尤其应注意三维目标应有机统一，若将三者割裂或流于形式，就会导致课堂低效。

（二）充足教学准备，加强课堂教学组织

1.充足教学准备

充足的教学准备涵盖的内容非常多，这就要求推动课程改革创新要坚持主导性和主体性相统一。教学离不开教师的教导，同时要加大对学生的认知规律和接受特点的研究，发挥学生的主体性作用。教师要不断提升自身素质，要认真上好道德与法治课程。虽在课堂教学中无法直观体现出教师所投入的实践和精力，无法具体衡量教师花费的心血和时间，但却是教学有效性实现与否的关键要素、重中之重。教学不是演讲，更不是表演，而是有计划、有目的、有意义和价值的存在，绝不能单靠临场发挥或是临时起意。因此，充足的教学准备是实现教学有效性的先决条件。

教师通过对教材内容的深入研读，定位教学重难点，匹配适宜的教学计划。对专业学术论文学习，对社会相关争议论题思考，对综合媒体相关报道的积累，灵活应用到教学设计中，力争在理论思考上给予学生更多的发挥空间和指引。所有有利于教学开展的因素都可以称为课程资源，直接影响教学效果的因素即是本文所提到的资源。随着学生年龄的增长，学生所拥有的知识储备和认知能力都有所提升，教学一定明确学生所掌握，教师所教授的是学生所不知、不会的，而非已经掌握和熟知的。

2.加强课堂教学组织

按照教学设计需要，提前准备小组划分，笔者按照学生活跃程度进行划分（提前问询学生意见），保证每组学生在课上都能被带动和参与，将名单告知并公布。

例如，按照小组提前安排布局，以《地球的伤心事》为例，《地球的伤心事》一课将学生誓言小便签在“微笑地球”小刊板展示，巡展在各个班级；另外，学生同家长一同制作完善的手抄报可以预先同校宣传部沟通，课后办一期以环保为主题的宣传内容，从学生完成的环保手抄报中选出优秀的进行全校展示，既可促进教学

效果，也能够增加学生参与校园活动的机会，课上环保教育与课下环保宣传相得益彰。《地球的伤心事》一课还可以与学校周边社区取得联系，组织一次“我是环境小卫士”主题活动，使课上内容和现实紧密结合，让社会上的众多要素都成为道德与法治课程焕发生命力的源泉；手抄报的作业活动要求学生和家长一起完成，期望可以通过此种方式让学生和家长产生共情，学生有所收获的同时，影响和内化家长的行为。

科学的教学组织能够确保教学内容的效率和效益。教学过程是动态非静止的，并非一切预想都会按照计划原封不动地顺利进行，而是需要教师合理的教学组织在其中发挥作用，在突发情形产生之时，需要教师及时进行调整和修改，稳妥地使教学活动继续进行。

（三）掌握有效教学策略，增加理论趣味性

善于创建教学情境。教师要在教学中尝试增加学生的社会现实生活体验，教师应努力创制贴合真实生活经验的教学环节。同时，要分辨学生的主体差异性，努力让每个学生都能够充分融入情景体验中，体验和感受社会和生活。

（1）鼓励学生独立思考。强调少年阶段是人生的“拔节孕穗期”，最需要精心引导和栽培。同时道德与法治课程的改革创新要坚持灌输性和启发性相统一，注重启发性教育，引导学生发现问题、分析问题、思考问题，在不断启发中，促使学生水到渠成地得出结论。每个学生的成长经历、家庭情况、环境熏陶均呈现较大差异，但每个学生都渴望自我的观点和认知得到许可。培养学生的问题意识，每节课带着问题去学习，在学习中淡化和解决疑虑，最终达到有效的教学效果。

（2）丰富教学活动。小学阶段的道德与法治课程的创新要坚持理论性和实践性相统一，用科学理论培养人，重视思政课的实践性，把思政小课堂同社会大课堂结合起来，教育学生立鸿鹄志，做奋斗者。教师可以根据课程特点、教学内容指向性去确定教学活动类别，也可以拓宽思路，自行匹配突破性尝试。可以通过角色扮演，使学生切身参与，从第一人称的角度获得一手感受认知；可以通过辩论，让学生对争议性话题各抒己见，在各种观点的阐述中使学生可以取长补短，完善思考；可以通过分组研讨，小组内部合作交流，既能让每个学生参与其中，集思广益，又可以培养学生的协调合作能力；可以模拟活动，例如，模拟法庭、模拟身份等，以第三方的视角和亲身体验效果是完全不同的。教学活动的类别非常多，教师可以根据不同内容而灵活选择，力争发挥教学活动的最大特点，促进课堂有效教学的实现。

（四）加强教师科研水平，提升教学思想性

教学清楚和易于理解是最有效课堂教师讲述的基本要求，同时也需要对教师的知识储备、信息整合、教学技能等提出较高要求。

办好道德与法治课程的关键在于发挥教师的积极性、主动性、创造性。教师的思维要新，要学会辩证唯物主义和历史唯物主义，创新课堂教学，给学生深刻的学习体验，引导学生树立正确的理想信念、学会正确的思维方法。特别是小学道德与法治教师面对的学生具有低龄化的特点，要站在学科领域的最前沿，知晓新的发展态势，了解新的科研走向，掌握新的研究课题，站在前人的经验基础上，展望未来趋向。

教师科研不是单纯为了科研，而是以课程为导向，以育人为落脚点，以为教学服务为宗旨。只有教师对教授内容有深入全面的理解，才能在教授中做到深入浅出、言简意赅；只有形成自我相对完善的知识体系和认知水平，才能做到预设问题。本着对学生用心，对教育负责，教师也应具备探究型思维，要有知识视野、国际视野、历史视野，通过生动、深入、具体的纵横比较，把一些道理讲明白、讲清楚，在教学前、教学中、教学后的各个环节进行理性思考和加工，形成自我成果，也可以给予同行提醒和借鉴。

（五）完善教学评价，激发学生学习热情

有效教学需要课前精心的教学准备，不仅需要课上的教学设计，也需要课后合理的教学评价，关注评价过程，促进学生发展，评价方式多元，尊重学生的多元发展。随着小学社会道德与法治教学模式的多元化，教学有效性的评价方式也应该与时俱进。教师在积极开展有效课堂教学的同时，应不断更新和完善评价方式。在对学生试卷上的表现进行考评之余，教师要加强对学生在课堂、生活中表现的全面考评，如此多样化的评价才可以提高有效教学，长此以往，形成良性循环。

加强对学生学习过程中以及上课过程中具体行为的评价。教学过程是实现课程目标以及教学目标的载体，教师对学生的评价要实事求是，不能以个人的喜好来评价学生的学习活动。思政课教师的人格要正，有人格才有吸引力，亲其师，才能信其道，对于小学道德与法治教学也一样，教师要有堂堂正正的人格，用高尚的人格感染学生、赢得学生，用真理的力量感召学生，以深厚的理论功底赢得学生，自觉地表率，做让学生喜爱的人。这样的教师所做的教学评价才会公平公正，才能更好地激发学生的学习乐趣和学习热情。

同时，在教学过程中对学生的评价也要有针对性，不要对学生的行为进行大而

空的泛泛点评，要多观察学生的学习行为和学习过程，让学生有重视感，多发现学生身上的亮点，为学生的不断发展指明道路，这样也能提高道德与法治课堂教学的有效性。

在课程结束后，需要进一步归纳和总结，这需要某个学生或某个小组的代表自主自愿地进行。尽管学生的总结可能因知识水平和自身认知的局限性而并非完美，但是教师也应当给予学生分享自我观点或展示小组交流成果的机会。教师在学生分享课程感受之后，要适当进行引导性总结，以便师生能够达成共识。恰当的课后评价既能培养学生总结问题的能力，又能顺利地完成教学目标。

对于学生的道德与法治学科的学业成绩的评价应打破以往单纯的纸笔测验的方式，要深化试题，不仅要考查学生基础社会知识掌握的层次，还要有深层次能力的考察，特别是情感、态度、价值观。要联系当前的实际，用科学理论培养人，重视思政课的实践性，把思政小课堂同社会大课堂结合起来。要重视学生实践性的发展，通过多样化的评价促进学生的不断发展和进步①。

第四节　道德与法治自主学习能力的培养

自主学习是由学习者做主的学习过程，也可以称之为由学习者做主的学习模式。自主学习是由学习者本人掌控的学习，自主学习是学习者对本身学习进程的构建经验，并在自主学习的过程中不间断地进行自主调控和自主思考，并得到自身学习能力提升的过程。结合小学生的实际学习现状，自主学习可以理解为学生在外部因素的指导下主动建构学习的过程，也是学生在学习过程中应该承担的学习责任，详细来说，可以是明确学习目的和学习目标，制订符合自身实际情况的学习计划，并持续监控和评价自己的学习过程。最终学生通过自主学习的过程达到自主学习能力的提升。自主学习具有自立性、自为性、自律性的特点。

一、自主学习能力理论及其影响因素

学生具备自主学习能力的主要表现为具备学习知识的自主性水平以及具备学习某种知识技能的自主性水平。教师在培养学生的自主学习能力时，应当以学生自主学习能力的构成因素为中心来展开，并将这个目标贯穿整个教学过程中。如果学生

① 傅阳．小学道德与法治有效教学研究 [D]. 曲阜：曲阜师范大学，2020：23-28.

能够独立完成知识问题的探索并完成学习目标，就是自主学习的具体体现，就证明了其具备自主学习能力。相比较一般的学习能力而言，自主学习能力能够使学生在学习过程中充分体现自主性、广泛性、灵活性等特征。因此，学生在自主完成学习任务过程中所表现的能力品质可以统称为自主学习能力。按照学习的过程，可以将自主学习能力细分为四个基础能力，即自主确定学习内容的能力、自主运用学习策略的能力、自主监督学习过程的能力以及自主评价学习效果的能力。

（一）自主学习能力理论

在自主学习能力中，其与建构主义理论、元认知理论、最近发展区理论都有密切联系。

1.建构主义理论

儿童从一无所知到逐步对世界产生认知以及不断完善自身认知结构的过程与其生活环境的好坏密切相关。学习者在学习之前并不是一张白纸，而是有着自身的社会文化背景和知识基础。具有良好自主学习能力的学生会主动阅读大量书籍来重新建构自己的知识体系，会主动向身边的人寻求帮助，从而获得更多的知识。

以自身社会文化为发展背景，主动通过外部条件获取知识内容的过程就是学生建构学习的过程。持有建构主义学习理论的专家在研究过程中将影响学习者学习的主要因素划分为情景、协作、会话以及意义建构。在这里所强调的情景是能够帮助学生自主建构知识结构的有利因素。如此，也就使教师在进行教学设计时面临更高层次的要求。具体而言，小学道德与法治教学设计应当围绕建构主义学习来进行教学设计，且设计过程中要全面考虑到如何在实现教学目标的前提下促使学生建构自主学习意识，并将创设相应情景作为教学设计的主要出发点。

学生在学习过程中离不开师生协作和同伴协作的促进作用。学生在分析研究学习资料、提出问题假设以及自我评价学习效果过程中，任何环节的知识建构都与协作密切相关。而协作过程中必然会产生一定会话，可将小学生划分为学习小组的形式互相协作学习，在该过程中，学生之间会通过会话来研究完成学习任务的方式途径。会话穿插于整个协作学习的过程，且每个学生在该过程中或主动向其他小组成员分享自己的想法，由此认为完成意义建构离不开会话的促进作用。贯穿学习过程的主要目标就是学生能够完成意义建构，而探讨事物的本质、发展规律以及各种事物之间的相互作用就是学生需要建构的意义。教师要确保学生在学习过程中能够对学习内容、发展规律以及各种事物之间的相互作用产生深刻认知并加以整合，这些就是学生建构意义涉及的主要内容。

学生对学习过程中接触到的知识以及产生的见解会逐步在大脑中构成一定的

认知结构。学生在学习过程中获得的体验成果是其建构意义能力的主要体现，相应地，教师思维对学生建构意义能力的提升作用较少。换言之，学生具备的建构知识意义的能力强弱直接影响了其获得的知识内容的多少，而学生对课堂知识内容的记忆能力并不能够成为学生建构知识意义的主要体现。因此，建构主义学习理论支撑下的学生自主学习能力的培养更加强调的是归纳整合促进学生自主学习的教学流程：由最初的创设问题情境到引导学生自主学习，随后在协作交互中交流思考结果，并对最终的学习结果进行评价。

2.元认知理论

元认知强调的是学习者对自身学习过程的再感受和再认知。元认知理论在不断发展的过程中也被引入了教育领域，尤其学生的自主学习方面，更看重学习者本身的元认知，从而促进学习者自主学习能力的宏观变化。在所有已知的学习策略中，元认知策略是起到引领作用的关键性策略。在小学阶段学生使用的学习策略中，计划策略、监控策略以及自我评价策略均属于元认知策略的主要内容。

自主认知学习的过程就是元认知的主要体现。结合日常教学，学习者在对自我进行自主认知的过程中涉及的知识和体验是元认知的主要因素。任何学习者所具备的与生活中涉及的目标、活动以及认知主体相关的知识内容可以称为元认知知识；而学习者在开展智力活动时下意识产生的认知和情感体验可以称为元认知体验。

与认知相关的知识内容以及认知调节能力是元认知的核心内容。在通常情况下，元认知能力具备两方面内容：一是学习者具备能够促成策略构成事实的知识内容；二是学习者在学习过程中对自我认知的调节控制的看法。在学生自主学习能力的研究中，元认知知识、元认知体验以及元认知监控是研究元认知的重要切入点。学生生活中积攒的经验以及自身对认知活动的见解就是学生已经掌握的元认知知识。学生在学习活动中产生的对学习的兴趣就是元认知体验。具备良好自主学习能力的学生在了解元认知过程中能够掌握影响认知活动的主要因素，并找寻各种因素中的内在联系，有效增强学习的效果。

因此，在研究学生是否具备自主学习能力以及寻找相关对策时，都会运用到元认知理论。而且，元认知策略中的计划策略、监控策略和自我评价策略更是研究的主要方向。

3.最近发展区理论

现有水平和可能的发展水平是儿童发展的两种水平。儿童在活动中能够凭借自我认知记住某些内容并对其加以形象化，这种能力是与生俱来的。可以将儿童具备的适应自然的心理能力称为低级心理机能。当儿童接触比自己年长或者知识丰富的人群时，他们会学习如何带有目的性地观察思考，获得记忆逻辑性等。这时，其原本具备的心理机能就会逐渐升级为更加复杂的认知功能，也就是高级心理机能。

将儿童具备的自主解决问题能力与其接触比自己年长或者知识丰富的人群而获得的发展水平之间的区域看作儿童的最近发展区。在具备更高知识水平人群的陪伴下，儿童产生的发展能力与其自身具备的发展能力之间的差距就是“区”的基础概念。譬如，在对两个儿童进行8岁儿童心理标准的测验时发现，两个儿童在满足测验标准的前提下，分别达到9岁儿童，12岁儿童的发展水平。由此可见，达到9岁儿童标准的最近区是一年，而达到12岁儿童标准的最近区是四年。成人或者同龄人对儿童最近发展区内的影响比较广泛，比如通过模仿示范、启发式提问、开展集体活动等能够有效提高儿童的自身发展水平。

对于学生而言，现有水平就是指学生在独立活动过程中具备的能够解决问题的能力，可能的发展水平是指学生在不断学习过程中逐渐积累获得的能力。最近发展区就是学生两种水平的差异所在。教师在设置教学目标时应当围绕学生的最近发展区而进行，并筛选出超过学生现阶段认知水平的问题和内容，促使学生积极探讨，使学生潜在的能力得到发挥，使其具备超过其最近发展区的更高层次的发展水平，随后逐步进入下一个发展区。

通过最近发展区这一理论，能够了解到儿童的发展水平与其在与成年人和同龄人的交往接触中获得的知识能力密切相关。实际上，通过最近发展区理论能够划分学生应当自主具备哪些能力以及教师负责教导哪些知识。这对自主学习策略培养内容的选择以及教材的梳理有着重要意义。

（二）自主学习能力的影响因素

1.外部环境对自主学习能力的影响

学习自主性的影响因素分为内因和外因。自主学习能力虽是“自主”，但也有外在“不可抗力”的影响。例如，不恰当的教学方式、消极的学习氛围等都可能成为自主学习能力降低的诱因。当前社会信息流通速度之快，使学生缺乏思考的时间，尤其在互联网环境下，太多的碎片化信息源源不断袭来的同时，无用的甚至有害的信息也会乘机侵入。小学生本身没有形成健全的思维意识，缺乏判断能力，在对事物无法深入了解的情况下，影响了其自主筛选、吸纳有用知识的能力。因此，对学生自主学习能力的培养，家庭、学校、社会都不能置身事外。

2.学习动机对自主学习能力的影响

学习动机分为内部动机和外部动机，其中最有效的学习动机是由学生本身主动发起的学习动机，外在诱因持续的时间可能会比较短暂，作用也不如内在学习动机大，与之相比，持久性强、稳定性强的内部动机成为学生自主学习的重要影响因素，即核心因素。它不依附任何诱惑性的外部环境，仅仅依靠学生自己的心理和意识，是最可靠的因素。但当前学生的大部分学习动机都是由外部动机引发的，比如受到长辈、教师的赞扬就会有强烈的学习动机，这种情况比较容易激发学习的自主性；反之，受到批评则会降低内驱力，有丧失自主学习能力的可能性。

不管是内部动机，还是外部动机，都是促进学生自主学习能力发展的重要因素，教师在教学过程中应注意学生的兴趣特点，激发起学生的内外部动机。

3.学习方式对自主学习能力的影响

学习方式是因人而异的，听、说、读、写等都可能是其学习的最佳途径。小学阶段的学生很难知晓适合自己的学习方式，甚至盲目学习他人的学习方式，导致学习过程总是不顺利。合适的学习方式和自主学习能力相辅相成，共同推进学生的成长与发展。学习方式的错误选择或者不当运用会使学生在学习过程中感到痛苦、厌倦，对学习的热情降低；反之，适当的学习方式会使学习变得顺利、轻松，提高学生的学习热情。发现适合自己的学习方式，也需要学习主体具备自主学习能力，在自主学习过程中不断摸索、调整适合自己的学习方式。

二、道德与法治自主学习能力培养存在的问题

小学道德与法治作为一门德育学科，始终是德育教育的主阵地。小学道德与法治更是一门综合性很强的学科，所涉及的知识面非常广泛。在内容上，小学道德与法治课程和学生的社会生活、学校生活、历史地理和基本的生活常识等都有联系，比如，关于水污染、空气污染等环境问题的探讨，关于中国的领土知识和相关历史的学习，关于一些基本的法律法规知识的了解等。这些纷繁的学习内容除了在课堂上要组织学生通过一系列的自主探究去学习，也要培养学生课前和课后自主学习的习惯，使学生在进行学科学习的同时，也有这些公民知识的学习，从而得到全面的发展。

“自主学习”这一概念经常出现在小学道德与法治课程的学习活动中。自主学习的目标主体是学生，其本质是学生主动积极地对学习内容进行消化和吸收，在此过程中逐步养成良好的学习习惯和方式，使得学生具备独立学习和思考的能力。自主学习没有固定的方法和模式，其重点在于使学生与学习内容产生相互作用，以达到促进学习能力提升，产生主动学习的习惯和意识。自主学习是一种学习习惯，是学生个体所具有的学习品质。在所有学科中，都要对学生的自主学习能力进行培养。道德与法治学科作为国家开设的一门基础性、综合性的学科，也具有这样的使命。

自主学习能力在道德与法治课堂中是一个关键性的问题。在自主学习所倡导

的学习模式中，教师是学生学习的引导者、组织者，也是学生学习中的交流者，主要作用是促进学生的自主学习。总之，自主学习能够促进学生学习方式的改变，提高学习的效率，帮助学生形成自我思考的习惯，帮助学生在学习过程中获得更多感悟，最终通过学习进一步看透世界、了解社会，树立正确的三观，为国家发展储备优良的新生后备力量。

（一）课堂学生自主学习内容的机会较少

学生自主学习的意识很强，但是自主安排学习活动的能力、自主参与学习活动的能力以及自主决定学习形式的能力都有待加强。学生非常渴望参与到学习目标的制定中去，但是受限于小学生的年龄特点和心理发展水平，尤其缺少一定的自主活动经验和生活经验，因此总体呈现出眼高手低的特点，这就是学生自主确定学习内容的能力不足的表现。

自主确定学习内容的能力需要学生有充足的学习经验和生活经验来作为支撑。但实际情况是，在传统教学模式下，学生缺少自主学习活动的体验，也缺少把学习内容和生活经验相结合的能力，表现为学生自主确定学习内容的实际经验不足。下面以小学中高年级的学生为例，阐述造成这一现象的原因。

（1）学生在学习过程中缺少生活经验，无法自主安排合适的学习活动。如果在日常生活中获得的各种生活经验能运用到学习上，是能够有效提高学生的自主学习能力的。教育就是生活，应该反对脱离生活没有活力的教育。教育应当从生活出发，通过生活中的点滴来引导学生更好地成长和发展。小学高年级学生在形象思维能力上已经达到了一定水平，培养生活化的学习意识，提高自主选择学习内容的能力，就需要将生活教育思想合理运用到教育教学中去，在教学中引入适当的生活资源，创设生活情境，从而帮助学生自主确定学习内容，构建自主学习进程。

（2）学生灵活运用生活经验的能力有所欠缺，无法很好地自主参与学习活动。相比较低年级学生，中高年级的学生已经具备自主学习意识。他们能够在学习过程中独立思考解决问题，自主学习能力有了很大提升，能够在课堂中积极回答教师的提问，遇到无法解决的问题倾向与教师、同学共同探讨。但是中高年级学生的自主学习能力还有很大的进步空间，他们不能够灵活运用各类生活资源，这和他们缺少运用此类能力的情境是有关系的。

（3）学生有序组织生活经验的能力不足，自主决定学习形式的能力也较弱。尽管高年级学生能够掌握一些常见的学习形式，但是在运用过程中并未将这些学习形式的作用发挥出来。他们在面对不同的问题挑战时，无法根据实际情况选择合适的学习形式，此时还需要教师和家长的指导。比如说同伴之间对学习内容的复述，在小学低年级也有学生在使用，但其实这一学习形式并不适用于小学各年段。

道德与法治是一门基于生活化的综合性活动课程，有利于设计一些自主学习活动来丰富学生的活动体验，也更需要学生利用生活经验来自主确定学习内容。小学高年级学生的形象思维能力已经得到了初步的发展，但是抽象思维能力的发展还处于萌芽阶段，因此，生活经验作为教学资源在小学教学过程中就显得尤为重要。小学生的年龄特点决定了他们对生活中的新鲜事物有很强的好奇心。教学过程中可以适当引用生活经验，并将课本知识与生活实践相结合，从而使学生的多元思维得到锻炼，使他们的学习积极性得到有效提升，能够做到学以致用，增强自主学习的信心，在未来发展中健康成长。

（二）教师对学生自主运用学习策略的指导较少

学生在交流策略的运用上表现较好，在探究策略和总结策略的运用上还可以进一步提高。探究策略和总结策略都是小学道德与法治课堂上重要的自主学习能力策略，这些策略的辅导需要教师改变传统的知识传授的教学模式。

在传统教学模式中，教师是课堂的主导者，教材仅仅是教师向学生传递知识的媒介。学生的知识是由教师传授的，学生的交流、探究、总结也都是在教师的教学设计中提前预设好的。整个教学过程围绕教师展开，而学生在接受知识时往往缺乏主动性。如此，学生被动地接受教师的知识传授是无法培养出自主学习的能力的。

对这样的传统教学模式做进一步探讨，其存在的弊端是教师的主导作用被过于强化，学生的自主意识得不到重视。在传统教学模式中，知识的传播主要依靠教师进行，学生主要通过教师展示板书、教学媒体等途径来获得新的文化知识。无论是课上课下，学生缺乏自主学习的能力，也就会对知识文化的进一步探索逐步丧失兴趣，更没有自主运用学习策略的机会，因此需要更科学、更合理的现代教学模式来帮助学生提高自主运用学习策略的能力。从改变教学模式入手，重新设计教学过程，多一些学生自主学习的活动，以及学生自主运用学习策略的机会，从而逐步培养学生自主学习的积极性，提高学生运用各种学习策略的能力。比如，教师可以尝试在课堂中让学生自己讲解对社会问题的见解，课后也要设计好学习计划，落实巩固学习策略，帮助学生更好地整合知识并加以运用。再比如，教师还可以引导学生通过小组讨论的形式学会自主解决问题，逐步提高自主学习能力。在教师的引导下，学生的学习积极性、主动性逐步提升，其潜在的能力得到激发，从而更加热爱学习。

（三）学生在自主监督学习过程中的意志力低

由于学生在学习态度的自主调整方面表现为自律性较低，因此学生对学习过程的自主调控能力还需要加强。学生缺乏自主监督学习过程的能力和学生自身的元认知水平有关。元认知能力就是自我认识的能力。在自主学习过程中，学生的元认知水平较低，就无法准确评估自我探究的过程。

小学高年级学生的元认知能力普遍偏低，较低的元认知水平也影响着学生的自主学习能力的自主监督。比如，在道德与法治的课堂上，教师经常会布置课前探究单活动让学生预习，但是从每次的完成情况来看，能够达到优秀的较少。这是由于大部分学生因为年龄较小，表现出的意识水平较低，在家里不能有效地进行自我监督，所以无法找到自主学习过程中的不足，从而改进自己的学习行为。

让学生学会自主监督学习是一种更有效的学习方式。学生只有具备准确合理的方式方法，并深刻了解学习动机，选择合适的学习环境，确保构成的元认知监控能够提高自主学习效率，这样，课堂的学习效率才会得到有效提升。不仅如此，通过认知心理学分析得出，学习的意义在于能够自主建构信息框架并整理信息，而元认知能够反映出学习者自主认知的程度。因此，要提高学生的自主监控能力，就要想办法提高学生的元认知能力。

因为小学生具有客观年龄小、学习意志水平较低的特点，所以教师就需要在自主学习过程中针对不同学生的学习特点做出相应指导，帮助学生能够采取合理的自主监控策略来监督自己的学习过程。教师还可以设计一个阶段的自我评价表，让学生根据表格内容来监督自我学习过程，学生坚持填写评价表的过程就是培养意识水平的过程。此外，教师还要起到随时督促的作用，提醒学生严格按照评价表监督自我。除了自我评价表，学生还可以通过自我提问等方式来监督自主学习过程。

（四）组织学生自主评价学习效果交互性不足

小学高年级学生在学习成果的自主评价方面呈现出较好的能力水平，但是无法对学习态度做出正确和及时的自我评价。学生的自主评价能力是指学生在完成学习任务后，主动对学习过程中所进行的行为和决策进行反思和分析的能力。在自主评价之后，学生能够找到自己学习时的优点和不足，总结经验教训，这样的反馈能为后面的学习计划提供帮助。学生自主评价的效果和学生所具有的自主评价能力有着密切关系。由于小学生的年龄特点，教师的评价行为对学生自主评价能力的提高起到了非常关键的作用。根据最近发展区的理论，对学生而言，其在课堂中接受到的学习内容和学习策略能够直接影响其自主学习能力的发展。因此，教师需要在课堂上多设置一些师生交互的环节，有针对性地指出学生存在的问题并给予适当的鼓励，以帮助学生更加积极地面对学习中的挑战，强化自主反思能力和自主评价能力。

但实际的课堂现状是，由于部分道德与法治教师忽视学生自主评价能力的培养，因此这一方面的培养在课堂中逐渐弱化。对于学生自主评价的认知情况，部分教师认为自主评价就是完全放任学生自己反思分析，无须监督指导，还有部分教师对学生缺乏信心，认为学生缺乏自主评价的能力，从而过多干预学生的学习过程，也就导致学生的评价反思能力难以得到提高。

任何一个学生具备的自主评价能力都是在实践过程中不断纠正、逐步提高的，所以教师应当在教学过程中多设计一些师生交互和生生交互的评价活动，在活动过程中能针对不同学生的表现予以不同的评价指导，使学生的自主评价能力有所提高。

三、学生自主学习能力培养存在问题的原因

学生的学习动机、意志水平、学习心理这些主观因素，以及年龄特点、性别差异、家庭环境这些客观因素，都会对学生的自主学习能力发展水平产生影响，其中，有些影响是直接的，有些影响是间接的。

（一）学生缺少学习动机

学生对于自主学习缺少足够的学习动机，具体表现在以下方面：

（1）学生在缺乏自信的心理影响下导致出现自卑的心理状态，使得学生自身的学习动力和学习能动度受到了挑战。在道德与法治的课堂学习中，缺乏足够学习动机的学生就无法对教师的讲解和课文的内容产生兴趣，严重影响了其自主学习的积极性。

（2）学校和教师对道德与法治课程缺乏重视，这也直接导致了部分学生对道德与法治课程重视程度不够。学校的态度和教师的做法让学生认为自主学习道德与法治不是非常重要的事情，从而使学生缺少足够的学习动机，阻碍了学生自主学习的进程。

（3）学习动机具有不稳定性。学生在自主学习过程中总会有成功和失败的体验。当他们面对失败而去寻找原因时，不同的归因也会对学习动机造成不同影响。比如，一些优秀的学生将自身的学习成功归因于自己的能力和努力，这样的自我激励将在很大程度上促进学生自主学习的兴趣，提升学生自主学习的内在驱动能力。而另一类学生将自身学习失败的原因归结为学习内容太难、周边环境不好等，这样的归因会对学生自主学习的动机产生负面影响。

（二）学生自身意志力水平较低

如果学习动机是一种推动力，那么意志水平的高低就是能否维持动力的关键因

素。在学习的过程中，困难无处不在，意识水平高的学生，就会想办法克服困难，收获学习的喜悦，这也是自主学习能力强的表现；意识水平低的学生，就会产生不想学习、厌倦学习的消极态度，自主学习的意愿也较差。

目前，在教育上面临的一个问题是：学生的生活物质水平提高，各种娱乐活动在吸引着他们，在这样的现实情况下，是否需要提高学生对学习的意志力水平，从舒适的生活来到刻苦的学习环境，就更需要学生学会自主思考，提供自主学习的机会。

让学生通过意志力水平的不断考验来对自身的学习态度和学习模式进行重新架构。当前，部分小学生的学习意志力相对较低，不愿意在自主学习过程中通过不断思考接受新知识，这就在一定程度上阻碍了学生自主学习能力的提升。如何使小学生通过意志力的培养促进自主学习的发展，进而在自主学习的基础上做到更好地掌握知识，也成为当下道德与法治教师不得不面对的问题。

（三）传统教学模式对自主学习能力培养的影响

传统教育模式忽视了学生作为教育主体的存在，也就是忽视了学习过程中学生的学习心理的重要性。在传统的教学模式中，教师在教学设计和课堂实践中都起着主导性的作用。如果教师只是片面地追求知识的掌握而忽视学生的思想变化，就很容易把道德与法治课程变成照本宣科式的枯燥乏味的课堂。这样的课堂虽然教学目标有效达成了，但对学生的自主思维能力和学习情绪都会造成破坏性的影响。因此，教师对教学模式进行建构是影响学生自主学习的重要因素。

教师要尽力营造生动有趣的生本化课堂。能够激发学生自主学习兴趣的课堂模式就是生本化的课堂。在教学实施的始终，学生的主体地位都要得到充分的关注。教师应该积极创设生活情境、多元互动的课堂环境，以此激发学生的学习热情，调动学生的学习积极性，从而提升学生自主学习的能动性。此外，教师使用的常规教学手段也要紧跟时代潮流，如“互联网+”背景下的移动互联应用、在线协作的电子白板等。

当前的教学模式对教师的专业要求会更高，需要教师不断与最新的教育理念接轨，也要不断尝试最新的教学方式，翻转传统的课堂模式，关注每一个学生的学习状态和学习情绪，从而培养学生自主学习的主动性。

（四）自主学习能力培养过程中其他因素的作用

目前，相同年级的男生的自主学习主动性要高于女生。如果按照年级分组进行分析，发现不同年级的学生自主学习能力和年龄成反比，五年级学生的自主学习能力水平反而要低于四年级学生。之所以会产生这样的结果，有很多复杂、多样性的原因。学生自主学习能力在性别上的不同主要和性别差异造成的心理差异有关。

同时，年级差异和年龄特点有关。五年级学生的学习心态和受教育方式不同于四年级学生。和四年级学生相比，五年级学生在学习习惯和行为规范方面表现得更为成熟。这是优势，但也是弊端，五年级学生更加依赖教师设计好的学习活动，缺乏自主探究的兴趣和能力，学生只是跟着教师亦步亦趋，不能很好地激发自主学习的意识。

除了性别和年龄，家庭因素的影响也很重要。对于学生自主学习能力的研究不能忽视家庭环境中家长对孩子自主学习的支持程度。父母是孩子的第一任老师，父母对于孩子学习的态度和管教方法都会对学生的自主学习能力和自主学习动机产生不可逆的影响。家庭教育专家常把家庭教育方式分为民主型、专制型、溺爱型和放纵型四种。在这四种家庭教育方式下，学习的学习自主性各不相同。民主型家庭的孩子普遍有着快乐、自信、独立性强的特点；专制型家庭的孩子由于长期受到家长的打击和约束，普遍表现为缺乏自信，对父母依赖性强，自主学习能力差；溺爱型家庭的孩子缺乏自主学习的行动能力；放纵型家庭的孩子普遍表现为对自主学习保持排斥的态度，并且在学习时缺乏长期的目标。综上所述，要对学生的自主学习能力产生正面影响，还应该有相应的家庭教育作为指导，从而做到家校合力。

四、道德与法治课程学生自主学习能力培养建议

道德与法治课作为一门生活化的综合德育课程，对学生自主学习能力的要求和知识性课程有所不同，因此，不能照搬知识性课程的培养学生自主学习能力的教学策略。为了提高学生在道德与法治课程上的自主学习能力，任课教师可以从多方面着手，例如：①从教材内容着手，用生活化的教学设计积累学生自主确定学习内容的经验；②从作业设计着手，用活动作业的形式进行学生自主运用学习策略能力的指导；③从课前预习着手，用知识探究的方式提高学生自主监督过程中的意志水平；④从学习氛围着手，用良好的师生互动引领学生自主评价学习效果的方向。

（一）激发学生自主学习的动机

开展自主学习活动和进行自主学习能力培养的典型内容，从中选择一些可操作性较强的课例设计教学方案，从而形成一系列可供借鉴的教学资源。在小学道德与法治课程中，优秀课例都需要从学生的实际生活出发，内容的选择要符合小学生的兴趣爱好和年龄特点，能有效激发学生的学习兴趣，促进学生维持进一步学习道德与法治课的学习动机。

例如，在道德与法治的课堂上，可以问学生“你知道什么时候需要保持安静”“你会做哪些小工艺品”“买东西应该注意哪些方面”“值日生的职责是什么”等问题，这些问题除了具有知识性，也带有一定操作性，教师可以设计一些学生能够独立完成的探究作业，选用自主探究活动，要求学生完成探究作业以后，在父母的帮助下将作业或作品上传，从作品上传到同伴的点评，再到教师的点评，整个过程都完整地呈现在每一位学生面前，这样有利于激发学生自主学习的热情。

此外，对于环保问题、取舍问题、公共卫生问题、公共秩序问题、电子产品的使用问题等，即使在社会上也是可以引起争议的话题。对于这些问题，教师可以选用网上辩论的活动形式开展自主学习。学生在辩论的过程中可以选择实名讨论，也可以匿名发言，充分尊重学生的隐私权，就能让学生大胆地说出自己的真实想法。在教师正确引导的前提下，这样的自主学习活动收到了很好的效果。因为这些课例所选用的教学活动都是基于培养学生的自主学习能力为目的的，所以学生是活动中的主角，教师是活动中的引导者。

上述教学设计能够激发学生的学习动机，培养学生的自主学习能力，也为同类型的课题进行学生自主学习能力的培养提供了范例。

（二）丰富学生自主活动的经验

小学道德与法治课程和中学道德与法治课程重法治教育不同，其更注重学生的道德养成和构建对社会的初步认知。这些教学内容都是以学生的家庭生活、校园生活和社会生活为基础进行组织的，处处散发着生活化的气息。道德与法治课程的学习就是要让学生学会生活，学会学习，致力于学生日常生活经验的积累。一线教师在教学过程中不能只教课本上有的，而忽视外在的生活资源联系、忽视学生自主学习活动的设计。

教师在教学设计时可以联系学生实际进行校本化的处理，寻找更多生活资源来建构起生活化的自主学习模式。传统课堂教学受到时间和空间的限制，无法在短时间内激发所有学生的自主学习热情，这时就可以选择使用移动互联平台来解决这个问题。在课堂中创设生活化的情境，让学生在感受情境的同时自主思考，自主学习。只有充分开发和有效利用这些生活化资源，才能挖掘出学生对学习的好奇心，使学习氛围向更活泼有力的方向发展。这些生活化情景的创设不仅可以帮助学生搭建未知内容和已知内容相关联的桥梁，也能增强同伴之间的交流互动，使学生乐于主动参与到学习过程中来。

如在教授《待客与做客》一课时，教师可以在教学设计中运用有趣的生活化情境，让学生主动参与到自主学习活动中来，有效达成教学目标。

环节一：教师让学生做路线展示，将学校到家中的路线呈现在纸上，并要求学生尽量标注沿途的标志性建筑等。在这个环节中从而，教学活动就体现了课内与课外的结合，把学生的自主学习活动放到了课外，同时，考虑到一年级学生的年龄特点，完全的自主是不可能的，所以需要爸爸妈妈的帮助。把绘制好的地图上传到微信等平台和伙伴们分享，小朋友们既觉得有趣，也促进了学习动机的维持。在课内，教师需要点评学生的路线图，使课堂回归，把学生的自主学习活动变成了课堂上的教学资源。

环节二：交流探讨，初步感知。教师可以在课前给学生布置任务：周末邀请一位好朋友去家里做客，并学会自己作为小主人负责做好接待工作。之后请学生探讨是怎样接待客人的，客人来之前自己做了哪些准备。在这个环节中，创设了好朋友要来家里做客的生活化情境，设计的自主学习活动是周末邀请一位好朋友到自己家里做客。不同于知识性内容的学习，道德与法治课更需要学生去实际体验和感知，也不需要学生说出这么做的原因，而是让学生看到大多数同伴的正确选择后，在潜移默化中激发学生的行为自主性，从而改变自身的行为习惯。

环节三：联系生活，表演感悟。教师请学生用表演的形式展示自己是怎样招待客人的，在表演之前，可以在小组内先讨论谁是主人、谁是客人等问题。这个环节，学生在准备的过程就是一个自主学习和自主思考的过程，也是一个非常有趣的自主学习活动。在道德与法治课堂上，有很多主题教师都可以让学生采用表演的形式对情景进行再现。最后把拍摄的视频保存到移动互联端，使学生在课后，在父母的帮助下，也可以对视频中展现的内容有更深一步的思考。

在传统教学模式中，教师想要生动有趣地讲解教学内容，想要让学生更直观地认识世界，认识生活环境，单靠单一性的输出问题是很难实现的。再充分的准备，再精彩的讲解，也会出现学生学习兴趣匮乏、上课不专心听讲的现象。道德与法治课堂上丰富多彩的自主学习活动就能避免这一现象的产生。和学生生活相结合的学习活动更能吸引学生学习的目光，更能使学生对新知识产生渴望，这样，学习兴趣才会越加浓厚。

在道德与法治课堂上，把生活化情境创设这种教学方法融入课堂，让教师所教的知识更形象、更鲜明，让学生能够直观感受所学内容。对于小学生而言，趣味盎然的情境再现能指引他们更深刻地认识其中的内涵，增强其对所学内容的认知。在情境创设的过程中，学生对所学内容的专注程度更好。生活化情境创设的教学方法同样以学生的生活经验为基础，让学生自主学习，自主探究，在内心深处主动形成道德、责任与生活三者的认知联系。

生活化情境创设教学方法与移动互联平台的有机结合能有效突破课堂教学时

间与空间上的限制，既打通了课堂学习时间和课后拓展时间的通道，又以全新的学习方式激发学生自主学习的兴趣。在移动互联平台上，教师可以随时对学生的学习过程进行点评，促进学生在活动过程中潜移默化地形成对所学内容或者行为的认同感，逐渐养成习惯。

在道德与法治课堂上创设生活化的情境，设计有趣的自主学习活动，这样的学习形式让学生积累了一定的自主活动经验，为今后的自主学习提供了帮助。这样的学习形式也为学生在今后的生活中树立正确的人生观打下坚实的基础，实现了道德与法治的课程目标。

（三）指导学生自主运用策略

将道德与法治课上学生需要掌握的自主运用学习策略的能力分为探究策略、交流策略和总结策略这三种学习策略。在这三种策略中，学生的自主探究策略是最为重要的学习品质，也是最和道德与法治课的课程目标相契合的学习能力。

小学道德与法治课具有关注孩子、尊重孩子的特点，最终，目标是要让学生达成知行统一。其实道德与法治的教育是以品德教育为核心的，是让学生在课堂上借助学习建立更多与外部社会的联系，从而内化与改变自身行为，建立起自己的品质，形成社会性发展的过程。在这个过程中，学生的自主探究能力对于学生自身发展具有决定性意义。道德与法治课要培养的不仅仅是学生在生活实践过程中的各种能力，还有对生活中出现的各种问题进行自主分析和自主思考的探究能力。要指导学生自主运用探究策略的能力，教师就需要改变教学形式，尤其道德与法治课的作业形式。在作业的设计过程中，教师要充分考虑发挥学生的学习主动性，要让学生在完成作业的过程中学会自主探究，学会接受知识和使用知识，并体会到探究新知识的趣味性。在作业设计的过程中，教师也要充分考虑到交流策略的指导，要让学生学会和同学交流，在交流过程中对问题产生新的探讨和新的思考。

以小学高年级道德与法治课上的“网上辩论”作业为例，分析学生在完成作业的过程中自主运用学习策略能力的变化情况。

小学高年级学生具有一定逻辑思维能力，对“网上辩论”作业很感兴趣，在活动过程中，学生的自主学习能力和自主学习意识都可以得到很好的发展。在抛出辩题之后，教师需要对学生做一些关键性的学习策略指导，然后就可以让学生自己去移动互联平台上探究，积极主动地完成学习任务。培养学生发现问题和解决问题的能力正是现代教育的目标。教师既要在课堂上发挥学生的主动性，也要让学生在课外锻炼自己的自主学习能力。教师要教会学生利用信息、自主掌握合理的学习策略、主动抵制社会中存在的不良现象，引导学生树立起正确的世界观和人生观，从而提高道德与法治课堂的教学质量，建立起更完善的课堂结构，提升教学的效果。这种与移动互联平台相结合的作业模式改革了传统教学，优化了课程学习。在这样的学习过程中，学生可以借助平台相互之间及时进行交流，教师也可以随时了解到学生的作业进程，并且在移动互联端上进行评价。借助移动互联端的优势，利用其中的投票、填表、问卷等资源，还可以设计一些更加有趣的作业。

网上辩论题一：①抛出辩题。例如，小李在平时购物时很注意环保，但是好朋友要过生日，为了表达心意，为礼物准备了精美的包装，问学生是否需要精美的包装。②建立正、反两个辩论帖。正方主张作为生日礼物应该精致、美观一些；反方主张作为礼物，也不必要精致、美观。然后请每位学生先去查阅资料，经过思考后，在次日的课堂进行发言。③教师进行活动总结。

“网上辩论”作业的选题都是一些两难问题，在这个时候，教师就要鼓励学生运用自主查找资料的学习策略，在有一定的探究之后发表自身的观点。教师在学生完成活动作业的过程中可以发表自己的观点，可以指导学生寻找资料，也可以给学生提供一些参考资料。如果完成作业的过程是学生自主探究的过程，那么教师的引导就是指导学生自主运用学习策略的过程。

网上辩论题二：①抛出辩题。例如，当前各大超市和农贸市场取消了免费塑料袋的供应，学生是否支持。②建立正、反两个辩论帖。正方观点是不应该提供塑料袋；反方的观点是应该提供塑料袋。③教师进行活动总结。

“网上辩论”作业，首先，教师设置出具有道德上学生还难以分辨的两难话题；其次，引导学生运用自主学习策略，在探究的过程中让学生感受到现实生活中的这种两难境地；最后，在学生做出自己的选择之后，运用交流策略在论坛上说出自己的想法。这样的自主活动性作业能充分发挥学生思维的主观能动性，促进学生的道德判断能力的提升。

和创设生活化情境的自主学习活动一样，“网上辩论”作业的话题都来源于现实生活。这样充满生活化的自主学习和道德与法治的课程特点又是不谋而合的。道德与法治这门课程来源于日常生活，学习这门课程的目标是让学生将学到的知识运用到自己的生活中去。学生在现实生活中会遇到很多比书本上更复杂的问题，所以对于现实生活中的问题不能仅仅只做选择，还要学会自主探究。因为在实际生活中遇到的问题更容易让人们面临道德上的难以抉择。所以教师还需要定期从社会热点问题中寻找难以判断是非的两难话题发布到移动互联平台上，让学生继续探究和交流。在课堂上，教师也会让小组同学针对这些话题进行探讨和总结，促进学生积极思考。

在活动性作业的完成过程中，教师一定要重视指导学生运用学习策略的能力。

如果学生能够学会运用探究策略、交流策略、总结策略，那么在学习上可以得到事半功倍的效果。道德与法治课的教学目的不仅仅是让学生掌握一些知识，更是让学生学会主动学习，掌握自主学习的能力。类似“网上辩论”这样的活动性作业，有效利用了当前的移动互联平台，可以改善现在小学课堂教学过程中学生被动接受知识的局面。教师让学生通过自主探究和自主交流，判断生活世界中出现的复杂问题，对于学生的道德能力和实践能力都是一种很大的提升。

（四）完善学生自主监督进程

学生在自主监督学习过程的能力方面具体的表现就是意志水平较低，这种现象在小学阶段更为普遍。小学生的自主学习过程需要有教师和家长的指导，这个指导的过程就是培养学生自主监督能力的过程。因此，可以在课前设计自主探究单，对学生进行课前学习进程的指导，在课后设计自主评价单，对学生进行课后学习进程的指导。这样的课外探究形式需要教师设置鼓励学生学习的评价体系，引导学生完成整个学习过程。教师在课外探究中的引导就是通过过程性评价帮助学生及时调整学习态度和学习进度。

借助课外探究，教师可以尝试摸索出一套能有效提升学生自主学习能力的方法。课前自主探究单的小组交流、课后自主评价单的多元形式都使学生的自主监督能力得到发展。课前自主探究单的设计对应的是学生学习前的自主监督能力。教师在探究单的设计中要帮助学生了解学习内容，并且引导学生根据学习内容制订学习计划，知道在课堂上需要重点关注哪些知识点，解决哪些问题。课后自主评价单的设计对应的是学生学习中的自主监督能力，主要是通过一个短时期的评价作业，维持学生对当前学习内容的学习兴趣和学习主动性。在评价单的完成过程中，教师要始终关注学生的完成情况，对遇到困难的学生给予及时的帮助。

利用课前自主探究单和课后自主评价单培养学生的自主监督能力，就是要让学生能够掌握学习的方向和程度，在学习的过程中产生持续性的乐趣，从而锻炼学生的意志水平。进行课前自主探究的道德与法治课堂，其课堂气氛更为活跃，学生发言更为积极，学生学习的主动性更为强烈。课后的自主评价单作业大多是让学生去践行道德与法治课堂上学会的行为表现，并且对这些行为表现进行自我评价。将道德与法治的学习落实到行动中去，充分关注学生的学习态度和学习效果，才是以学生为中心的品德教育。

（五）重视学生自主评价效果

学生自主评价学习效果的能力不足是由于教师在课堂上缺少有效的师生交互，

没有帮助学生形成自主评价的意识。因此，在道德与法治课堂上，教师要营造良好的学习氛围，创设多样性的师生交互和生生交互，让学生从多方位进行自主思考，对自己的学习状况做出正确评价。

就课堂教学而言，教师应建构一个交流、协作与探究的学习环境。良好的交互协作能让学习的氛围变得更加轻松和活跃。这种开放的学习环境有利于教师及时了解学生的学习情况并给予正确指导。学生也能在师生交互和生生交互的过程中发现自身的不足，找到需要努力的方向①。

① 徐冲．小学高年级学生自主学习能力培养的现状研究 [D]. 上海：上海师范大学，2020：11-53.

参考文献

一、著作类

[1] 陈佑清.教学论新编[M].北京：人民教育出版社，2011.

[2] 高德胜，章乐，唐燕.接上童气：小学《道德与法治》统编教材研究[M].北京：人民教育出版社，2019.

[3] 孙彩平.怎样上好小学道德与法治课：基于全国优秀教学案例的分析（第一辑）[M].南京：南京师范大学出版社，2020.

[4] 钟守权.传承与发展：道德与法治课程教学初论[M].广州：广东高等教育出版社，2018.

二、期刊类

[1] 安宝珍，郭雨馨."儿童哲学"视角下小学道德与法治课教学[J].教学与管理（小学版），2020（1）：42-44.

[2] 杜桂珍.小学道德与法治体悟式教学的"四个融合"[J].教学与管理（小学版），2020（11）：65-66.

[3] 段林桥，王剑锋.小学语文核心素养的课堂表达[J].中国教育学刊，2020（3）：105.

[4] 傅阳.小学道德与法治有效教学研究[D].曲阜：曲阜师范大学，2020：23-28.

[5] 高德胜.论小学《道德与法治》教材的"叙事思维"[J].课程·教材·教法，2019，39（6）：11-20.

[6] 高德胜.以学习活动为核心建构小学《道德与法治》教材[J].中国教育学刊，2018（1）：1-8.

[7] 高鹏.道德与法治教师应具备的课程创生能力[J].教学月刊•中学版（政治教学），2020（9）：15-17.

[8] 高维，路璐.统编教材与国家认同——小学《道德与法治》教材中的国家认同教育内容研究[J].基础教育课程，2020（19）：56-62.

[9] 韩宝成，曲鑫.中小学外语教师核心专业素养与评价——第五届中国外语教育高层论坛综述[J].东北师大学报（哲学社会科学版），2016（4）：

210-215.
[10] 胡莉英，高德胜.小学道德与法治课程校本化实施的基本路径[J].上海教育科研，2020（1）：57-60.
[11] 胡满姣，徐卫平.小学道德与法治教材的个性化使用[J].教学与管理（小学版），2020（12）：58-60.
[12] 贾新文.道德与法治课程生活化教学的实施探索[J].成才之路，2020（16）：21-22.
[13] 靳亚梦，田夏彪.中小学生道德教育“超越性”的成因及消解策略[J].现代中小学教育，2016，32（3）：9-11.
[14] 李喜英.道德教育主题词位移的时代困境[J].探索与争鸣，2008（5）：41-44.
[15] 李玉香.小学《道德与法治》课程生活化实现分析[J].科学咨询，2020（37）：232.
[16] 梁力佩.小学道德与法治课实践作业的设计[J].教学与管理（小学版），2020（6）：66-68.
[17] 林爱花.小学道德与法治教学中的读·思·达[J].教学与管理（小学版），2020（5）：64-66.
[18] 刘汝敏.小学道德与法治课堂教学中提升学生核心素养策略[J].现代中小学教育，2018，34（7）：25-27.
[19] 刘永和.核心素养：素质教育的当下特征[J].上海教育科研，2017（2）：1.
[20] 路璐.部编版小学道德与法治教科书中国家认同教育内容研究[D].天津：天津师范大学，2020：36-69.
[21] 罗嫣才.教研参与对小学道德与法治教师专业发展的影响研究[J].课程·教材·教法，2020，40（5）：93-98.
[22] 罗羽乔，左璜.道德与法治教师专业素养解读：论中小学道德与法治课程教师应具备的三重意识[J].中小学德育，2018（11）：4-8.
[23] 孟雪，王平，陈继顺.小学教育落实核心素养路径探析[J].教学与管理（小学版），2018（11）：1-3.
[24] 苏培园.小学道德教育与法治教育融合的教学策略[J].教学与管理（小学版），2020（9）：43-45.
[25] 隋玉梅.新课程下小学道德与法治教学之我见[J].魅力中国，2020（38）：239.
[26] 唐燕.“摹仿生活”：小学《道德与法治》教材生活化的实现[J].中国教育

学刊，2018（1）：15-20.

[27] 唐燕.教学如何“接童气”——论小学道德与法治课堂教学逻辑的生活化[J].课程·教材·教法，2020，40（2）：77-84.

[28] 唐燕.为什么从事德育？——论小学道德与法治课教师的道义动机及其建构[J].中国教育学刊，2020（6）：8-12.

[29] 陶元红.统编小学《道德与法治》中年段教材的编写特点与实施建议[J].课程·教材·教法，2019，39（10）：19-23+29.

[30] 王凤哲.如何在道德与法治课程教学中进行课堂检测[J].西部素质教育，20206（2）：53.

[31] 王海芳.《道德与法治》课教学中小学生法治意识培养研究[D].重庆：西南大学，2020：12-37.

[32] 王平.义务教育《思想品德》课程教材编写的原则及思考[J].教育发展研究，2014，33（15）：119-124.

[33] 武道保.核心素养导向下小学道德与法治课程的生活化教学分析[J].公关世界，2020（22）：93-94.

[34] 徐冲.小学高年级学生自主学习能力培养的现状研究[D].上海：上海师范大学，2020：11-53.

[35] 杨跃，匡曼玉.论教师教育者的核心专业素养及其培育[J].现代教育管理，2020（1）：85-91.

[36] 余玲.教育信息化背景下中小学教师信息素养及其培养[J].教学与管理（理论版），2019（6）：68-71.

[37] 张勤.核心素养背景下中小学劳动教育初探[J].中学政治教学参考，2020（9）：6-7.

[38] 张秀红.小学道德与法治课程教学方法的探析[J].百科论坛电子杂志，2020（8）：366.

[39] 朱艳兰.小学生道德教育的内容与途径[J].教学与管理（理论版），2017（8）：76-78.

[40] 庄培芳.核心素养导向下小学道德与法治课程的生活化教学[J].西部素质教育，2020，6（7）：55-56.